Martin Achtnich

Zeit ist der Mantel nur

Ein Vorlesebuch für ältere Menschen

Kaufmann · Butzon & Bercker

Die Deutsche Bibliothek – CIP-Einheitsaufnahme

Zeit ist der Mantel nur: ein Vorlesebuch für ältere Menschen /
Martin Achtnich. – Lahr: Kaufmann; Kevelaer: Butzon und Bercker, 2000
ISBN 3-7806-2525-3
ISBN 3-7666-0274-8

1. Auflage 2000

Printed in Germany
Umschlaggestaltung: JAC
Hergestellt bei Bercker GmbH & Co. KG, Kevelaer
ISBN 3-7806-2525-3 (Kaufmann)
ISBN 3-7666-0274-8 (Butzon & Bercker)

Inhalt

Anders, als ich dachte

Alt und Jung

Wer bin ich, wer bist du in Wahrheit?

Man kann so leben oder so

Woran das Herz hängt

Geschenke – Wünsche – Überraschungen

Glauben und zweifeln

Saat und Ernte, Korn und Brot

Meine Zeit in Gottes Händen

Anhang

Vorwort

Im Nachlass meiner im Frühjahr 1997 verstorbenen Schwester Elisabeth Achtnich fand ich eine Sammlung von Geschichten und Notizen für ein geplantes Vorlesebuch für ältere Menschen. Sie hatte die Arbeit für dieses Buch auf Bitte des Verlags Ernst Kaufmann begonnen, aus gesundheitlichen Gründen aber nicht zu Ende bringen können. Der Verlag bat mich, das Angefangene weiterzuführen.

Meine Schwester dachte an Geschichten, die zugleich anspruchsvoll und einfach, aber nicht betulich sein sollten. Sie dachte an Geschichten für ältere Menschen, deren geistiger Anspruch geblieben ist, bei denen die Aufnahmefähigkeit aber inzwischen geringer und zeitlich begrenzt geworden ist. Die Geschichten sollten Erfahrungen und Erlebnisse, Beziehungen und Wahrheiten so darstellen, dass sie bei den Zuhörenden Erinnerungen an das eigene Leben wecken, verschüttete Erfahrungen freilegen und zu Gesprächen anregen, bei denen auch das gegenwärtige Leben bedacht wird und die geistige Kräfte wecken können für heute und morgen: *Das Gestern fruchtbar machen fürs Heute.*

Bei den Notizen meiner Schwester für dieses Buch fand ich ein Blatt, mit dem sie offenbar beschreiben wollte, worum diese Geschichten zum Vorlesen kreisen sollten. Auf dem Blatt steht:

Gestern –

d. h. ich bin von gestern,
lebe von gestern,
habe ein Gestern,
habe Erinnerungen,
habe Erfahrungen,
einen Schatz,
den niemand und nichts mir nehmen kann.

Heute –

d. h. ich lebe heute,
erlebe Neues, Erwartetes, Unerwartetes;
manches ist besser,
manches ist schlechter,
manches ist leichter,
manches ist schwerer.
Ich begegne anderen,
andere verstehen mich,
verstehen mich nicht,
ich verstehe andere,
verstehe andere nicht,
verstehe vieles nicht mehr.

Morgen –

d. h. ich habe ein Morgen,
habe Ängste,
habe Wünsche,
habe Hoffnungen,
erlebe Neues,
erfahre und lerne Neues,
kann mich noch ändern,
habe Zukunft auf Leben.

Ich hoffe, die Auswahl der Geschichten ist im Sinn meiner Schwester gelungen. Bei der kritischen Sichtung und Bearbeitung der gesammelten Geschichten halfen mir einige Freundinnen und Freunde: Ich danke für ihre Mitarbeit Ulla von Kirchbach, Rosemarie und Christian Schmidt, Ruth Schmidt-Zillessen und dem 96-jährigen Walter Zillessen. Ebenso danke ich Renate Schupp, ohne die dieses Buch nicht geworden wäre.

Der Titel des Vorlesebuches ist einem Gedicht von Johann Christoph Hampe entnommen. Er bündelt, worum die Geschichten von *Gestern* für *Heute* und *Morgen* direkt oder indirekt kreisen. In diesem Gedicht heißt es:

Ob gute Zeit, ob böse ich erfahre –
nur, Stimme, dass du immer mich geleitest,
Herr, dass du kommst mit diesem neuen Jahre,
Zeit ist der Mantel nur, darin du schreitest …

Ja, sprichst du, Ja zum Licht und Ja zum Schatten,
und diese unsre Herzen voller Angst,
nachdem sie tausendmal gelästert hatten,
sind sie es, sie, nach denen du verlangst.

Martin Achtnich

Zum Gebrauch des Buches

Hinweise zu den Geschichten

1. Bei den zweiundsiebzig Geschichten und den Bemerkungen dazu ist an Seniorenkreise, an kleine Gruppen in Kur- oder Krankenhaussituationen, bei Freizeiten, in Wohnstiften, Altenheimen und Seniorentagesstätten usw. gedacht. Viele der Geschichten sind freilich auch für Menschen mitten im Leben geeignet.

2. Elisabeth Achtnich hatte ursprünglich eine Gliederung der Geschichten in drei Kategorien vorgesehen: Erstens: Kurze, einfache Texte, Gleichnisse, Parabeln. Zweitens: Biographisches, Erinnerungen, Erfahrungen. Drittens: Texte aus der Literatur des 19. und 20. Jahrhunderts, die teilweise an früher Gelesenes erinnern können.
   Ihr ging es darum, Aktuelles und Bleibendes in den alten, z. T. aus früherer Zeit bekannten Geschichten zu finden. Diese Gliederung habe ich zu Gunsten einer thematisch bestimmten aufgegeben.

3. Vor jeder Geschichte finden sich eine kurze *Inhaltsangabe,* einige *Stichwörter* und gelegentlich eine *Bemerkung* zum Gebrauch.

4. Wahrscheinlich sind unter den Geschichten auch solche, die an der Vorlesestunde Teilnehmende aus ihrer Kindheit kennen. Die Erfahrung zeigt immer wieder:

Kinder lernen durch Geschichten – durch Geschichten, die Gewissen bilden und die Werte vermitteln. Manches Gespräch kann auch dazu führen, dass die Leiterin/der Leiter fragt: Wer weiß Geschichten aus seiner Kindheit, die hängen geblieben sind bis heute?

5. Die *Impulse zum Nachdenken und für das Gespräch* geben Anregungen für Vorbereitung und nachfolgendes Gespräch. Sie sind je nach Gruppe und Anlass verschieden brauchbar. In der Regel gehen die Impulse von außen nach innen und greifen verschiedene Ebenen der Geschichte auf. Viele Geschichten sind auch ohne anschließendes Gespräch verwendbar.

6. Wenn eine Geschichte gut geschrieben ist und gut vorgelesen wird, ruft sie in den Zuhörenden Bilder, Erinnerungen, Assoziationen wach. Manchmal ist es ein Stichwort, eine Stimmung, woran jemand hängen bleibt. Die Gespräche nach dem Vorlesen können
   - themenzentriert sein: Dazu finden Sie Vorschläge unter *Impulse zum Nachdenken und für das Gespräch.*
   - Aber auch assoziatives Erzählenlassen ist möglich: „Was kam Ihnen beim Zuhören in den Sinn? Was fiel Ihnen aus Ihrem Leben ein?"

7. Jeder Geschichte ist ein *Schlüsselsatz* entnommen, der das Thema, die Pointe oder einen wichtigen Akzent erschließt.

8. Zusätzlich sind einige *biblische Anschlusstexte* genannt; teils einzelne Verse, die Motive der Geschichte

enthalten, teils biblische Erzählungen oder Abschnitte, in denen ein Thema der Geschichte auftaucht. Sie können eine Hilfe sein, wo Geschichten bei einer Andacht verwendet werden sollen; aber auch, wo im Zusammenhang mit dem Thema einer Veranstaltung Vorlesegeschichte und biblische Besinnung in einem inneren Zusammenhang stehen sollen. Wo die Beziehung zu einem Bibeltext nur künstlich oder formal möglich gewesen wäre, wurde darauf verzichtet.

9. Schließlich ist gelegentlich unter *Anmerkung* eine Information zu einem Wort oder einem Symbol der Geschichte oder unter *Begleittext* ein Zitat zu finden.

Hinweise zum Vorlesen

Bitte, lies mir was vor …

Jeder kennt das aus seiner Kindheit. Wenn Mutter oder Vater, Großvater oder Großmutter am Bett vor dem Einschlafen vorgelesen haben.

Es geht beim Vorlesen nicht nur um eine Geschichte, deren Inhalt zu vermitteln wäre. Vorlesen hat eine eigene Atmosphäre. Menschen rücken dabei zusammen. Es entsteht eine Atmosphäre von Nähe. Erinnerungen an die Kindheit werden wach.

Bei einem Musikstück sind die Noten auf dem Papier noch nicht das Musikstück – es *wird* erst Musik beim Musizieren, indem es laut wird. So ist es beim Vorlesen: Der gedruckte Text ist noch nicht die Geschichte, sondern sie *wird* erst zur Geschichte, indem beim Lesen, Vorlesen, Zuhören Bilder aufsteigen und indem sie laut und liebevoll, d. h. im Respekt vor Text und Zuhörern gelesen wird. Sprache will klingen. Gedrucktes wird lebendig, indem es klingt, Laut wird.

Vorlesen muss vorbereitet werden. Man sollte nur vorlesen, was man kennt: Darum ist es hilfreich, sich mit dem Text so vertraut zu machen, dass man nicht bei jedem Wort am Papier kleben muss.

- Ich lese mit einem Bleistift in der Hand die Geschichte halblaut. Ich lese sie mir selber vor.
- An welchen Stellen holpere ich beim Lesen? Ist der holprige Satz ein absichtlicher Denkanstoß? Oder möchte ich ihn lieber meinem Sprachstil entsprechend umformulieren?
- Was sehe ich vor dem inneren Auge oder nehme ich mit anderen Sinnen wahr, wenn ich die Buchstaben lese?
- Ich notiere Pausen, die die Geschichte gliedern und die dadurch Spannung erzeugen.
- Wie kann ich mit meiner Stimme und meinem Tonfall direkte Rede, Dialoge, innere Denkvorgänge verständlich machen?
- Wie gestalte ich den Rhythmus des Textes? Wo legt der Inhalt ein rascheres, drängendes Tempo nahe, wo ist langsames, zum Nach-denken anregendes Lesen ratsam?
- Ich mache mir klar: Ich darf nicht zu schnell lesen. Der Zuhörende muss sich ja Worte, Begriffe, Bilder und Geschehnisse erst vorstellen. Ich will den Zuhörenden nicht davonlaufen, sodass sie nicht mitkommen. Das geht umso besser, je mehr ich den Text „intus" habe.
- Gibt es Abschnitte, die ich lieber erzähle als vorlese?

- Wo möchte ich Informationen vorher geben, einfügen oder anschließend einbringen?
- An welchen Stellen werde ich eventuell unterbrechen und Zeit lassen für eine Gesprächsphase? Wie könnte ich einen Gesprächsimpuls formulieren?
- Wie ist die Beleuchtung im Raum, in dem ich lese? Wenn der Zuhörende in helles Licht sehen muss, kann er nicht gut zuhören. Eine Stehlampe beim Vorlesenden ist besser als ein hell ausgeleuchteter Raum. Stehe ich oder sitze ich beim Vorlesen? Welche Anordnung der Stühle ist für ein entspanntes Zuhören förderlich? Kann ich überall gleichmäßig gehört werden? Wie ist die Lautstärke, die für das Hörvermögen der Zuhörenden und für den Text passt?

Frauen, die sich trauen

Die unwürdige Greisin 1

Bertolt Brecht

Inhalt: Eine alte Frau beginnt nach dem Tod ihres Mannes ein eigenes Leben, lebt ihre Freiheit und kümmert sich nicht um die Einwände der Kinder.

Stichwörter: Mut – Selbstverwirklichung – Unabhängigkeit – Witwe – Würde

Meine Großmutter war zweiundsiebzig Jahre alt, als mein Großvater starb. Er hatte eine kleine Lithographenanstalt in einem badischen Städtchen und arbeitete darin mit zwei, drei Gehilfen bis zu seinem Tod. Meine Großmutter besorgte ohne Magd den Haushalt, betreute das alte, wacklige Haus und kochte für die Mannsleute und Kinder.

Sie war eine kleine magere Frau mit lebhaften Eidechsenaugen, aber langsamer Sprechweise. Mit recht kärglichen Mitteln hatte sie fünf Kinder großgezogen – von den sieben, die sie geboren hatte. Davon war sie mit den Jahren kleiner geworden.

Von den Kindern gingen die zwei Mädchen nach Amerika und zwei der Söhne zogen ebenfalls weg. Nur der Jüngste, der eine schwache Gesundheit hatte, blieb im Städtchen. Er wurde Buchdrucker und legte sich eine viel zu große Familie zu.

So war sie allein im Haus, als mein Großvater gestorben war.

Die Kinder schrieben sich Briefe über das Problem, was mit ihr zu geschehen hätte. Einer konnte ihr bei sich ein Heim anbieten und der Buchdrucker wollte mit den Seinen zu ihr ins Haus ziehen. Aber die Greisin verhielt sich abweisend zu den Vorschlägen und wollte nur von jedem ihrer Kinder, das dazu im Stande war, eine kleine geldliche Unterstützung annehmen. Die Lithographenanstalt, längst veraltet, brachte fast nichts beim Verkauf und es waren auch Schulden da.

Die Kinder schrieben ihr, sie könne doch nicht ganz allein leben, aber als sie darauf überhaupt nicht einging, gaben sie nach und schickten ihr monatlich ein bisschen Geld. Schließlich, dachten sie, war ja der Buchdrucker im Städtchen geblieben.

Der Buchdrucker übernahm es auch, seinen Geschwistern mitunter über die Mutter zu berichten. Seine Briefe an meinen Vater und was dieser bei einem Besuch und nach dem Begräbnis meiner Großmutter zwei Jahre später erfuhr, geben mir ein Bild von dem, was in diesen zwei Jahren geschah.

Es scheint, dass der Buchdrucker von Anfang an enttäuscht war, dass meine Großmutter sich weigerte, ihn in das ziemlich große und nun leer stehende Haus aufzunehmen. Er wohnte mit vier Kindern in drei Zimmern. Aber die Greisin hielt überhaupt nur eine sehr lose Verbindung mit ihm aufrecht. Sie lud die Kinder jeden Sonntagnachmittag zum Kaffee, das war eigentlich alles.

Sie besuchte ihren Sohn ein- oder zweimal in einem Vierteljahr und half der Schwiegertochter beim Beereneinkochen. Die junge Frau entnahm einigen ihrer Äußerungen, dass es ihr in der kleinen Wohnung des Buchdruckers zu eng war. Dieser konnte sich nicht enthalten, in seinem Bericht darüber ein Ausrufezeichen anzubringen.

Auf eine schriftliche Anfrage meines Vaters, was die alte Frau denn jetzt so mache, antwortete er ziemlich kurz, sie besuche das Kino.

Man muss verstehen, dass das nichts Gewöhnliches war, jedenfalls nicht in den Augen ihrer Kinder. Das Kino war vor dreißig Jahren noch nicht, was es heute ist. Es handelte sich um elende, schlecht gelüftete Lokale, oft in alten Kegelbahnen eingerichtet, mit schreienden Plakaten vor dem Eingang, auf denen Morde und Tragödien der Leidenschaft angezeigt waren. Eigentlich gingen nur Halbwüchsige hin oder, des Dunkels wegen, Liebespaare. Eine einzelne alte Frau musste dort sicher auffallen.

Und so war noch eine andere Seite des Kinobesuches zu bedenken. Der Eintritt war gewiss billig, da aber das Vergnügen ungefähr unter den Schleckereien rangierte, bedeutete es „hinausgeworfenes Geld". Und Geld hinauszuwerfen, war nicht respektabel.

Dazu kam, dass meine Großmutter nicht nur mit ihrem Sohn am Ort keinen regelmäßigen Verkehr pflegte, sondern auch sonst niemanden von ihren Bekannten besuchte oder einlud. Sie ging niemals zu den Kaffeegesellschaften des Städtchens. Dafür besuchte sie häufig die Werkstatt eines Flickschusters in einem armen und etwas verrufenen Gässchen, in der, besonders nachmittags, allerlei nicht besonders respektable Existenzen herumsaßen, stellungslose Kellnerinnen und Handwerksburschen. Der Flickschuster war ein Mann in mittleren Jahren, der in der Welt herumgekommen war, ohne es zu etwas gebracht zu haben. Es hieß auch, dass er trank. Er war jedenfalls kein Verkehr für meine Großmutter.

Der Buchdrucker deutete in einem Brief an, dass er seine Mutter darauf hingewiesen habe, aber einen recht kühlen Bescheid bekommen habe.

„Er hat etwas gesehen", war ihre Antwort und das Gespräch war damit zu Ende. Es war nicht leicht, mit meiner Großmutter über Dinge zu reden, die sie nicht bereden wollte.

Etwa ein halbes Jahr nach dem Tod des Großvaters schrieb der Buchdrucker meinem Vater, dass die Mutter jetzt jeden zweiten Tag im Gasthof esse.

Was für eine Nachricht! Großmutter, die zeit ihres Lebens für ein Dutzend Menschen gekocht und immer nur die Reste aufgegessen hatte, aß jetzt im Gasthof! Was war in sie gefahren?

Bald darauf führte meinen Vater eine Geschäftsreise in die Nähe und er besuchte seine Mutter.

Er traf sie im Begriffe auszugehen. Sie nahm den Hut wieder ab und setzte ihm ein Glas Rotwein mit Zwieback vor. Sie schien ganz ausgeglichener Stimmung zu sein, weder besonders aufgekratzt noch besonders schweigsam. Sie erkundigte sich nach uns, allerdings nicht sehr eingehend, und wollte hauptsächlich wissen, ob es für die Kinder auch Kirschen gäbe. Da war sie ganz wie immer. Die Stube war natürlich peinlich sauber und sie sah gesund aus.

Das Einzige, was auf ihr neues Leben hindeutete, war, dass sie nicht mit meinem Vater auf den Gottesacker gehen wollte, das Grab ihres Mannes zu besuchen. „Du kannst allein hingehen", sagte sie beiläufig, „es ist das dritte von links in der elften Reihe. Ich muss noch wohin."

Der Buchdrucker erklärte nachher, dass sie wahrscheinlich zu ihrem Flickschuster musste. Er klagte sehr.

„Ich sitze hier in diesen Löchern mit den Meinen und habe nur noch fünf Stunden Arbeit und schlecht bezahlte, dazu macht mir mein Asthma wieder zu schaffen und das Haus in der Hauptstraße steht leer."

Mein Vater hatte im Gasthof ein Zimmer genommen, aber erwartet, dass er zum Wohnen doch von seiner Mutter eingeladen werden würde, wenigstens pro forma, aber sie sprach nicht davon. Und sogar als das Haus voll gewesen war, hatte sie immer etwas dagegen gehabt, dass er nicht bei ihnen wohnte und dazu das Geld für das Hotel ausgab!

Aber sie schien mit ihrem Familienleben abgeschlossen zu haben und neue Wege zu gehen, jetzt, wo ihr Leben sich neigte. Mein Vater, der eine gute Portion Humor besaß, fand sie „ganz munter" und sagte meinem Onkel, er solle die alte Frau machen lassen, was sie wolle.

Aber was wollte sie?

Das nächste, was berichtet wurde, war, dass sie eine Bregg bestellt hatte und nach einem Ausflugsort gefahren war, an einem gewöhnlichen Donnerstag. Eine Bregg war ein großes, hochrädriges Pferdegefährt mit Plätzen für ganze Familien. Einige wenige Male, wenn wir Enkelkinder zu Besuch gekommen waren, hatte Großvater die Bregg gemietet. Großmutter war immer zu Hause geblieben. Sie hatte es mit einer wegwerfenden Handbewegung abgelehnt mitzukommen.

Und nach der Bregg kam die Reise nach K., einer größeren Stadt, etwa zwei Eisenbahnstunden entfernt. Dort war ein Pferderennen und zu dem Pferderennen fuhr meine Großmutter.

Der Buchdrucker war jetzt durch und durch alarmiert. Er wollte einen Arzt hinzugezogen haben. Mein Vater schüttelte den Kopf, als er den Brief las, lehnte aber die Hinzuziehung eines Arztes ab.

Nach K. war meine Großmutter nicht allein gefahren. Sie hatte ein junges Mädchen mitgenommen, eine halb Schwachsinnige, wie der Buchdrucker schrieb, das Küchenmädchen des Gasthofs, in dem die Greisin jeden zweiten Tag speiste.

Dieser „Krüppel“ spielte von jetzt ab eine Rolle.

Meine Großmutter schien einen Narren an ihr gefressen zu haben. Sie nahm sie mit ins Kino und zum Flickschuster, der sich übrigens als Sozialdemokrat herausgestellt hatte, und es ging das Gerücht, dass die beiden Frauen bei einem Glas Rotwein in der Küche Karten spielten.

„Sie hat dem Krüppel jetzt einen Hut gekauft mit Rosen drauf“, schrieb der Buchdrucker verzweifelt. „Und unsere Anna hat kein Kommunionkleid!“

Die Briefe meines Onkels wurden ganz hysterisch, handelten nur von der „unwürdigen Aufführung unserer lieben Mutter“ und gaben sonst nichts mehr her. Das Weitere habe ich von meinem Vater.

Der Gastwirt hatte ihm mit Augenzwinkern zugeraunt: „Frau B. amüsiert sich ja jetzt, wie man hört.“

In Wirklichkeit lebte meine Großmutter auch diese letzten Jahre keinesfalls üppig. Wenn sie nicht im Gasthof aß, nahm sie meist nur ein wenig Eierspeise zu sich, etwas Kaffee und vor allem ihren geliebten Zwieback. Dafür leistete sie sich einen billigen Rotwein, von dem sie zu allen Mahlzeiten ein kleines Glas trank. Das Haus hielt sie sehr rein, und nicht nur die Schlafstube und die Küche, die sie benutzte. Jedoch nahm sie darauf ohne Wissen ihrer Kinder eine Hypothek auf. Es kam niemals heraus, was sie mit dem Geld machte. Sie scheint es dem

Flickschuster gegeben zu haben. Er zog nach ihrem Tod in eine andere Stadt und soll dort ein größeres Geschäft für Maßschuhe eröffnet haben.

Genau betrachtet lebte sie hintereinander zwei Leben. Das eine, erste, als Tochter, als Frau und als Mutter, und das zweite einfach als Frau B., eine allein stehende Person ohne Verpflichtungen und mit bescheidenen, aber ausreichenden Mitteln. Das erste Leben dauerte etwa sechs Jahrzehnte, das zweite nicht mehr als zwei Jahre.

Mein Vater brachte in Erfahrung, dass sie im letzten halben Jahr sich gewisse Freiheiten gestattete, die normale Leute gar nicht kennen. So konnte sie im Sommer früh um drei Uhr aufstehen und durch die leeren Straßen des Städtchens spazieren, das sie so für sich ganz allein hatte. Und den Pfarrer, der sie besuchen kam, um der alten Frau in ihrer Vereinsamung Gesellschaft zu leisten, lud sie, wie allgemein behauptet wurde, ins Kino ein!

Sie war keineswegs vereinsamt. Bei dem Flickschuster verkehrten anscheinend lauter lustige Leute und es wurde viel erzählt. Sie hatte dort immer eine Flasche ihres eigenen Rotweins stehen und daraus trank sie ihr Gläschen, während die anderen erzählten und über die würdigen Autoritäten der Stadt loszogen. Dieser Rotwein blieb für sie reserviert, jedoch brachte sie mitunter der Gesellschaft stärkere Getränke mit.

Sie starb ganz unvermittelt, an einem Herbstnachmittag in ihrem Schlafzimmer, aber nicht im Bett, sondern auf dem Holzstuhl am Fenster. Sie hatte den „Krüppel“ für den Abend ins Kino eingeladen, und so war das Mädchen bei ihr, als sie starb. Sie war vierundsiebzig Jahre alt.

Ich habe eine Fotografie von ihr gesehen, die sie auf dem Totenbett zeigt und die für die Kinder angefertigt worden war. Man sieht ein winziges Gesichtchen mit vielen Falten und einem schmallippigen, aber breiten Mund. Viel Kleines, aber nichts Kleinliches. Sie hatte die langen Jahre der Knechtschaft und die kurzen Jahre der Freiheit ausgekostet und das Brot des Lebens aufgezehrt bis auf den letzten Brosamen.

Impulse zum Nachdenken und für das Gespräch

- Welche Gefühle werden beim Zuhören in mir wach?
- Was macht *mir* im Alter Freude?
- Nachholen, was bisher zu kurz kam. Meine ungelebten Sehnsüchte.
- Worin besteht die Würde des Alters?
- Allein sein ist nicht Vereinsamung.
- Welche Pflichten habe ich noch und wem gegenüber?
- Was will ich im Alter beibehalten, was loslassen, was neu finden?
- Was heißt frei sein? Frei wovon, frei wozu?
- Die zwei Leben der Frau – was unterscheidet und was verbindet sie?
- Austausch über den Satz: „... sie hatte das Brot des Lebens aufgezehrt ..."

Schlüsselsätze

Sie schien ... neue Wege zu gehen, jetzt wo ihr Leben sich neigte.
Oder:
Sie hatte die langen Jahre der Knechtschaft und die kurzen Jahre der Freiheit ausgekostet und das Brot des Lebens aufgezehrt.

Biblische Anschlusstexte

1. Mose 12,4 (Und zog aus ...); 1. Korinther 6,12 (Alles ist erlaubt, aber ...); Galater 5,1 (Besteht in der Freiheit).

Der Seidenfaden

2

Unbekannt

Inhalt: Ein Mann wird unschuldig eingekerkert. Seine Frau findet einen Weg zu seiner Befreiung.

Stichwörter: Erfindungskraft – Hoffnung – Liebe

Ein hoher Beamter fiel bei seinem König in Ungnade. Der ließ ihn im obersten Raum eines Turmes einkerkern. In einer mondhellen Nacht aber stand der Gefangene oben auf der Zinne und schaute hinab. Da sah er seine Frau. Sie machte ihm ein Zeichen und berührte die Mauer des Turmes. Gespannt blickte der Mann hinunter, aber er konnte nicht erkennen, was seine Frau tat. So wartete er geduldig.

Die Frau hatte ein honigliebendes Insekt gefangen. Sie bestrich die Fühler des Käfers mit Honig. Dann befestigte sie das Ende eines Seidenfadens am Körper des Käfers und setzte das Tierchen mit dem Kopf nach oben an die Turmmauer. Der Käfer kroch langsam dem Geruch des Honigs nach, immer nach oben, bis er schließlich dort ankam, wo der gefangene Ehemann stand.

Der gefangene Mann lauschte in die Nacht hinein und sein Blick ging nach unten. Da sah er das kleine Tier über die Rampe klettern. Er griff behutsam nach ihm, löste den Seidenfaden und zog ihn langsam und vorsichtig zu sich empor. Der Faden aber wurde immer schwerer. Und als der Ehemann den Seidenfaden ganz bei sich hatte, sah er, dass am Ende des turmlangen Fadens ein Zwirnfaden befestigt war. Der Mann oben zog nun auch diesen Faden zu sich empor. Der Faden wurde immer schwerer, und siehe, an seinem Ende war ein kräftiger Bindfaden festgemacht. Langsam und vorsichtig zog der Mann den Bindfaden zu sich empor. Auch dieser Faden wurde immer schwerer. Und an seinem Ende war eine starke Schnur. Der Mann zog die Schnur zu sich heran und hatte schließlich ein starkes Seil in der Hand.

Das Seil machte der Mann an einer Turmzinne fest. Das Weitere war einfach. Der Gefangene ließ sich am Seil hinab und war frei. Er ging mit seiner Frau schweigend in die stille Nacht hinaus und verließ das Land des ungerechten Königs.

Impulse zum Nachdenken und für das Gespräch

- Welche anderen Einkerkerungen, Gefangenschaften, Befangenheiten kenne ich? Z. B. „Manchmal fühle ich mich wie in einem Turm eingekerkert." Wie kann ich da auf kleine Zeichen der Befreiung aufmerksam werden?
- Sich in Traurigkeit einnisten – oder stattdessen Wege suchen, sie zu überwinden.
- In schwerer Lage den Schlüssel suchen, der aus der Gefangenschaft führt.
- Liebe macht erfinderisch. Beispiele aus dem eigenen Leben zusammentragen.
- Hoffnungszeichen entdecken.
- Wie Eheleute sich gegenseitig gefangen halten oder zur Freiheit helfen können.
- Das folgende Gebet in einen Bezug zu der Geschichte bringen:
  Herr, gib mir die Gelassenheit,
  die Dinge hinzunehmen, die ich nicht ändern kann;
  gib mir den Mut
  zu ändern, was ich ändern kann;
  und gib mir die Weisheit, das eine vom anderen zu unterscheiden.

Schlüsselsatz

Sie machte ihm ein Zeichen.

Biblische Anschlusstexte

Psalm 42,6 (Was betrübst du dich, meine Seele?); Markus 4, 30–32 (Das Kleinste geht auf); Römer 5, 3–5 (Bedrängnis bringt Geduld).

Die Weiber von Weinsberg 3

Überliefert

Inhalt: Aus der belagerten Stadt dürfen nur die Frauen abziehen. Jede darf so viel mitnehmen, wie sie tragen kann. Die Frauen überlisten die Belagerer und nehmen ihre Männer auf den Schultern mit.

Stichwörter: Erfindungskraft – List – Männer und Frauen

In Württemberg an der Sulm liegt eine Stadt Weinsberg, wo noch heute die Trümmer der Burg Weibertreu zu sehen sind. Ehemals war sie eine freie Reichsstadt, die zu den Welfen hielt, als diese mit den Waiblingern um die Herrschaft stritten.

Es war im Jahre 1140, dass der Hohenstaufe Kaiser Konrad der Dritte vor die widerspenstige Stadt zog und sie belagerte; und da ihm die Einwohner viel mehr zu schaffen machten, als er gedacht hatte, geriet der Kaiser in großen Zorn und schwor, wenn er die Festung nähme, sollte alles Männliche dem Schwert verfallen. Er ließ die Drohung auch durch einen Herold in die Stadt trompeten.

Nun geschah es, dass die Kraft der Belagerten sich erschöpfte, und das Gespenst des Hungers und der Seuche erhob sein Haupt. Da hielten die Frauen der Stadt einen Rat ab und schickten danach eine Abgesandte an den Kaiser Konrad, die sollte also sprechen: „Wir Weiber der Stadt Weinsberg bitten um freien Abzug, und dass du jeder so viel Gut mitzunehmen vergönnst, wie sie auf ihren Schultern tragen kann; möge dann mit der Stadt geschehen, was dein Wille ist."

Und der Hohenstaufe gab den Frauen darauf sein Wort.

Am anderen Morgen öffnete sich das Tor von Weinsberg und die Frauen zogen heraus, eine jede auf ihren Schultern ihren Mann tragend! Da des Königs Leute das sahen, sprachen ihrer viele, das wäre die Meinung nicht gewesen, und wollten das nicht gestatten.

Der Kaiser Konrad aber lachte und ließ den listigen Anschlag der Frauen gelten. Er sprach: „Ein königliches Wort, das einmal gesprochen und zugesagt ist, soll unverwandelt bleiben."

Impulse zum Nachdenken und für das Gespräch

- Im Gespräch kommentieren zuerst die Männer die Geschichte, dann die Frauen.
- Wozu Menschen in Grenzsituationen fähig sind: Eigene Erfahrungen aus Kriegs- und Nachkriegszeit.
- Weibliche List. Frauen haben ihre eigenen Lösungen.
- Was heißt: Meinen Mann tragen? Meine Frau tragen?
- Heutige Beispiele von Fraueninitiativen für das Leben.

Schlüsselsatz

Da hielten die Frauen der Stadt einen Rat ab.

Biblische Anschlusstexte

Josua 2,1 ff. (List der Rahab); Matthäus 15,21–28 (Eine Frau stimmt Jesus um); Galater 6,2 (Des anderen Last).

Der Soldat und die Großmutter 4

Christian Graf von Krockow

Inhalt: Eine alte adlige Dame lässt sich nicht aus der Ruhe bringen, als beim Einmarsch der Russen ein Soldat sie aus ihrem Bett vertreiben will. Ihre Bestimmtheit „entwaffnet" ihn.

Stichwörter: Autorität – Gebet – Gottvertrauen – Mut

Pommern 1945. Die Russen sind gekommen. Wie geht es der Großmutter in Karzin? Enkelin Libussa macht sich auf den Weg.

Ich treffe weder Deutsche noch Russen, und schon vor der Mittagshitze erreiche ich Karzin.

„Frau von Puttkamer, unsre Gnäd'je? Na, im Schloss tut sie wohnen, wo denn sonst?" Die Frau am Dorfrand, die im Garten arbeitet und bei der ich mich vorsichtig erkundige, stemmt ganz empört ihre Arme in die Hüften, als sei es abwegig, etwas anderes anzunehmen.

„Tatsächlich, oben, wie immer?"

„Oben, das ist jetzt im Keller. Sonst, na ja, so'n bisschen ist da die Kommandantura." Dann ein misstrauischer Blick: „Sagen Se, Fräulein, was wollen Se eigentlich von unsrer Gnäd'jen?"

„Ich will sie besuchen, ich bin ihre Enkelin aus Rumbske."

„Ach so, ja dann!" Die Frau stellt ihre Hacke beiseite, das Unkraut im Salat bleibt von der Ausrottung verschont, und auf einem Pfad hinter den Hausgärten entlang werde ich bis dicht vor mein Ziel geleitet. Aus einem Gebüsch halten wir Ausschau: „Alles ruhig, grüßen Se man schön!" Ich husche zur Kellertür und hinein.

„Libussa, mein liebes, liebes Kind!" Die alte Frau, jetzt in ihrem dreiundachtzigsten Lebensjahr, springt auf und schließt mich in die Arme. Ach, diese Großmutter: Zierlich und sehr beweglich war sie immer und ist es geblieben; „meine Kletterziege" hat sie der Großvater manchmal zärtlich genannt, der vor vier Jahren starb. Vor allem aber hat sie ein großes und gütiges Herz: Nicht von ungefähr wird sie „Frau Liebe" genannt. Dazu noch ist sie witzig und schlagfertig, aus dem Stegreif kann sie herrliche Uz-Verse produzieren. Aber wenn es darauf ankommt, beweist sie Courage und sogar Härte. Oft schon habe ich gedacht, dass in ihrem Rückgrat eine Stahlfeder stecken müsse.

Zwei Frauen teilen die Kellerbehausung mit der Großmutter: ihre Schwester Mirjam und ihre langjährige Haushälterin, Vertraute und Freundin Hannah Brandt. Das große Erzählen beginnt, und erst einmal komme ich überhaupt nicht dazu, Fragen zu stellen, weil ich selbst berichten muss. Gottlob gelten unverbrüchliche Prinzipien: Nach dem Mittagessen – Brennnesselsuppe, Pellkartoffeln und Salat vom Löwenzahn – bittet Frau Liebe um eine Pause; sie „zieht sich zurück", wie es der Tradition gemäß heißt, und Tante Mirjam folgt ihr zur Nachmittagsruhe. Das gibt Hannah Brandt Gelegenheit, mir eine bewegende Geschichte anzuvertrauen:

„In Karzin wusste man, dass der Einmarsch der Russen unmittelbar bevorstand. Laut genug war von Lübzow her das Schießen, das Dröhnen der Panzermotoren und das Kettenrasseln zu hören. Aber deine Großmutter erklärte, dass es Zeit sei zum Schlafen – und 'zog sich zurück'.

Gleich darauf polterten die Soldaten ins Haus. Einer, seine sozusagen noch rauchende Maschinenpistole im

Anschlag, erschien vor dem Bett der Großmutter, deutete an, was vor einer Stunde im Nachbardorf geschehen war, und verlangte, dass sie das Bett räume, weil er da seinen Rausch ausschlafen wolle. Doch er bekam zu hören: Das gehe leider nicht, dies sei ihr Bett. Sie sei eine alte Frau und brauche jetzt ihren Schlaf. Aber ein Bettvorleger sei ja da, eine Decke und ein Kissen könne sie ihm ebenfalls abtreten. Und: 'Ich kann für uns beide beten.' Sie faltete die Hände und sprach das Vaterunser. Der eben noch blutrünstige Krieger, verblüfft, verwirrt, angerührt, tat, wie ihm geheißen. Und so verbrachten der Soldat und die Großmutter den Rest der Nacht friedvoll nebeneinander.

Ach, Libussa", schließt Hannah Brandt ihren Bericht, „es war eine grauenvolle Nacht, ich werde sie nie vergessen. Wir Frauen, du weißt … Aber am Morgen habe ich mich zusammengerafft und bin zum Schlafzimmer vorgedrungen. Stell dir das vor! Man erwartet das Entsetzliche, das Schlimmste, und dann sehe ich dieses Bild, die leibhaftige Idylle: der Soldat und die Großmutter. Durch mein Kommen sind die beiden aufgewacht. 'Guten Morgen', hat deine Großmutter gesagt. Und dieser Soldat ist ruhig in seine Stiefel gestiegen, hat das Käppi aufgesetzt, den Rock straff gezogen und die Maschinenpistole umgehängt. Dann hat er salutiert und ist abmarschiert."

„Hannah, was für eine Geschichte! Nur: Wem soll man sie erzählen? Falls wir friedliche Zeiten jemals wieder erleben, wird keiner sich das vorstellen können und keiner uns glauben."

„Aber wahr bleibt es doch. Außerdem: Hier liegt der Bettvorleger. Er heißt jetzt nur noch 'das Russenlager', und wenn jemand uns besucht, schläft er darauf. Du kannst es gleich heute Abend probieren, denn etwas anderes haben wir ja nicht zu bieten."

Impulse zum Nachdenken und für das Gespräch

- Erinnerungen an das Frühjahr 1945.
- Das hätte schief gehen können. Woher nahm die Großmutter ihren Mut und ihre Ruhe? Naivität oder Gottvertrauen?
- Autorität des Alters.

Schlüsselsatz

Ich kann für uns beide beten.

Begleittext

Im Vorwort des Buches „Die Stunde der Frauen" von Graf von Krockow, aus dem diese Erzählung stammt, heißt es:
„Von schrecklichen Dingen ist die Rede, von der Kehrseite des Menschlichen. Aber gerade dort geht es um uns: Indem wir erfahren, was wir einander antun können, entdecken wir zugleich, welche Kraft wir haben, um das Menschliche zu retten … Im Übrigen liegen, wo der Schrecken regiert, das Groteske und sogar Komische nur selten sehr fern."

Biblische Anschlusstexte

Psalm 4 (Ich schlafe ganz mit Frieden); Sirach 25,6–8 (Krone des Alters); Matthäus 5,43–45 (Kinder eures Vaters im Himmel); 2. Timotheus 1,7 (Geist der Besonnenheit).

Die Wand 5

Hans Georg Noack

Inhalt: Eine jüdische Frau im Nachkriegsdeutschland, dem KZ-Schrecken entkommen, entdeckt eine judenfeindliche Parole, an eine Hauswand gemalt. Menschen, die sie darauf anspricht, weichen aus. Sie näht sich den Judenstern an den Pullover und stellt sich neben die Inschrift.

Stichwörter: Gleichgültigkeit – Juden – Judenfeindschaft – Mahnwache – Mut – Solidarität

Der Morgen war hell und strahlend. Er versprach der erwachenden Stadt einen sonnigen Sommertag. Das Leben begann wie an jedem anderen Morgen.

Als Ruth Goldstein aus der Haustür trat, um zur Arbeit zu gehen, gab es kein Zeichen dafür, dass ihr Leben heute anders verlaufen würde als in dem seit Jahren gewohnten Gang. Lächelnd nickte sie ein paar Schulkindern zu, die ihr allmorgendlich an der gleichen Ecke begegneten, überquerte die Straße und hatte kaum noch hundert Meter bis zu ihrem Büro in der Mitte der Stadt zu gehen. Sie war guter Stimmung und summte leise eine kleine Melodie vor sich hin.

Am Marktplatz, der noch letzte Spuren des Krieges zeigte, stand das Haus eines Bäckermeisters. Die Schaufensterfront war einer Nebenstraße, eine glatte, frisch verputzte Giebelwand dem Marktplatz zugekehrt. Die Morgensonne ließ den grauen Putz weiß scheinen und von seiner Fläche hob sich eine Inschrift ab, die gestern Abend noch nicht dort gestanden hatte. In halbmeterhohen, ungelenken Lettern stand da „Juda verrecke!" Die Buchstaben waren grell rot. Die Farbe war ausgelaufen, sodass es aussah, als sei Blut in winzigen Bächen die Wand hinabgeronnen.

Ruth Goldstein erschrak, als sie die Worte sah. Erschrak so sehr, dass ihr Gesicht die Farbe verlor, ihre Hände sich vor der Brust verkrampften und ihre Augen voller Entsetzen waren.

Sie blieb stehen, starrte auf die Schrift. Es wäre ihr unmöglich gewesen, einen Schritt weiter zu gehen. Und sie sah die zwei furchtbaren Worte nicht nur, sie hörte sie auch. Hörte sie ganz deutlich, als würden sie von einem hasserfüllten Sprechchor geschrien, wie damals, vor etwas mehr als zwanzig Jahren, als sie, ein achtjähriges Mädchen noch, sich angstvoll an den Vater schmiegte, der durch einen Gardinenspalt auf die Straße hinabblickte, wo eine Horde von Männern zornig die Fäuste schüttelte und immer wieder höhnisch und drohend die gleichen Worte geiferte: „Juda verrecke!"

Die junge Frau erwachte aus ihrer Erstarrung. Sie sah die Vorübergehenden mit großen, hilfesuchenden Augen an, suchte nach einem Zeichen ähnlichen Erschreckens. Doch die dort vorüberhasteten, achteten nicht auf die Schrift oder maßen ihr keine Bedeutung bei.

„Es muss doch etwas geschehen", dachte sie und ging entschlossen zur Ladentür.

„Sie wünschen?", fragte dienstbeflissen die Bäckersfrau.

„Haben Sie die Inschrift an Ihrer Giebelwand schon gesehen?"

„Die Inschrift? Da ist doch gar keine."

„Doch, da ist eine. Ganz frisch."

„Da muss ich doch gleich einmal ..."

Die Frau eilte hinaus. Als Ruth ihr nachging, sah sie, wie die Frau mit dem Finger die frische Farbe prüfte.

„Denken Sie nur, Fräulein, ausgerechnet Ölfarbe haben sie genommen. Als ob Wasserfarbe es nicht auch getan hätte! Und dabei haben wir die Wand erst ganz frisch verputzen lassen. Es ist unerhört."

Die Frau war entrüstet. Aber nicht das, was geschrieben stand, nur dass etwas an die Wand geschmiert worden war, erboste sie. Dann betraten neue Kunden den Laden und die Bäckersfrau musste zurück in ihr Haus.

„Es ist unmöglich", dachte Ruth Goldstein. „Wenn so etwas in unserer Stadt geschieht, dann kann das Leben doch nicht einfach weitergehen! Es müsste doch ein Aufruhr sein, eine große, gewaltige Unruhe."

Aber die Menschen gingen zur Arbeit in Fabriken, Läden und Büros. Frauen kauften Brötchen und Milch, Morgenzeitungen wurden nach den Totoergebnissen durchforscht. Nirgends war die Unruhe der Empörung, überall nur die Hast des beginnenden Arbeitstages. Vielleicht musste man die Menschen nur aufmerksam machen? Ruth hielt einen vorübergehenden, ihr unbekannten Mann am Ärmel fest.

„Sehen Sie, dort!", sagte sie und wies auf die Wand.

Der Mann blickte flüchtig hinüber.

„Blödsinn", sagte er. „Wem das wohl Spaß machen kann? Na, unsere Sache ist das nicht, Fräulein. Darum sollen sich andere kümmern." Er nickte zerstreut und setzte seinen Weg fort.

Andere?

Andere kümmerten sich nicht, wusste Ruth. Wer hatte sich damals darum gekümmert, vor achtzehn Jahren, in Auschwitz? Sie war, elfjährig, zwischen Vater und Mutter den Mittelweg des Lagers entlanggegangen, von beiden fürsorglich an den Händen gehalten, als wäre es den Eltern noch möglich, ihr Kind zu hüten. Und dann stand am Ende des Weges ein Mann in schwarzer Uniform. Er trennte die Familie und das kostete ihn nur eine Handbewegung. Der Vater musste nach rechts, die Mutter und die Tochter wurden nach links gewiesen. Ruth sah sich noch einmal nach ihrem Vater um und auch er wandte sich zurück, hob die Hand mit einer Bewegung, die Abschied und Segen war. Er lächelte sogar. Das Lächeln sollte Ermutigung sein. Aber der Mann wusste, dass er nun niemals mehr Frau und Kind zulächeln würde. Wen hatte das gekümmert?

Und zwei Jahre später, in Ravensbrück, blieb auch die Mutter ohne Hoffnung auf ein Wiedersehen zurück. Wen hatte das gekümmert?

Aber dann, als Ruth Goldstein fünfzehn Jahre alt war, kümmerte man sich plötzlich um sie und die anderen, die in Bergen-Belsen übrig geblieben waren. Die Hölle, aus der sie kaum noch ein Entrinnen erträumte, gab sie frei.

Freunde und Bekannte hatten sie in der Folge oft gefragt, ob sie denn wirklich in Deutschland bleiben wolle. „Ich bin doch hier zu Hause", hatte sie geantwortet. Eine andere Erklärung wusste sie nicht.

Das alles lag nun zurück. Es war nicht vergessen, denn es gibt Erleben, das man nicht vergessen kann. Aber es war verblasst, fast unwirklich geworden. Doch jetzt, an diesem sonnenhellen Morgen, waren alles Grauen, alles Entsetzen, alle Furcht wieder da, geweckt von den grauenhaften Worten „Juda verrecke!"

Ruth Goldstein dachte nicht mehr daran, dass sie zur Arbeit gehen musste. Sie stand und wartete, dass etwas geschähe. Irgend etwas …

Und dann verstand sie allmählich, dass nichts geschehen würde. Kein Aufruhr, keine Unruhe würde die Schrift auslöschen. Waren denn die Menschen so kalt, so stumpf? Oder waren sie nur gedankenarm? Sahen sie hinter den drohenden Worten nicht die bedrohten, beschimpften, bespienen Menschen?

Plötzlich, nachdem sie lange gestanden hatte, wusste Ruth Goldstein, was sie tun musste. Sie ging den Weg zurück, den sie gekommen war. Und je näher sie ihrem Hause kam, desto eilender wurde ihr Schritt, als gelte es, keine Minute mehr ungenützt verstreichen zu lassen.

Sie hastete die Treppe hinauf. In ihrem Zimmer legte sie Nadel und Faden bereit, bevor sie aus einem Schubfach ein kleines Kästchen hervorholte. Es barg Erinnerungsstücke an wenige gute und viele schlechte Tage. Unter ihnen auch den gelben Stern mit der Inschrift „Jude", den sie früher einmal an ihren Kleidern tragen musste. Mit wenigen Stichen heftete sie ihn an einen schwarzen Pullover, streifte das Kleidungsstück über. Die dunkle Kleidung ließ sie hagerer und blasser erscheinen. Einen kurzen, prüfenden Blick warf sie in den Spiegel, dann eilte sie wieder auf die Straße zu jener Giebelwand.

Einen Augenblick zögerte sie noch. Eine Scheu vor den vielen fremden Blicken, die sie im Voraus zu fühlen meinte, wollte in ihr aufkommen. Doch dann straffte sie sich und ging mit festen Schritten zur Wand hinüber. Sie stellte sich neben die Worte „Juda verrecke!", ganz dicht an die Wand, die Arme leicht vom Körper abgestreckt, die Handflächen gegen den grauen Putz gedrückt. Die Sonne schien ihr ins Gesicht. Sie schloss die Augen.

Es war eine belebte Straße. Hunderte kamen vorbei. Aber jetzt gingen sie nicht mehr achtlos vorüber. Sie sahen die junge Frau mit dem gelben Stern. Die jungen Passanten blickten neugierig und ahnungslos. Sie wussten nicht zu deuten, was sie sahen. Aber wer alt genug war, sich des Vergangenen zu erinnern, der begriff, dass da etwas Ungeheuerliches geschehen war.

Ruth Goldstein sah die Vorübergehenden nicht. Die Sonnenwärme trieb ihr Schweißperlen auf die Stirn. Sie sah nicht das Kopfschütteln und nicht die mitleidvollen Blicke. Sie sah auch nicht, dass manche Männer mit ernsten Gesichtern die Mützen oder die Hüte zogen.

Sie stand lange, lange. Ihre Knie zitterten, aber sie dachte nicht daran, ihren selbst gewählten Posten zu verlassen. Sie wollte mahnen oder herausfordern, beschämen oder verlacht werden. Nur eines wollte sie nicht: stillschweigend zur Kenntnis genommen werden.

Die Mittagssonne sengte. Ruth öffnete die Augen und sie sah. Sah viele Menschen, hundert wohl, die sich scheu und schweigend vor ihr versammelt hatten. Und sie sah, dass ein Mann sich aus der Menge löste. Er trug den Arbeitskittel eines Anstreichers. Er tauchte den Pinsel in den Farbtopf und begann, das Rot der hassvollen Worte zu übermalen. Ganz langsam und sorgfältig, Strich für Strich, bis nichts mehr davon zu lesen war.

Dann ergriff er wie selbstverständlich Ruths Hand. „Kommen Sie", sagte er. Sonst nichts. Und sie ging an seiner Hand auf die Menschen zu, die ihr eine Gasse boten, und ließ sich an der Hand nach Hause führen. Und die da stumm gestanden hatten, gingen neben ihr oder schlossen sich an. Noch immer stumm, aber nun in ihrem Schweigen beredt.

Jetzt merkte Ruth Goldstein, dass sie weinte. Aus Not, aus noch nicht ganz bezwungener Furcht, aber auch aus

Erleichterung. Und weil sie neben und hinter sich Menschen fühlte; Menschen wie sie selbst, die ihr Leben lieben und es leben wollen ohne Drohung und Furcht.

Impulse zum Nachdenken und für das Gespräch

- Die verschiedenen Reaktionen der Menschen anschauen.
- Wo bin ich noch nach dem Krieg antisemitischem Reden oder Denken begegnet?
- Warum Christen keine Antisemiten sein können, obwohl es diese Tradition Jahrhunderte lang gab.
- Einander von deutsch-israelischen oder christlich-jüdischen Begegnungen erzählen.
- Wegschauen – damals, heute. Aufmerksam machen auf das Unerhörte – damals, heute.
- Nur eines nicht: Stillschweigend zur Kenntnis nehmen.
- Wenn man nicht weiß, was tun – sich hinstellen. Austausch über die Wirkung von Mahnwachen. Wie finde ich die Mahnwache von Ruth Goldstein?
- Alleinsein mit dem Empörenden. Oder: Menschen neben sich haben in Situationen, wo Zorn, Entsetzen und Ohnmacht in mir sind.
- Weswegen möchte ich mich heute öffentlich hinstellen und Menschen aufmerksam machen, wenn ich den Mut dazu hätte?

Schlüsselsätze

Wenn so etwas in unserer Stadt geschieht, dann kann das Leben doch nicht einfach weitergehen.
Oder:
Weil sie neben und hinter sich Menschen fühlte ...

Biblische Anschlusstexte

Psalm 80 (Unsere Feinde verspotten uns); Sprüche 31,8 (Tu deinen Mund auf); Lukas 10,31f. (... ging er vorüber); Römer 9,1–5 (Mit Israel verbunden); Galater 6,7 (Gott lässt sich nicht spotten).

6 Das Seidentuch

Hermann Zwecker

Inhalt: Ein alter Mann bewahrt ein Seidentuch als kostbaren Besitz auf. Es stammt von einer Russin, die deutschen Kriegsgefangenen geholfen hatte. Lange nach seiner Heimkehr besucht er sie.

Stichwörter: Barmherzigkeit – Dank – Kriegsgefangenschaft – Mütter

Vor mir auf meinem Schreibtisch: ein seidenes Halstuch, brüchig und verwaschen, aber hoch in Ehren gehalten. Seine Geschichte will ich erzählen:

Müde und traurig stapften wir, ein kleiner Trupp Gefangener, durch die winterkalten Straßen einer russischen Stadt. Wir hatten wieder einen aus dem Lager hinausgetragen und in die gefrorene Erde gelegt. Der hatte es gut, der hatte keinen Hunger mehr. Wer wird der Nächste sein?

„Meint die uns?“, fragte einer der Dahintrottenden. Alle sehen in Richtung seiner ausgestreckten Hand eine Frau hinter einem niedrigen Fenster heftig winken. Die Zeichensprache ist international und wird verstanden. Bald sitzen die hungrigen und frierenden Gefangenen in dem kleinen Raum hinter dem Fenster, und in den Tellern dampft die Suppe. Feine Porzellanteller, silberne Löffel, ein weißes Tischtuch – die Gefangenen staunen.

„Ist alles noch von früher“, erklärt Mütterchen Maria. Ob sie auf die Gefangenen gewartet habe? „Ja, ich warte immer auf Menschen, die meine Hilfe brauchen.“

Und sie wartete. Von nun an stand sie fast jedes Mal an ihrem Fenster und winkte, wenn das traurige Kommando von einer Beerdigung zurückkam. Aber bald lagen keine silbernen Löffel mehr auf dem Tisch, bald fehlte auch das feine Porzellan, dann stand ein Schrank nicht mehr an seinem Platz, und eines Tages fehlte auch das Bett in der Stube von Mütterchen Maria.

„Was ist denn geschehen? Ziehen Sie aus, Babuschka?", fragen die Gäste, die wieder eine kräftige Suppe bekommen hatten.

„Ach nein, wo sollte ich schon hin?"

„Wo ist denn Ihr Schrank und das Bett?"

„Das hab ich verkauft."

„Auch das Bett? Wo schlafen Sie denn jetzt?"

„Da, auf der Ofenbank", sagt das Mütterchen ganz selbstverständlich.

„Müssen Sie Schulden bezahlen?", wollen die Gefangenen wissen.

„Ach nein."

„Aber, warum verkaufen Sie all diese Dinge, die man so nötig braucht?"

Sie schaut uns groß an. „Woher soll ich denn das Geld nehmen, damit ich euch wieder Brot und Kartoffeln kaufen kann?"

Das war Mütterchen Maria.

Hustend, frierend und vom Fieber geschüttelt kam ich einmal in ihre Stube, um mich aufzuwärmen. Da kramt sie unter dem Heiligenbild in der Ecke in einer Schublade, kommt dann mit einem feinen Seidentuch zurück.

„Noch von früher", sagt sie.

Sicher hat sie die Kostbarkeit lange gehütet und selten benutzt. Und jetzt nötigt sie mir das Beste auf, was sie hat, mir, dem fremden Kriegsgefangenen. Ich wehre mich, das Tuch zu nehmen, es ist zu wertvoll in einer Zeit, in der die Textilien schwindelnde Preise auf dem Schwarzmarkt erzielen – nein, ich kann es nicht annehmen.

„Es ist doch gefährlich für Sie, uns, den Fremden immer zu helfen, wir können es Ihnen nie vergelten", versuche ich abzulenken. „Warum tun Sie das?"

Da drückt sie mir mit einer Geste, die keine Widerrede duldet, das Halstuch in die Hand und sagt leise: „Radi Christa!" Um Christi willen!

Jahre hindurch hat mir das Geschenk der Liebe in den langen russischen Wintermonaten Wärme und Geborgenheit gegeben. Aber das gute Mütterchen Maria wusste es nicht, denn bald nach jenen Tagen kam ich in ein anderes Lager, und nie mehr konnte ich ein „Vergelt's Gott" sagen.

Zwanzig Jahre lang dachte ich an all die Mütterchen in Russland. Und in jeder orthodoxen Kirche, in die ich kam, in Athen, Sofia, Jerusalem und Belgrad zündete ich eine Kerze an als stillen Dank für Mütterchen Maria.

Und dann kam der Tag, an dem ich wieder auf russischem Boden stand, wohlversehen mit einem gültigen Reisepass und einem offiziellen Visum. Im Kloster Sagorsk, diesem religiösen Mittelpunkt des alten und neuen Russland, sah ich sie wieder, die Mütterchen mit ihren guten Gesichtern – sie leben noch, sie werden leben, solange Russland lebt. Und plötzlich taucht die lang vergessene Adresse wieder auf, ja, ganz genau, Straße, Hausnummer, alles ist wieder da, und ich sitze im Hotel in Moskau und schreibe an Mütterchen Maria, weit im Innern Russlands. Ich erzähle ihr von meinem Ergehen und sage ihr Dank.

Und der Brief kommt an.

Ein halbes Jahr später halte ich die Antwort in der Hand und kann es kaum fassen: Mütterchen Maria lebt noch! Sie schreibt mir, dem ehemaligen Kriegsgefangenen, in einem altertümlichen Russisch: „Teurer Freund, wenn es erlaubt ist, Sie so zu nennen, ich bin tief gerührt, dass Sie sich meiner erinnern ... Ja, ich gedenke noch jener Zeit. Gar sehr freue ich mich, dass Sie wieder bei Ihrer Familie sind. Ich bin jetzt ganz allein und alt, aber dass Sie mir schreiben, macht mich glücklich ..." Und ganz am Ende des Briefes stand noch ein Nachwort: „Schreiben Sie mir bald wieder!"

Dieser Aufforderung hätte es nicht bedurft. Natürlich schrieb ich wieder, aber dem ersten Brief aus Deutschland lag das schönste Seidenhalstuch bei, das ich im besten Geschäft der Stadt finden konnte ...

Drei Jahre nach jenem ersten Brief kam eine Nachricht von Mütterchen Maria. Ein Todesfall in der Familie hatte ihr Leben verändert. Sie wohnt jetzt nicht mehr im Innern Russlands, sondern musste in einer großen Stadt eine Arbeit übernehmen. „Jetzt können Sie mich doch besuchen, wie sehr würde ich mich freuen", so endet ihr Brief.

Das wäre ja möglich ... Wir beraten und planen, verzichten auf einen Urlaub im sonnigen Süden und fahren nach Russland. Wir, das sage ich mit großer Freude. Denn meine Frau, die so lange Jahre auf meine Heimkehr aus der Gefangenschaft warten musste, soll das Mütterchen kennen lernen, dem ich so viel zu verdanken habe.

Wie groß ist diese Stadt! Es ist nicht leicht, die Straße zu finden. Wir suchen in der langen Straße die Häuser ab.

Da kommt sie uns entgegen. Das blaue Seidentuch aus Deutschland trägt sie als Erkennungszeichen. Es wäre nicht nötig gewesen, ich erkannte sie sofort.

Sie hatte auf uns gewartet, und es war gut so, denn nie hätten wir ihre Wohnung ohne Hilfe gefunden. Hinterhaus, vier Treppen hoch, und was für Treppen! Dann öffnete sie uns ihre Wohnung: ein enges Stübchen, das gerade Platz hat für Bett, Tisch und Stuhl. Was braucht sie mehr … Doch, ja, etwas braucht sie noch: Der Tür gegenüber hängen nach altrussischer Sitte die Ikonen, und das Lämpchen davor brennt, wie in jenen Tagen des Hungers und Sterbens, als ich Mütterchen Maria kennen lernte. Damals, als die Zukunft so dunkel vor uns lag, war mir dies kleine Licht oft ein tröstlicher Schein. Jetzt stehen wir drei – zwei deutsche Touristen und eine alte russische Frau – vor diesem Licht und erleben einen Augenblick des Friedens, der höher ist als alle Vernunft.

Aber dann müssen wir uns an den kleinen Tisch setzen. Das Mütterchen ist glücklich, Gäste zu haben, und trägt auf, was sie für uns bereitet hat. Ich sehe ihre liebe Geschäftigkeit, wie sie selbstverständlich teures Obst und kostbare Delikatessen auf den Tisch stellt. Und wieder möchte ich wehren – wie damals – und sagen, das dürfen Sie nicht tun, es ist zu viel. Sicher hat sie ihre ganzen Spargroschen dafür gegeben. Ich sage nichts, denn ich weiß, dass sie im Schenken keine Grenzen kennt. Maria oder Martha? Man kann das Mütterchen nicht ansehen, ohne an das Evangelium zu denken.

Als wir spät von ihr Abschied nehmen und ins Hotel zurückgehen, fällt mir ein Satz ein, den ich irgendwo in einer Biografie gelesen habe: „Ein Heiliger ist ein Mensch, durch den es anderen leichter wird, an Gott zu glauben.“

Impulse zum Nachdenken und für das Gespräch

- Falls Männer in der Gruppe sind: Ähnliche Erfahrungen erzählen.
- Wem möchte ich nach langer Zeit gerne danken?
- Wie sieht mein „Seidentuch" aus?

Schlüsselsätze

Radi Christa – um Christi willen.
Oder:
Ich warte immer auf Menschen, die meine Hilfe brauchen.

Begleittext

In einem Bericht „Als Seelsorger in der Sowjetunion" schreibt der Autor Hermann Zwecker:
„Während die Angehörigen der kommunistischen Partei und der NKWD uns meist in zähneknirschendem Hass gegenüber standen, halfen uns die Zivilisten, insbesondere die Frauen, wo und wie sie nur konnten. Es hatte sich in der Stadt herumgesprochen, wie wir im Lager behandelt wurden, und wenn wir mit unserer Totenbahre oder mit dem Handschlitten, auf dem vier bis sechs Tote lagen, durch die Stadt zum Friedhof zogen, steckte uns manches Mütterchen die Taschen voll Brot, manches Mädchen drückte dem einen oder anderen einige Rubel in die Hand ... Unvergessen bleibt Mutter Tamara, die oft, wenn wir im alten Friedhof unsere schwere Arbeit taten, mit einem verhüllten Eimer zu uns herüber kam. Sie stellte den Eimer in unsere Nähe, holte unter ihrer Schürze ein kleines Säckchen hervor und winkte uns. Heiße Pellkartoffeln und Salz hatte sie uns gebracht und mit wahrem Heißhunger saßen wir um den Eimer herum. Sie stand beiseite oder saß zusammengekauert auf einem Stein, bis der Eimer leer war und zog dann mit einem engelguten Lächeln wieder zurück."

Biblische Anschlusstexte

Matthäus 25,31ff. (Was ihr getan habt . . .); Markus 12, 41–44 (Sie gab alles, was sie hatte); Lukas 1,46ff. (Maria sprach: Meine Seele erhebt den Herrn).

Männer, die sich trauen

7 Der brennende Stein

Eduardo Galeano

Inhalt: In der märchenartigen Erzählung aus Südamerika findet ein Junge einen Stein, durch den man jung werden kann. Ein alter Mann aber will nicht wieder jung werden. Seine leiblichen und seelischen Narben, die er im Kampf für die Freiheit empfangen hat, will er nicht missen – sie sind der Beweis seines Lebens.

Stichwörter: Freiheit – Lebenserfahrung – Leiden für die Freiheit – Narben

Bemerkung: Märchenartig. Auch wenn das Motiv mit dem brennenden Stein konstruiert wirkt, dennoch wichtige Aussage. Der Form nach zeitlos, dem Inhalt nach Ermutigung für Menschen, die für Glauben, Freiheit und Gerechtigkeit kämpfen und leiden.

In der Nähe des Dorfes lebte ein alter Mann, einsam und ganz allein. Er flocht Weidenkörbe und machte Schuhe aus Bast, verschenkte sie an die Nachbarn und war gekränkt, wenn sie ihn dafür bezahlen wollten. Seinen Lebensunterhalt verdiente er als Bewacher der umliegenden Obstgärten.

Der Alte war von weit her gekommen, und niemals sprach er von sich und seiner Vergangenheit.

Er ging gebeugt, ein Bein zog er nach. Die wenigen Haare auf seinem Kopf waren weiß. Eine Narbe lief quer über sein Gesicht, die Nase war krumm, und wenn er lachte, war es, als öffnete sich ein Fenster, weil ihm die oberen Zähne fehlten.

In einer Herbstnacht sprang ein Junge über die Mauer eines Obstgartens. Er wollte Äpfel stehlen.

Der Junge hatte kein Glück. Beim Rückweg über die Mauer blieb er hängen, die Äpfel kullerten auf den Boden und er selbst in ein Dornengestrüpp. Er schrie.

Der alte Mann humpelte herbei. Er schlug den Jungen nicht mit Brennnesseln. Auch verriet er ihn nicht an seine Mutter. Er schimpfte auch nicht. Er sah sich den Jungen an, brummte etwas vor sich hin, wusch ihm die Schrammen von den Armen und Beinen und begleitete ihn dann schweigend bis vor die Haustür des Jungen.

Einige Tage später verirrte der Junge sich im Wald. Er lief und lief, aber so viel er auch suchte, er konnte den Heimweg nicht finden. Durch das Dach der Bäume konnte man auch den Himmel sehen.

Wie der Junge so lief, über Äste stolperte und sich mit Schlamm bespritzte, entdeckte er einen glänzenden Stein. Der Stein leuchtete, obwohl er mit Moos und Schlamm bedeckt war. Halbtot vor Müdigkeit setzte der Junge sich auf den Stein – und fuhr mit einem Schmerzensschrei hoch: Der Stein brannte wie glühende Kohle! Rasend vor Wut trat der Junge nach ihm. Dann stutzte er, sah genauer hin und fing an, den Stein mit einem Zweig sauber zu kratzen. Der glühende Stein glänzte heller und heller, und Buchstabe um Buchstabe erschien unter Schmutz und Moos eine Schrift:

„Zerschlag mich nur in kleine Stücke,
und wenn du alt bist, sollst du wieder jung werden.“

„Wenn ich den Stein zerschlage", dachte der Junge, „was dann?"

„Ich werde wieder ein Baby sein und nicht einmal laufen können. Und ich müsste noch einmal mit der Schule anfangen – nur das nicht!"

Und dann dachte er: „So ein Pech. Ich finde einen Zauberstein und kann nichts damit anfangen."

Dann fiel ihm der alte Wächter des Obstgartens ein, der so gut zu ihm gewesen war.

Der alte Mann wird tanzen wie ein Brummkreisel und springen wie ein Floh und fliegen wie ein Vogel! Und er wird nicht mehr husten! Er wird wieder gesunde Beine haben und ein Gesicht ohne Narben und einen Mund mit allen Zähnen!

Durch die erstaunliche Entdeckung hatte der Junge seine eigene Not vergessen.

„Es ist sehr spät", merkte er plötzlich. „Ich muss so schnell wie möglich nach Hause zurück. Aber wie finde ich den Stein wieder?"

Und er antwortete sich selbst: „Ich werde Zeichen an meinem Weg lassen."

Er zog sein Hemd aus und zerriss es in kleine Streifen. Dann versuchte er, einen Weg aus dem Wald zu finden. Alle paar Schritte band er einen Streifen Stoff an die herabhängenden Zweige eines Baumes. Er stolperte langsam den Weg entlang, denn der Wald war dunkel und unheimlich. Aber dieser Weg war nicht richtig. Er ging ihn wieder zurück, band die Stoffstreifen ab und kam wieder zu seinem Zauberstein.

Er versuchte einen anderen Weg, aber der war auch nicht richtig. Seine Knie zitterten vor Angst, aber er versuchte es wieder und wieder.

Als es dem Jungen gelang, einen Weg aus dem Wald zu finden, war die Nacht schon hereingebrochen. Der Mond leuchtete ihm auf seinem Wege nach Hause.

Am nächsten Morgen ging der Junge zu den Obstgärten hinunter. Der alte Mann trug einen Eimer mit Erde und einen Rechen über der Schulter. Der Junge hörte sein schweres Atmen.

Er erzählte dem alten Mann von dem Stein. Der Alte stellte den Eimer ab, nahm einen Schluck Wein aus seinem ledernen Weinschlauch und war einverstanden, mit dem Jungen zu dem Stein in den Wald zu gehen.

Sie folgten dem Weg mit den Stoffstreifen und erreichten den Stein. Der alte Mann betrachtete ihn mit gerunzelter Stirn und halb geschlossenen Augen.

„Los, zerschlag ihn!“, sagte der Junge und zerrte an der Jacke des alten Mannes. Aber der bewegte sich nicht. Er lehnte sich an einen Baumstamm und nahm etwas Tabak aus einem kleinen Beutel.

„Oh“, sagte der Junge, „wir haben vergessen, einen Hammer mitzubringen! Wie willst du ohne Hammer den Stein zerschlagen?“

Ganz langsam stopfte sich der alte Mann die Pfeife. Es sah aus, als würde es hundert Jahre dauern, bis er fertig damit wäre.

„Soll ich einen Hammer holen gehen?“, fragte der Junge. „Ich kenne jetzt den Weg und werde mich nicht verirren.“

„Nein“, sagte der alte Mann, „mach dir keine Mühe.“

Er hielt einen trockenen Zweig an den rot glühenden Stein. Er wartete, bis er sich entzündet hatte, blies dann darauf und hielt ihn an seine Pfeife.

Der Junge fühlte, wie ihm die Tränen in die Augen schossen. Wütend schrie er: „Willst du den Stein denn nicht zerschlagen? Bin ich dafür die ganze Nacht herumgeirrt und hab mir mein Hemd zerrissen und war halb tot vor Angst?"

Der alte Mann stieß eine dicke Rauchwolke aus.

„Komm mal her", sagte er. Er legte dem Jungen die Hand auf die Schulter. „Ich weiß, was du denkst, und ich will dir etwas erklären. Ich bin alt, aber nicht so alt, wie du glaubst, und ich hinke und habe Narben im Gesicht. Ich weiß. Aber glaube nicht, dass ich dumm bin. Dumm bin ich nicht!"

Und zum ersten Mal in all den Jahren erzählte der alte Mann seine Geschichte. „Diese Zähne sind nicht von allein herausgefallen. Sie sind mir ausgeschlagen worden. Diese Narbe, die mein Gesicht durchzieht – das war kein Unfall. Meine Lunge, mein Bein – ich verletzte es, als ich aus dem Gefängnis floh, die Mauer war sehr hoch und unten lagen Glasscherben. Ich habe noch andere Narben, die du nicht sehen kannst. Narben an meinem Körper, aber nicht nur an meinem Körper. Narben, die niemand sehen kann."

Die Strahlen des glühenden Steins erleuchteten die hohen Backenknochen im Gesicht des alten Mannes und entzündeten Funken in seinen Augen.

„Wenn ich den Stein zerschlage, verschwinden alle diese Narben. Aber diese Narben sind wie Ausweispapiere, verstehst du? Die Beweise meines Lebens. Ich sehe mich im Spiegel an und sage: „Das bin ich. Und ich bin nicht traurig. Ich habe lange Zeit gekämpft. Der Kampf für die Freiheit ist ein Kampf ohne Ende. Jetzt sind es andere, die weiterkämpfen. Sie kämpfen so, wie auch ich gekämpft habe. Mein Land und mein Volk sind immer noch nicht frei. Das möchte ich nicht vergessen. Ich kann den Stein nicht zerschlagen, denn das wäre Verrat."

Durch den Wald wanderten sie zurück zum Dorf. Während sie gingen, hielten sie sich an der Hand. Der Junge fühlte, dass die Hand des Alten sehr warm war.

Impulse zum Nachdenken und für das Gespräch

- Narben, die ich trage – sichtbare und unsichtbare.
- Meine Schmerzen in meinem zurückliegenden Leben – wie haben sie mich geprägt und was haben sie aus mir gemacht?
- Fürs Leiden danken?
- Noch einmal von vorn anfangen können, noch einmal jung sein – was spräche dafür und was dagegen?

Schlüsselsatz

Diese Narben sind wie Ausweispapiere, verstehst du? Die Beweise meines Lebens.

Biblische Anschlusstexte

Ijob 42,17 (Alt und lebenssatt); Psalm 92,15f. (Dennoch blühen); Matthäus 16,24–26 (Der nehme sein Kreuz auf sich); Römer 5,3–5 (Bedrängnis bringt Geduld); 2. Korinther 4,10 (Das Sterben Jesu am Leibe tragen); 2. Korinther 6,4–10 (In allem erweisen wir uns als Diener Gottes); 2. Korinther 12,9–10 (Guten Mutes in Verfolgungen und Ängsten um Christi willen).

8 Eine Gerichtsverhandlung in New York

Heinz Liepmann

Inhalt: Ein jüdischer Emigrant, ein Arzt, hilft einem kranken Kind, obwohl er nicht berechtigt ist zu praktizieren. Er kommt vor Gericht. Der Richter spricht ihn frei.

Stichwörter: Gesetz – Konflikt – Mut – Zivilcourage

Ich war vor zwei Monaten in New York angekommen und lebte mit zwei Freunden, die wie ich von Deutschland gekommen waren, in einem dunklen schäbigen Zimmer, das uns Mr. Murphy, ein fetter, jähzorniger Ire, vermietet hatte. Wir hatten kein Geld und keine Jobs und lebten von Gelegenheitsarbeiten. Mr. Murphy war ein Witwer mit fünf Kindern, und Jimmy war das jüngste. Das Haus, wo wir wohnten, war eine der riesigen Mietskasernen in dem armseligen, übervölkerten Viertel der Stadt im Süden Manhattans, in dem die erste Generation der Einwanderer lebte – Griechen, Iren, Juden, Franzosen, Deutsche, Russen und Italiener.

Als wir ungefähr drei Monate bei Mr. Murphy gewohnt hatten, wurde Jimmy krank. Von Anfang an sah es ziemlich hoffnungslos aus. Kurt, der früher ein prominenter Kinderarzt in Berlin gewesen war, sah sich Jimmy an und sagte: „Das kann Bronchitis werden. Machen Sie sich deswegen keine Sorgen. Wir drei werden aufpassen. Nur zum Arzt!"

Jimmy stöhnte in seinen Fieberträumen. Sein blondes Haar klebte an seiner schweißnassen Stirn.

Der Arzt kam zweimal, ein dünner, alter Italiener mit einem Monokel und zittrigen Händen. Er kam morgens um zehn und noch einmal am Nachmittag. Gegen Mitternacht stiegt das Fieber und der Atem begann zu rasseln. Kurt schickte Mr. Murphy wieder zum Arzt, aber nach einer Weile kam er allein zurück.

„Er will nicht kommen", flüsterte er, Tränen hilfloser Wut in den Augen. „Ich habe seinen letzten Besuch noch nicht bezahlt. Er will erst das Geld sehen ..."

Die niedrige Stube war voll mit Menschen. Die Brüder und Schwestern Jimmys standen schlaftrunken und angstvoll im Schatten. Ein paar Nachbarn – eine dicke Italienerin, ein alter Jude mit silbrigem Bart, ein polnischer Priester – standen bei ihm. Kurt übernahm die Behandlung. Das bedeutete dem Land gegenüber, das ihm eine neue Heimat bot, Bruch des Gesetzes und Vertrauens und, wenn er erwischt würde, neue Heimatlosigkeit, neues Elend. Dazwischen aber ein leidendes Kind, schweißüberströmt, geschüttelt von Fieber und Schmerzen.

Zehn Tage lang kämpfte Kurt um das Leben von Jimmy Murphy. Er schlief selten und wurde dünn und hager. Aber dann war die Krisis vorüber und das Kind gerettet. Und nun beginnt die eigentliche Geschichte.

An dem Tag, an dem Jimmy zum ersten Mal aufstehen durfte, kamen zwei Detektive und verhafteten Kurt. Der alte italienische Arzt hatte Anzeige erstattet.

Am Tag vor der Gerichtsverhandlung ging eine seltsame Bewegung durch unser Haus und unsere Straße. Die Russen, die Italiener, die Juden, die Iren und die Deutschen steckten die Köpfe zusammen, und ihre grauen, alten Gesichter waren rot und zornig.

Am nächsten Morgen ging kein einziger dieser Männer zur Arbeit. Sie gingen zum City-Court, dem Gericht der Stadt New York. Ich war selber dabei. Sie füllten den Gerichtssaal, es müssen ihrer über hundert gewesen sein, und als Kurt aufgerufen wurde, drängten sie sich alle vor, und der Richter blickte erstaunt von seinem Podium hinunter auf die merkwürdige, schweigende Menge von Männern, Frauen und Kindern.

„Schuldig oder nicht schuldig?“, fragte der Richter. Aber bevor Kurt den Mund öffnen konnte, riefen hundert Stimmen: „Nicht schuldig!“

„Ruhe!“, donnerte der Richter. „Ich werde den Saal räumen lassen, wenn ich noch einen Laut höre ...“

Er wandte sich wieder an Kurt. „Angeklagter, plädieren Sie für schuldig oder ...“

Und dann stockte er auf einmal und blickte auf die schweigenden alten Leute, die müden runzligen Gesichter, die gebeugten Rücken.

„Was wollt denn ihr?“, fragte der Richter ganz unzeremoniell, und als mehrere auf einmal zu sprechen begannen, wies er auf Mr. Murphy, der direkt hinter Kurt stand.

„Sie da!“

Und dann begann Mr. Murphy zu sprechen und der Richter sagte gar nichts und sah von einem der alten Leute zum anderen.

„So sind wir hierher gekommen“, endete Mr. Murphy, „die Nachbarn, meine ich damit. Wenn Sie unseren Doktor verurteilen, wir sind hier, um für ihn zu bürgen. Und wir haben gesammelt, falls er eine Geldstrafe bekommt, für das, was er begangen hat – nämlich meinem Kind das Leben gerettet. Wir haben sechsundachtzig Dollar gesammelt ...“

Der Richter erhob sich und lächelte. Es sah merkwürdig aus, wie dieser Mann im schwarzen Talar plötzlich lächelte und von seinem Podium zu Kurt hinunterstieg und seine Hand ausstreckte.

„Ich drücke Ihnen die Hand", sagte der Richter mit leiser Stimme. „Sie werden einmal einen guten Amerikaner abgeben."

Dann stieg er rasch auf sein Podium zurück und klopfte mit dem Hammer auf den Tisch. Alles erhob sich.

„Sie haben gegen das Gesetz verstoßen", sagte der Richter, „um einem höheren Gesetz zu gehorchen. Ich spreche Sie frei und – und Ihnen allen danke ich, dass Sie gekommen sind, um für den Angeklagten zu zeugen. – Nächster Fall!"

Impulse zum Nachdenken und für das Gespräch

- Wenn Vorschriften, Gesetze, Gebote und Menschlichkeit miteinander in Konflikt geraten.
- Menschengebote und Gottesgebote.
- Richten wir uns zu viel nach Gesetzen und Vorschriften oder zu wenig?

Schlüsselsatz

... gegen das Gesetz verstoßen, um einem höheren Gesetz zu gehorchen.

Biblische Anschlusstexte

Psalm 119,49–56 (Wenn ich an deine ewigen Ordnungen denke); Markus 2,23–3,6 (Der Sabbat um des Menschen willen); Apostelgeschichte 5,29 (Gott mehr gehorchen als Menschen).

9 Der Pförtner

Elly Heuss-Knapp

Inhalt: Eine Mutter kämpft um ihren jüdischen Stiefsohn. Ein Pförtner wagt sein Leben, um ihn zu retten.

Stichwörter: Juden – Menschlichkeit – Mut – Zivilcourage

Oft war es den Mitbewohnern aufgefallen, wie völlig unähnlich der junge Karl Ulrich seiner Mutter sah. Er war ein hoch aufgeschossener Junge mit dunklem Haar und tiefsamtenen, schönen klugen Augen hinter einer Brille, etwas eckig in den Bewegungen, ein wenig unsicher wirkend durch die gesenkte Kopfhaltung.

Die Mutter schien noch sehr zart und jung, fast mädchenhaft, klein und graziös, mit einer dicken Krone hellblonden Haares über der klaren Stirn. Die beiden waren erst zugezogen nach dem Tode des Mannes, der, ein bedeutender Arzt, an einer Sepsis gestorben war. Der Junge mochte damals zehn Jahre alt gewesen sein. Er war still und wohlerzogen, wie alle Hausbewohner anerkannten, und mehr als sie merken konnten, war er seiner Mutter wie ein Kavalier zugetan.

Erst als das Dritte Reich angebrochen war und die „Blockwarte" der Partei alle Familienverhältnisse durchsuchten, verbreitete sich die Kunde, dass Frau Dr. Bernhard gar nicht die richtige Mutter des Jungen sei. Sie habe als blutjunges arisches Mädchen den weit älteren Arzt geheiratet, dessen erste Frau – wie er jüdischer Abstammung – im Wochenbett gestorben war. Karl Ulrich war also Jude.

Langsam vollzog sich die Isolierung der beiden, deutlich spürbar erst, als der Sohn den Judenstern tragen musste und aus der Schule ausgeschlossen wurde. Die Mitbewohner gingen scheu und verlegen an ihm vorbei. Seine Stiefmutter half ihm über die böse Zeit ohne Verbitterung hinweg. Sie setzte sich auch beim Klang der Sirenen ganz selbstverständlich zu ihm in den engen Kohlenkeller, seit der Blockwart den getrennten Luftschutzraum für den einzigen Juden des Hauses verlangt hatte. – Nur der Kreis der näheren Freunde aus ihrer glücklichen Ehezeit hielt den Verkehr getreulich aufrecht.

Als im Verlauf des Krieges alle Frauen zur Dienstpflicht aufgerufen waren, half sie im nahe gelegenen Postamt; der Sohn arbeitete auf einem Bau.

Dann schlug eine neue Welle der Judenverfolgung in das mühselige, aber friedliche Familienleben ein. Als Frau Bernhard eines Abends vom Dienst heimkehrte, fand sie Karl Ulrich nicht mehr vor: abgeholt, weggebracht – auf einem Zettel stand die Adresse des jüdischen Sammellagers.

Wie ein angeschossenes Reh schlich sie durch die Wohnung, halb betäubt von Schmerz und Zorn. Vor dem Bild ihres Mannes stand noch in flacher Schale der Strauß bunter Stiefmütterchen, den der Junge mit einem zärtlichen Lächeln und dem Wort „Stiefmütterchen" ihr gestern gebracht hatte. Sie blieb vor dem Bild stehen und gelobte sich und ihm, seinen Sohn nicht ohne Widerstand in die Hand der Menschen fallen zu lassen.

Hinter ihrer schmerzenden Stirn jagten sich die Bilder, sie sah sich selbst, wie auf der Bühne, bittend, flehend, weinend vor einem SS-Mann knien. Dann wieder sah sie sich ihr Haus in Brand stecken, nein, Handgranaten werfend – eine vergiftete Füllfeder, mit der man zustechen konnte, schwebte ihr vor. Hier und da erschrak sie, wenn der Spiegel beim Vorbeigehen ihr verstörtes Antlitz zeigte. Was war aus ihr geworden, was würde man aus ihr machen, aus ihr, der Schüchternen, der Sanftmütigen?

Plötzlich erinnerte sie sich eines kleinen Erlebnisses auf der ersten Reise in ihrer jungen Ehe: In Marseille, mitten im Straßengewühl, blieb ein junger Mann staunend stehen, starrte sie an und rief aus: „Sainte Vierge, priez pour moi!" (Heilige Jungfrau, bitte für mich!) – Jetzt aber war sie zu jedem Mord bereit.

Als das graue Morgenlicht zwischen den Vorhängen durchsickerte, hatte sie ihre Schlacht geschlagen: Nur mit ihren eigenen Machtmitteln, denen der Friedfertigen, wollte sie kämpfen.

Statt zum Dienst zu gehen, stand sie in ihrer Küche und strich Brote mit den geringen Vorräten, die sie für Festtage gesammelt hatte. Sie legte die zierlichen Päckchen in ihre bunte Basttasche, zog sich sorgfältig an und fuhr in die völlig unbekannte Gegend wie in die weiteste Ferne.

Im hohen grauen Häuserkomplex stand sie schließlich vor dem Pförtner, der sie mit unbewegtem Gesicht musterte. Sie dachte nur daran, dass er vielleicht in wenigen Minuten ihren Sohn sehen würde; daher war es ein liebevoller Blick, der ihn traf, als sie ihm die Päckchen reichte: „Nehmen Sie bitte von allem die Hälfte und geben Sie meinem Sohn die andere Hälfte! Gelt, Sie tun es gewiss!"

Er schwieg und nahm die Gaben entgegen. Sie fuhr heim, grundlos getröstet. Am folgenden Tag wiederholte sie den Besuch. Sie zeigte ihm, was sie gebacken hatte: Eigentlich sei es Weihnachtsgebäck, aber ihr Sohn liebe es so sehr. Der Mann blieb wortkarg und unzugänglich. Als sie am dritten Tag mit zwei Schachteln Zigaretten wiederkam, tat der stumme Pförtner den Mund auf zu der Frage: „Sie sind doch keine Jüdin?"

„Nein!", sagte sie, errötend wie ein Schulmädchen. „Ich bin ja nur die Stiefmutter; aber der Sohn ist das Letzte und Beste, was ich habe."

Der Pförtner wies auf eine Türnische im Durchgang zum Hof: „Da stellen Sie sich morgen früh hin und reden kein Wort." Damit drehte er ihr den Rücken zu.

Pünktlich zur angegebenen Stunde war sie zur Stelle; ihr Herz zitterte wie das eines gefangenen Vogels. Der Pförtner trat aus seiner Loge, worin ein Kollege seinen Dienst versah, durchschritt langsam den Hof. Ohne sie zu beachten, setzte er in einer Ecke einige Backsteine ab und verließ ruhig das Grundstück. Bald darauf öffnete sich eine Tür, die zum Hof führte; Karl Ulrich trat heraus, ein Bündel in der Hand. Gemächlich und ohne sie anzublicken, kam er an ihr vorbei und trat auf die Straße hinaus. Sie folgte ihm mit versagenden Knien.

Auf der menschenleeren Straße beschleunigte er seine Schritte; kaum konnte sie ihm folgen. An der nächsten Ecke erreichten sie die heranfahrende Straßenbahn. Beim Aussteigen, nahe ihrer Wohnung, sagte er leise: „Geh voraus!" So trafen sie sich erst in der Wohnung, die er auf Umwegen erreichte. Er hatte eigentlich nicht viel zu berichten oder zu erklären: Der wortkarge Pförtner hatte ihm befohlen, schweigend hinauszugehen, sobald die Steine unter seinem Fenster lägen.

Freude und Angst lagen nebeneinander auf den folgenden Tagen wie das Schwarz und Weiß im Onyx. Niemand im Haus durfte etwas von Karl Ulrichs Dasein merken. Wenn die Mutter im Dienst war, schlich der Sohn vorsichtig auf den Teppichen umher. Nachts ging er hier und da auf die Straße, um Luft zu schnappen. Seinen gesunden Appetit zu stillen, war ohne Marken wahrhaftig nicht leicht. Zum Glück bildeten die alten Freunde in ihrer Mitfreude einen Hilfedienst und brachten Lebensmittelmarken. Am Morgen des fünften Tages lag ein Päckchen im Briefkasten. Karl Ulrich öffnete es, obwohl es an die Mutter adressiert war. Ein kurzer Brief fiel heraus: „Ihr Stiefsohn ist an einer ansteckenden Krankheit gestorben. Wir übersenden anbei die Asche."

Er war blass, als er der Mutter den Brief überreichte. Die Asche hatte er gleich in den Mülleimer geschüttet. Die Mutter lächelte unter Tränen.

„Der gute Pförtner!", sagte sie. „Was hat er gewagt! Und nie kann ich ihm danke sagen."

„Aber die anderen", sagte Karl Ulrich leise, „die anderen – was ist mit denen?" Die beiden schwiegen lange.

Am Abend brachte ein junger Freund die Nachricht, er könne im Lieferwagen eines Schuhgeschäfts den Jungen auf ein nahes Landgut bringen; er müsse dort als Pole gelten.

Hier verbrachte Karl Ulrich die beiden letzten Jahre des Krieges und wurde nach der Einnahme von Berlin seiner Stiefmutter zurückgegeben. Es machte ihnen kaum mehr etwas aus, dass ihre Wohnung in Schutt und Asche lag.

Impulse zum Nachdenken und für das Gespräch

- Zwei Arten des Kämpfens: Wie kämpft die Stiefmutter, wie kämpft der Pförtner für das Leben? Was wagt und riskiert jeder?
- Es hat Sinn, Einzelnen zu helfen, auch wenn man nicht allen helfen kann.
- Was darf Menschlichkeit kosten?
- Kannten Sie Juden in jener Zeit? Einander davon erzählen.

Schlüsselsätze

Was hat er gewagt!
Oder:
Nur mit ihren eigenen Machtmitteln, denen der Friedfertigen, wollte sie kämpfen.

Biblische Anschlusstexte

Psalm 126 (Wie die Träumenden); Matthäus 5,9 (Selig sind die Friedfertigen); Apostelgeschichte 5,17ff. und 12,5ff. (Ein Engel tat die Türen des Gefängnisses auf); Apostelgeschichte 5,29 (Gott mehr gehorchen als den Menschen).

Im Getto gibt es keine Blumen 10

Icchokas Meras

Inhalt: Ins jüdische Getto dürfen keine Blumen mitgebracht werden. Ein jüdischer Junge will seiner Freundin Margeriten mitbringen und lässt sich dafür schlagen. Die Leidensgenossen bringen ihm heimlich jeder eine Margerite.

Stichwörter: Blumen – Juden – Opfer der Liebe

Bemerkung: Vor Auswahl prüfen, ob die Zuhörenden die aus dem Getto geschilderte harte Wirklichkeit aushalten können.

Im Getto gibt es keine Blumen. Blumen sind verboten. Und man darf keine mitbringen. Auch das ist verboten.

Warum ist es verboten?

Ich denke schon lange darüber nach, kann es mir aber nicht erklären. Und wenn ich der größte Lump wäre, ich würde den Menschen doch erlauben, Blumen zu ziehen. Samen finden sich überall. Sie keimen schnell, schlagen rasch Wurzeln. Unter den Fenstern würden prächtige

Pfingstrosen blühen, schlanke Lilien und duftende Kresse. Alles wäre voll davon, wie von großzügiger Hand hingestreut.

Selbst wenn ich der allergrößte Lump wäre und den Menschen verbieten würde, Blumen zu ziehen, so würde ich ihnen doch erlauben, Blumen von den Feldern und Wiesen mitzubringen, wenn sie von den Arbeitslagern zurückkehren.

Müde schleppten sich die Kolonnen durch die Stadt, aber niemand sähe die gesenkten Köpfe, denn Blumen, viele Sträuße, überragten sie, man könnte annehmen, die Menschen darunter seien gar nicht vorhanden. Es sähe aus, als gingen Blumen spazieren. Die Menschen brauchten sich nicht zu beeilen, könnten ganz langsam gehen, Schritt für Schritt. Fünf Uhr nachmittags! Noch eine volle Stunde! Um sechs wären sie bestimmt im Getto.

Über Waffen, das ist klar, braucht man kein Wort zu verlieren. Auch darüber nicht, warum wir keine Kleidung mitbringen dürfen. Wir sollen zerlumpt herumlaufen und frieren.

Warum es verboten ist, Lebensmittel ins Getto zu bringen, ist mir auch begreiflich. Schoger will, dass wir hungern.

Aber warum hat Schoger hier im Getto die Blumen verboten?

Das begreife ich nicht.

Eine Blume. Ein dünner Stiel, farbige Blüten und ein lieblicher Duft. Wer kann uns die Blumen verbieten?

Wenn Esther und ich in unserm Hof sitzen, ich auf dem Balken, sie auf der Holzkiste, und wenn wir beide allein sind, sehen wir uns an und schweigen. Esther beugt sich vor und sucht zwischen den Steinen nach grünen

Grashalmen. Hat sie einen gefunden, flüstert sie leise vor sich hin und zupft dabei die winzigen Blütenrispen ab. Es sind nur wenige, deshalb beeilt sie sich nicht. Sie knipst sie mit ihren scharfen Fingernägeln ab, behält sie einen Augenblick in der Hand und lässt sie dann fliegen. Sie flattern weg wie kleine Vögel. Ich weiß, was Esther sich wünscht.

Sie möchte eine Margerite haben.

Sie möchte eine einfache Feldblume in der Hand halten, die Bütenblätter abzupfen und dabei vor sich hin flüstern, so leise, dass ich es nicht verstehe.

Esther arbeitet auch, hier im Getto; sie hilft ihren Eltern als Krankenpflegerin. Esther war schon lange nicht mehr draußen auf den Feldern und hat wohl vergessen, wie Blumen aussehen. Und trotzdem möchte sie eine Margerite haben. Das fühle ich. Heute sieht sie selbst so weiß aus wie die Blütenblätter einer Margerite.

„Sieh mich nicht so an", sagt Esther. „Ich bin noch sehr blass, nicht wahr? Aber ich erhole mich schnell wieder. Vater hat heute einen Jungen operiert und brauchte Blut. Alle spenden Blut, daran ist nichts Ungewöhnliches. Heute wurde meine Blutgruppe benötigt und Vater ließ mich rufen. Er sagte, so viel Blut auf einmal dürfte man eigentlich nicht nehmen, doch ich sei ja gesund und es würde mir nicht schaden. Der Junge war sehr schwach. Jetzt kommt er bestimmt durch."

Sie sieht mich an. Ich schweige.

„Du bist mir nicht böse, dass ich so blass bin, nein?"

„Warum soll ich dir böse sein. Du hast doch dem Jungen dein Blut gegeben."

So antworte ich, aber meine Gedanken sind weit weg. Ich schließe die Augen und mir ist, als seien wir weit, weit fort von hier. Wir gehen durch das hohe Gras auf einer großen weiten Wiese. Esther setzt sich nieder und stützt die Hände auf die Erde, ich aber laufe auf der Wiese umher und pflücke Blumen. Wie viele Blumen es hier gibt: weiße, gelbe, rote, blaue. Einige duften zart, andere läuten mit ihren Glöckchen. Einen ganzen Arm voll habe ich schon gepflückt und immer noch sind es mir zu wenig.

„Schimek!" So ruft Busia mich.

„Ich komme!"

„Genug, Schimek!"

„Nur noch die zwei, die eine noch, nun sind es genug."

„Lass sie doch stehen und wachsen. Sie sind so schön."

„Gut."

Dann höre ich plötzlich: „Isia!"

Ich öffne die Augen und sehe unsern gepflasterten Hof. Ich sitze auf dem Balken und Esther auf der Holzkiste.

Wir kehren von der Arbeit zurück. Da ist schon das Tor zum Getto. Wie unregelmäßig mein Herz schlägt. Mal klopft es schnell hintereinander, mal setzt es aus, dann wieder schnell, und wieder setzt es aus. Unter meinem Hemd trage ich einen Strauß Blumen.

Der eine Posten erlaubte mir, etwas weiter auf die Wiese zu laufen, die wie ein grünes Tuch mit weißen und gelben Tupfen prangte. Ich riss die Margeriten gleich in Büscheln aus. Am liebsten hätte ich die ganze Wiese leer gepflückt und mitgenommen. Als mir bewusst wurde, wie unmöglich das ist, warf ich die Blumen wieder weg bis auf einen kleinen Strauß der schönsten Blüten.

Jetzt kehren wir nach Hause zurück. Da ist schon das Tor zum Getto und mein Herz klopft aufgeregt. Mal schnell, mal setzt es aus, als bliebe es stehen.

Die Männer wurden böse, als sie die Blumen sahen. An jedem andern Tag hätte es ihnen nichts ausgemacht, doch heute hatten sie allen Grund, böse zu sein. Das wusste ich. Heute trugen sie eine deutsche Maschinenpistole ins Getto, die sie im Arbeitslager beiseite geschafft hatten. Zwei Tage hatten sie gebraucht, um die Waffe auseinander zu nehmen und zu verstecken. Einige Teile konnten auseinander geschraubt, andere mussten abgebrochen werden. Das machte nichts. Die Schlosser im Getto würden sie wieder zusammenbauen. Heute hatten sie die Stücke unter sich verteilt und wollten sie ins Getto bringen.

Jetzt waren sie böse auf mich, weil sie fürchteten, man könnte meine Blumen finden, daraufhin die ganze Kolonne durchsuchen und dabei die zerlegte Maschinenpistole entdecken.

Ich bat sie, nicht böse zu sein. Ich könnte nicht anders. Sie beruhigten sich und sagten nichts mehr. Dann ließen sie mich am Ende der Kolonne gehen.

Schon sind wir am Tor.

Das Herz klopft unregelmäßig.

Am Tor steht Schoger.

Mich fröstelt.

Nadelspitz blicken seine Augen; mir ist, als durchstächen sie meine Jacke und bohrten sich in meine Blumen.

Ich kann nicht anders, hebe die Hand und halte sie schützend vor die Blumen auf meiner Brust.

Alle sind schon im Getto und heilfroh darüber. Mich jedoch sieht Schoger an und blinzelt mit einem Auge.

„Na, Señor Capablanca?", fragt er und fängt an, mich zu durchsuchen. Er reißt meine Jacke auf, zieht das Hemd aus dem Gürtel, da fallen die Blumen heraus.

„Oha!", staunt Schoger. „So eine Menge! Wozu brauchst du so viele?"

Ich schweige.

„Fünf reichen fürs Erste", unterweist er den Auspeitscher.

Mit dem Fuß stößt er die Blumen zum Gettotor hinaus und sagt zu mir: „Du musst das richtig verstehen. Du bist zwar mein Partner, aber Gesetz ist Gesetz, dagegen lässt sich nichts machen."

Er zeigt mit dem Finger auf mich und fragt den Wachposten: „Habt ihr ihn jeden Tag durchsucht? Das muss sein, Gesetz ist Gesetz, dagegen sind wir alle machtlos."

Jaschka Feleris ist der Auspeitscher, ein riesiger Kerl mit rotem Stiernacken und kleinen, zwischen den Fettpolstern sitzenden Äuglein. Er sieht genauso aus wie zu der Zeit, als sein Vater noch die Fabrik besaß.

Dieser Mann wird von Schoger gut gefüttert. Er hat Hände, groß wie Hauklötze.

Jaschka Feleris deutet auf eine kleine Bank. Ich lege mich drauf und sage zu ihm: „Mach's schnell!"

Er glotzt mich verständnislos an.

„So mach schon!", sage ich.

Woher soll er wissen, was ich denke, dieser Peitschenmeister? Er ist gewohnt, andere zu schlagen, damit er nicht geschlagen wird. Woher also soll er es wissen.

Ich habe Eile, weil ich nicht will, dass Esther mich so sieht. Sie könnte vorbeikommen oder Janek könnte mich sehen und es ihr erzählen; oder ihre Eltern könnten sich zufällig in der Nähe des Tores aufhalten, wo mir die fünf Hiebe aufgezählt werden.

„Schneller", ermuntere ich den Peitschenschläger.

Er arbeitet gewissenhaft.

Er ist satt und denkt, ein Kantschu sei eine große Sache. Das stimmt nicht.

Was ist schon ein Kantschu? Doch nichts weiter als geflochtenes Leder mit einem Kern aus Stahldraht.

Wenn es nichts Schrecklicheres gäbe als einen Kantschu, so wäre alles halb so schlimm. Man bedenke: nur Leder und Stahl.

Wir kehren von der Arbeit zurück.

Das Herz klopft ungestüm. Vorgestern hat man mir den Strauß weggenommen, gestern auch. Und heute?

Ich gehe diesmal vorn in der Kolonne. Die Männer wollen mir helfen durchzukommen. Von der Straßenseite her schieben und drängen sie, dass das Tor in allen Fugen kracht. Sie wollen mich ins Getto hineinstoßen, damit ich mit meinem Blumenstrauß durchkomme.

Der Posten brüllt. Schoger auch. Er steht wieder am Tor. Die Männer sind bestürzt. Sie drängeln nicht mehr. Heute haben sie die Teile von zwei Maschinenpistolen bei sich, wer weiß, was ihnen nun bevorsteht.

„Na, hoffentlich bist du jetzt vernünftig geworden", sagt Schoger zu mir. Er durchsucht mich bis auf die Haut. „Fünfzehn!", brüllt er und schmeißt die Blumen durchs Gettotor.

Mich hält er immer noch fest.

„Siehst du", sagt er bekümmert, „heute wollte ich mit dir eine Partie Schach spielen und da hast du nun alles verdorben. Das ist schlecht. Du wirst nachher nicht sitzen können, und im Stehen, was ist das für ein Spiel."

„He, du!", ruft er dem Auspeitscher zu und seine Stimme klingt noch bekümmerter. „Schlag ihn auf die Beine und den Rücken, damit er sitzen kann. Die eine Hälfte auf die Beine, die andere auf den Rücken. Was? Fünfzehn kann man schlecht teilen? Gut, dann vierzehn, nicht fünfzehn."

„Eine dumme Geschichte", sagt Schoger. „Capablanca brauchte so was nicht durchzumachen, verstehst du. Aber Gesetz ist Gesetz. Wir alle sind seine Sklaven."

Ich lege mich auf die Bank. Heute ist es keine Kleinigkeit.

„Mach's schnell", bitte ich den Auspeitscher.

Er krempelt sich die Ärmel hoch.

Die ganze Kolonne kann passieren. Zum Glück!

Vielleicht war es sogar gut, das man mich erwischt hat. Schoger ist beschäftigt und die andern werden nur flüchtig durchsucht. Vielleicht ist es wirklich gut so? Bisher haben mir die Männer kein einziges Mal erlaubt, auch nur eine Patrone durchzuschmuggeln. … neun, zehn, elf.

„Schneller, schneller …"

Die Kolonne ist schon im Getto, die Männer gehen jedoch nicht auseinander, sie scheinen auf etwas zu warten.

… dreizehn, vierzehn. Schluss.

Wenn man sich Mühe gibt, fällt es einem gar nicht so schwer aufzustehen.

Schoger ist nicht mehr da, die Posten sind auf der anderen Seite vom Tor.

Der Auspeitscher geht weg. Seine Arbeit ist erledigt, bis morgen hat er Ruhe.

Die Kolonne steht und wartet. Als ich losgehe, gesellen sich die Männer zu mir. Bleibe ich stehen, bleiben sie auch stehen. Hinter einem hohen Haus umringen sie mich von allen Seiten. Vorsichtig, als seien es Schmetterlinge, deren Flügel sie nicht verletzen wollen, zieht jeder

der Männer aus dem Jacken- oder Hemdausschnitt etwas hervor.

Vor meinen Augen flimmert es. Ich sehe eine Wiese, eine große grüne Decke mit weißen und gelben Tupfen.

„Nimm“, sagen sie, „nimm schnell! Meinst du, wir haben Zeit, hier lange herumzustehen?“

Sie geben mir die Blumen und ich sammle sie zu einem Strauß. Jeder gibt mir eine Blume.

Wie schön sie sind, wie frisch und gar nicht zerdrückt. Mein Strauß … So einen hätte ich nie zusammenbekommen. Niemals.

Als ich aufblicke, sind die Männer verschwunden. Ich stehe da, allein, mit einem großen Margeritenstrauß.

Zu Hause stelle ich die Blumen ins Wasser, wasche mich dann sorgfältig und ziehe mein gutes hellblaues Hemd an. Dann wandre ich zum andern Ende des Gettos, zu der Steinschwelle.

Esther ist sehr bleich, fast weiß und verschmilzt mit den Margeriten. Wir gehen in unsern Hof.

Ich kann ja sitzen, deshalb setze ich mich auf den Balken. Esther schwingt sich auf die Holzkiste und breitet um sich herum die Blumen aus. In der Mitte sie, rundherum die Blumen!

„Nicht ich war das, alle waren das, alle, die mit mir arbeiten. Jeder hat eine Margerite mitgebracht, und siehst du, wie viele es sind.“

Schweigend schüttelt Esther den Kopf und ihr aschblondes Haar wogt wie das Wasser im Fluss, wie ein reifes Kornfeld.

Die allergrößte Margerite wählt Esther aus, nimmt sie in die Hand und sieht mich an. Warum sieht sie mich so lange an und zupft die Blütenblätter nicht ab?

„Sind wir schon groß?", fragt Esther.

„Selbstverständlich!", sage ich.

„Schon fast erwachsen, nicht wahr?"

„Selbstverständlich."

„Zusammen sind wir dreiunddreißigeinhalb."

„Ja, zusammen sind wir schon so viele Jahre. Und wir können sie auch an den Fingern abzählen", sage ich leise und balle die linke Hand zur Faust.

„Ist es schlimm, dass ich so blass bin?"

Schlimm ist es, dass sie solche Fragen stellt, darum sage ich zu ihr: „Weißt du was? Ich schließe jetzt die Augen und du kannst denken, du wärst ganz allein." Ich tu so, als hätte ich die Augen geschlossen, blinzle aber durch die Wimpern. Ich sehe, wie Esther sich über die Blume in ihrer Hand neigt und behutsam die Blütenblätter abzupft. Sie zupft die Blättchen und flüstert dabei vor sich hin. Ich höre nicht, was sie flüstert, weiß es aber. Und sie ahnt wohl, dass ich es weiß.

„Ja – nein, ja – nein ..."

Ich könnte befürchten, es würde ein Nein.

Esther befürchtet es vielleicht wirklich.

Nur wenige Blütenblätter sind noch übrig, ganz langsam zupft Esther sie ab.

Sie, vielleicht – woher soll sie es wissen.

Ich bin ohne Furcht.

Nicht die allergrößte Blume brauchte sie zu wählen, sie könnte sie nehmen, alle der Reihe nach, und jede Einzelne gäbe ihr die gleiche Antwort.

Ja, ja, ja, ja.

Die Blumen können gar nichts anderes sagen. Die Blumen wissen es.

„Isia", ruft jemand leise.

Vater ist es. Mein Vater Abraham Lipman. Ohne Grund würde er nicht stören. Wenn er ruft, ist es wichtig.

„Ich komme."

Schweren Herzens stehe ich auf und gehe, doch meine Gedanken verweilen dort, wo ich gesessen habe. Ich sehe Esther. Sie ist blass und hält den Kopf gesenkt. Aber das hat keine Bedeutung.

Sie sitzt in der Mitte, und rundherum sind Blumen. Wer hat das gesagt, Blumen seien im Getto verboten? Wer kann uns die Blumen verbieten?

Impulse zum Nachdenken und für das Gespräch

- Wofür stehen die Blumen in dieser Geschichte? Was will Isia hindurchretten, obwohl es ihm Leiden bringt?
- Gemeinschaft im Leiden verbindet und lässt zusammenstehen. Der Margeritenstrauß: Jeder hat sein Teil beigetragen.
- In Unmenschlichkeit die Würde bewahren. Mitten im Elend nach Freude, Schönem und Liebevollem suchen.
- „Gesetz ist Gesetz, wir sind seine Sklaven."
- „Ich schließe die Augen ..." Zweimal wird das erzählt. Warum jeweils? Ist das „Kopf in den Sand" oder Lebensrettung?
- Wo kann ich jemand in seinem „Getto" zu „Blumen" verhelfen?

Schlüsselsatz

Wer kann uns die Blumen verbieten?

Biblische Anschlusstexte

Hoheslied 8,6–7 (Liebe ist stark wie der Tod); Johannes 19,1–11 (Jesu Leiden und das Leiden seiner jüdischen Schwestern und Brüder); 1. Petrus 3,13–17 (Leiden um der Gerechtigkeit willen).

Anmerkung

Margerite: Dieses griechische Wort heißt „Perle".

11 Wie schön leuchtet der Morgenstern

Carlo Schmid

Inhalt: Während des Zweiten Weltkriegs in Frankreich: Ein deutscher General befiehlt, französische Geiseln zu erschießen. Zwei Militärverwaltungsräte sprechen ihn auf sein Christsein und sein Gewissen an. Wider Erwarten nimmt der General den Erschießungsbefehl zurück.

Stichwörter: Entscheidung – Gewissen – Mut – Taufe – Töten – Zivilcourage

An einem Septembersonntag erfuhr ich, der General habe Befehl erteilt, am Montagmorgen seine Androhung wahr zu machen und zehn Geiseln zu erschießen. Es musste rasch gehandelt werden. Der Chef der Militärverwaltung war nicht erreichbar und so bewog ich den Oberkriegsverwaltungsrat Apetz, mit mir zum General zu gehen, was zwar jeder Vorschrift widersprach, aber die einzige Möglichkeit war, zu verhindern, dass großes Unrecht geschehe.

Wir meldeten uns bei General Niehoff an, der uns mit Höflichkeit empfing. Zunächst beschränkte ich mich darauf, die völkerrechtlichen Argumente vorzubringen, die gegen die angeordnete Maßnahme sprachen: Es bestünde keinerlei Verhältnismäßigkeit von Tat und Sühne, zwischen der Unabänderlichkeit dessen, was den Geiseln angetan werden sollte und dem Schaden, der dem Prestige der Besatzungsmacht zugefügt worden sei. Apetz sagte, es gebe andere Mittel, um die Provokation an den Gräbern gegenstandslos zu machen.

Der General blieb freundlich, dankte uns für die Belehrung, aber er habe seine Befehle gegeben und sei es nicht gewohnt, Befehle zurückzunehmen. Er lud uns zu Tisch und schlug vor, zusammen ein Glas Türkenblut zu trinken, eine Mischung aus Burgunder und Champagner.

Sollten wir wirklich Tischgäste des Generals sein und Türkenblut mit ihm trinken, während bei der Feldkommandantur die Geiselerschießung vorbereitet wurde? Das Abendessen wurde aufgetragen, der General sprach über banale Dienstvorgänge, erzählte Anekdoten, Zigarren wurden gereicht – da hielt ich es nicht mehr aus.

Ich wechselte das Thema und sprach von der Rechtswidrigkeit dessen, was er im Begriff stand zu tun, wies ihn auf das Unglück hin, das er über zehn rechtschaffene Familien bringe, sagte ihm, es gehe doch nicht an, Menschen für das Tun Dritter büßen zu lassen, und was mir sonst noch einfiel, um seinen Sinn zu wandeln.

Der General schwieg, lächelte, trank Türkenblut und sagte endlich: „Nein, Herr Doktor, die werden dem Tod nicht von der Schippe springen."

Ohne zu überlegen, was ich tat, sagte ich: „Herr General, Sie sind getaufter Christ, Sie kennen die Zehn Gebote. Sie wissen, dass es Sünde ist, was Sie zu tun beabsichtigen ..." Wortlos ging er durch das große Zimmer, in dessen Ecke eine Orgel stand. Er setzte sich, präludierte und spielte den Choral „Wie schön leuchtet der Morgenstern", fantasierte noch eine Weile über das Thema, erhob sich und ging aus dem Raum.

Wir sahen uns fragend an; jeder wusste, was der andere dachte, und schwieg. Da, leise Schritte. Der General öffnete die Tür: „Sie können sie haben – beeilen Sie sich – bald ist Büchsenlicht ..."

Wir rannten ans Telefon. Mein Kollege gab der Feldkommandantur Bescheid. Gerade noch zur rechten Zeit.

Impulse zum Nachdenken und für das Gespräch

- Beide brauchen viel Mut: Der Erzähler, der den General anspricht; der General, der seinen Befehl zurücknimmt.
- Wo kenne ich den Konflikt: Schweigen und hinnehmen – oder: Mund aufmachen und versuchen, doch etwas zu erreichen?
- Was ging wohl im General vor sich: Zwischen seinem „Befehl ist Befehl" und seiner Entscheidung, seinen Befehl zurückzunehmen? Was „dämmerte" ihm?
- Kann ich einen Zusammenhang zwischen dem Inhalt des Chorals und der Entscheidung des Generals entdecken?
- Die Erinnerung an mein Christsein kann sein wie der Morgenstern in der Nacht, der den Wechsel vom Dunkel zum Licht, von der Nacht zum Tag ankündigt.
- Der Mut, jemand anderen auf sein Gewissen, die Gebote, seine Taufe, seinen Glauben anzusprechen.
- Lieder im Gesangbuch suchen, in denen der Morgenstern vorkommt.

Schlüsselsatz

Sie sind getaufter Christ, Sie kennen die Zehn Gebote.

Biblische Anschlusstexte

Apostelgeschichte 5,29 (Gott mehr gehorchen als Menschen); Römer 13,12 (Die Nacht ist vorgerückt); Offenbarung 22,16 (Christus: der helle Morgenstern).
„Wie schön leuchtet der Morgenstern": EG 70; GL 554.

Anmerkungen

- Morgenstern: Die Venus. Auffallend heller Stern in der Morgendämmerung. Lichtblick im Dunkel, der den kommenden Morgen ankündigt. Sein Leuchten ist Vorahnung der aufgehenden Sonne, die das Dunkel der Nacht ablöst.
- Büchsenlicht: Schon so weit fortgeschrittene Beleuchtung in der Morgendämmerung, dass man sicher zielen kann.

Herbergssuche aktuell

12

Hedwig Brenn-Kaiser

Inhalt: Eine Familie mit behindertem Kind, am Tag vor Weihnachten mit dem Auto unterwegs, gerät abends in Stau und Schnee, sucht eine Unterkunft für die Nacht und findet eine „offene Tankstelle".

Stichwörter: Behinderte – Gastfreundschaft – Weihnachten

So machten wir uns denn auf nach Norden.

Wir, das sind meine Frau, meine Tochter Sabine und unser kleiner Jockel. Für unsere Reise gab es eigentlich keinen triftigen Grund, Erbschaftsangelegenheiten oder so. – Wir waren zu Weihnachten ganz einfach bei Verwandten eingeladen. Diese Einladung bedeutete für uns sehr viel, denn wir lebten zurückgezogen in einer süddeutschen Kleinstadt, bis vor einigen Jahren eine ganz normale Familie, aber dann auf einmal gemieden von den Freunden und Bekannten, und auch von der Verwandtschaft im Stich gelassen.

Und was war der Grund?

Unser Jockele, der so sehnlich erwartete „Stammhalter", war eines dieser armen Geschöpfe, die aus einem unerfindlichen Grund von der Natur benachteiligt sind und nicht den vollen Reifegrad in der Entwicklung erreichen. Er war also ein behindertes Kind, wie man heute zu sagen pflegt. Es war ein harter Schlag für uns alle und wir brauchten lange, bis wir begriffen hatten, was da geschehen war.

Nun aber zählte das alles nicht, Weihnachten stand vor der Tür und wir durften alles hinter uns lassen und reisen an einen Ort, wo liebe Menschen für uns die Lichter anzünden würden und wo wir uns an einen gedeckten Tisch setzen durften.

Also – auf geht's! – Alles verlief reibungslos und zunächst kamen wir auch zügig voran. In regelmäßigen Abständen legten wir Pausen ein, und nichts trübte unsere Freude und Erwartung.

Allmählich wurde der Verkehr dichter, aber es war ja klar, auch andere Leute wollten sich über Weihnachten besuchen.

Als wir schon weit mehr als die Hälfte unserer Wegstrecke hinter uns hatten, passierte es dann doch, dass wir in einen Stau gerieten, der uns viel Zeit kostete. Zu allem Unglück fing es jetzt auch noch an zu schneien, sodass das Fahren in der beginnenden Dämmerung immer beschwerlicher wurde. Unsere Sabine, – normalerweise immer fröhlich und zuversichtlich – drückte sich einsilbig in ihre Ecke und kämpfte gegen den Schlaf an. Jockele war recht unruhig geworden, denn der Schnee flößte ihm Angst ein.

Schließlich sagte meine Frau: „Es hat keinen Sinn mehr, wir müssen irgendwo übernachten und morgen früh weiterfahren."

Mir war es recht.

Wir fuhren von der Autobahn herunter und erreichten auch schnell ein Dorf. Leider hatte aber der eine der beiden Gasthöfe ganz geschlossen und der andere nahm über die Feiertage keine Gäste auf.

Wir blieben auf der Landstraße und klapperten die Orte in der Umgebung ab. Leider ohne Erfolg. Wer nicht über das Fest ohnehin geschlossen hatte, war entweder belegt oder hatte einen Vertrag mit irgendeinem Reiseunternehmen. Langsam wurden wir recht mutlos.

Doch halt, dort hinten sind noch Lichter – viele, scheint etwas Größeres zu sein. Versuchen wir dort unser Glück. Ein Transparent über der Straße verkündete, dass über Weihnachten irgendein Verein der französischen Partnerstadt zu Gast war. Wir fanden sogar eine Zimmervermittlung, erfuhren dort allerdings, dass alle verfügbaren Quartiere bereits belegt seien. Nach nochmaligem Durchsuchen der Liste fand sich aber ein Bauernhof, der möglicherweise noch ein paar Betten zu vergeben hätte.

Nun würde also doch noch alles gut werden! Wir fuhren durch die hell erleuchteten Straßen, aus den Fenstern drang Lachen und Musik, man war dabei, sich zu verbrüdern. Unschwer fanden wir den Hof, breit und behäbig lag er da, ein großes Dach verstärkte noch den Eindruck einer selbstgefälligen Eigenständigkeit. Als wir vor dem Haus hielten, fing ein Hund an zu bellen, bald darauf erschien die Bäuerin unter der Tür. Ich trug unser Anliegen vor und zunächst bestand berechtigte Hoffnung auf Aufnahme für diese Nacht.

Doch dann trat sie wie von ungefähr an den Wagen heran um zu sehen, „welche Vögel ihr da ins Haus fliegen" – wie sie verschmitzt meinte. Sie kam sich dabei ungemein witzig vor. Ein paar Mal huschten ihre Augen über die Gesichter der Familie im Innern des Wagens – zufrieden, wie es mir schien. Doch auf einmal blieben sie bei Jockele stehen und nach einer Pause, die uns endlos erschien, sagte sie mit ganz verändertem Gesichtsausdruck: „Ich kann Sie nicht aufnehmen, mit diesem Kind nicht." Und schon war sie im Haus verschwunden.

Wir waren wie vom Schlag getroffen. Freude und Erwartung waren wie weggeblasen, als schwarzes Ungetüm stand nun die Nacht vor uns. Plötzlich spürte ich wieder den bitteren Geschmack auf der Zunge, den ich so gut kannte. Ich ließ den Motor aufheulen und raste davon. Meine Frau weinte still vor sich hin. – Soll es nun gehen wie es will, jetzt heißt es eben die Zähne zusammenbeißen.

Doch halt, wie sieht es mit dem Benzin aus? Ich werde lieber noch einmal tanken. Hoffentlich gibt es noch eine offene Tankstelle um diese Zeit! Es gab noch eine kurz vor der Auffahrt zur Autobahn. Ein alter Mann bediente uns. Er war recht gesprächig und fragte, ob wir es noch weit hätten. Als er unser Reiseziel hörte, meinte er: „Da kommen Sie aber ganz schön in die Nacht hinein!" Obwohl es nicht meine Absicht gewesen war, erzählte ich ihm nun doch von unserer vergeblichen Suche nach einem Nachtquartier und von der großen Enttäuschung, die wir gerade erlebt hatten.

Eine Weile blickte er nachdenklich vor sich hin, doch dann hellte sich sein Gesicht auf und er sagte: „Ich machen Ihnen einen Vorschlag. Bleiben Sie heute Nacht bei mir. Hinter dem Laden befindet sich ein kleiner Raum mit einem Bett, manchmal lege ich mich ein wenig hin während der Nacht. Campingliegen sind auch noch da, sodass wir für jeden ein Nachtlager herrichten können. Es ist zwar nicht komfortabel, aber Sie können sich wenigstens ausstrecken und ruhen."

Bevor eine Welle von Rührung in mir hochstieg, fragte ich schnell: „Aber wo schlafen denn Sie dann?"

„Bei mir ist das nicht so wichtig, ich kann morgen wieder schlafen."

Schon holte er einen Wasserkessel und brühte Tee an. Wir holten unsern Proviant aus dem Wagen und bald saßen wir um den kleinen Tisch beim Nachtmahl. So gut hat es uns schon lange nicht mehr geschmeckt. Währenddessen hantierte unser Hauswirt eifrig im Nebenraum herum und tatsächlich, für jeden von uns war ein Lager bereit. Es dauerte nicht mehr lange und wir lagen müde aber glücklich auf unsern Betten. Als es hell wurde am nächsten Morgen, standen wir frisch und erholt auf.

Es war der 24. Dezember. Ein kleiner Christbaum stand geschmückt da und wartete nur darauf, dass seine Kerzen angezündet würden. In unseren Herzen brannte es schon, das Weihnachtslicht, denn wir hatten in dieser Nacht etwas Wunderbares erlebt. Die Güte und Barmherzigkeit eines alten Mannes hatten uns aufgerichtet aus tiefer Verzagtheit und Traurigkeit. Getröstet und zuversichtlich konnten wir nun unsere Reise fortsetzen.

Impulse zum Nachdenken und für das Gespräch

- Erfahrungen mit behinderten Kindern und mit Reaktionen der „Gesunden".
- Erfahrungen mit Abgewiesenwerden und mit Gastfreundschaft fremder Menschen.
- Wenn ein Mensch barmherzig ist, kann man bei ihm mehr „tanken" als Benzin.
- Menschen abweisen/aufnehmen – Jesus abweisen/aufnehmen.

Schlüsselsatz

Hoffentlich gibt es noch eine offene Tankstelle.

Biblische Anschlusstexte

Lukas 2,7 (Kein Raum in der Herberge); Johannes 1,11.12 (Wie viele ihn aufnahmen); Philipper 4,5 (Eure Güte allen Menschen).

Wege, die sich kreuzen

13 Seltsamer Spazierritt

Johann Peter Hebel

Inhalt: Vater und Sohn gehen mit einem Esel nach Hause. Sie hören auf die Ratschläge der Leute und können es niemandem recht machen.

Stichwörter: Abhängigsein – Ratgeber – selbst verantwortete Entscheidungen

Ein Mann reitet auf seinem Esel nach Haus und lässt seinen Buben zu Fuß nebenher laufen. Kommt ein Wanderer und sagt: „Das ist nicht recht, Vater, dass ihr reitet und lasst euern Sohn laufen. Ihr habt stärkere Glieder."

Da stieg der Vater vom Esel herab und ließ den Sohn reiten. Kommt wieder ein Wandersmann und sagt: „Das ist nicht recht, Bursche, dass du reitest und lässt deinen Vater zu Fuß gehen. Du hast jüngere Beine."

Da saßen beide auf und ritten eine Strecke. Kommt ein dritter Wandersmann und sagt: „Was ist das für ein Unverstand: zwei Kerle auf einem schwachen Tier? Sollte man nicht einen Stock nehmen und euch beide hinabjagen?"

Da stiegen beide ab und gingen zu Fuß, rechts und links der Vater und Sohn und in der Mitte der Esel. Kommt ein vierter Wandersmann und sagt: „Ihr seid drei kuriose Gesellen. Ist's nicht genug, wenn zwei zu Fuß gehen? Geht's nicht leichter, wenn einer von euch reitet?"

Da band der Vater dem Esel die vorderen Beine zusammen und der Sohn band ihm die hinteren Beine zusammen. Sie zogen einen starken Baumpfahl durch, der an der Straße stand, und trugen den Esel auf der Achsel heim.

So weit kann's kommen, wenn man es allen Leuten recht machen will.

Impulse zum Nachdenken und für das Gespräch

- Sprichwörter und Redensarten suchen, die das Thema der Geschichte aufgreifen.
- Erfahrungen damit, auf andere Leute und ihre Ratschläge zu hören. Da kann man ganz unsicher werden.
- Wie soll ich mich entscheiden? Auf andere Menschen hören? Auf die Bibel hören? Auf das Gewissen hören? Auf die innere Stimme hören? Erfahrungen hierzu austauschen.
- Was kann helfen zu wissen, was richtig ist, und was kann irritieren?

Schlüsselsatz

So weit kann es kommen, wenn man es allen Leuten recht machen will.

Biblische Anschlusstexte

Psalm 86,11 (Herr, weise mir deinen Weg); Sprüche 19,2 (Mit Vernunft handeln); Micha 6,8 (Es ist dir gesagt, Mensch ...); Sirach 37,8–10.17–19 (Hüte dich vor dem Ratgeber); Römer 12,2 und 1. Thessalonicher 5,21 (Prüfet alles).

14 Wie ich die drei Weisen aus dem Abendland traf

Ernst Lange

Inhalt: Drei Menschen in verschiedenen Situationen (in Zeiten der Kriegsbombardierung, in der Nachkriegszeit, in einem Elendsviertel) tragen die unsichtbare Krone der Weisheit.

Stichwörter: Bibel – Selbstüberwindung – Weihnachten – Weisheit – Zurückweisung

Bemerkung: Auch als drei Einzelerzählungen verwendbar. Die „Anwendung" steht im Schlussabsatz.

Meine Weisen tragen natürlich keine Krone. Aber die Weisen, von denen in der Bibel berichtet wird, trugen ja auch keine. Sie waren sehr kluge und tüchtige Leute, aber als Gott ihnen das Zeichen gab, vergaßen sie all ihre Klugheit und brachen zur Krippe auf. Und wenn einer klug ist und doch nicht vergisst, dass Gott noch klüger ist, dann trägt er die unsichtbare Krone der Weisheit. Es gibt auch heute noch Menschen, die diese unsichtbare Krone tragen. Gott sei Dank.

Das kleine Buch

Meinen ersten Weisen traf ich im großen Krieg. Er war ein berühmter Arzt, berühmt weit über Deutschlands Grenzen hinaus. Ein alter Mann war er. Sein Gesicht war durchfurcht wie ein umgepflügter Acker. Alles Wissen und alles Leiden der Welt stand darin geschrieben. Ich denke mir, dass die Weisen aus dem Morgenland solche alten, klugen Gesichter gehabt haben müssen. Nur hatten sie sicher keine Luftschutzhelme auf. Mein Weiser, der Arzt, hatte einen Luftschutzhelm auf, als ich ihn kennen lernte. Das sah, ehrlich gesagt, etwas komisch aus. Aber in Wirklichkeit war es natürlich nicht komisch, im Gegenteil. Jede Nacht heulten damals die Sirenen. Und immer, wenn sie heulten, passierte irgendwo in der Stadt etwas Schreckliches: Häuser brannten nieder, Menschen wurden lebendig begraben ... Darum ging man in den Luftschutzkeller, da war man etwas geschützt.

Der Arzt und wir benutzten denselben Keller. Das heißt, er benutzte ihn eigentlich nicht richtig. Er stand immer davor, im Freien, den Helm auf dem Kopf. Das war nicht erlaubt. Aber weil er ein so alter berühmter Mann war, wagte niemand, ihn daran zu hindern.

Warum er nicht in den Keller hineinging? Er bewachte seine Bücher. Er hatte nämlich die schönste Büchersammlung, die ich je gesehen habe. Viele, viele tausend Bände waren es und die hohen Regale füllten zwei riesige Räume seines Hauses. Diese Bücher waren außer seiner Arbeit das ganze Glück des alten Mannes. Und nun stand er also Nacht für Nacht vor dem Luftschutzkeller und sah zu seinem Haus hinüber, um seine Bücher zu bewachen.

Dann kam der schreckliche Bombenangriff im Februar, bei dem unsere ganze Gegend ein riesiges Flammenmeer wurde.

Auch das Haus des Professors brannte schon lichterloh, als wir aus dem Keller kamen. Ich hetzte über die Straße, lief ins Haus, in die Bibliothek ... Die Bücher, dachte ich, die schönen Bücher! Da war kaum mehr etwas zu machen. Unerträgliche Hitze und beißender Rauch erfüllten den Raum. Nur zwei Regale waren noch unversehrt. Ich stürzte hin und riss blindlings die Bücher heraus, um wenigstens noch ein paar zu retten ...

„Lassen Sie nur", hörte ich die Stimme des Professors. „Es lohnt ja nicht mehr. Nur ein paar zu behalten, ist noch schlimmer als alles zu verlieren. Ich werde nur dieses hier nehmen." Er wies auf ein kleines Buch in seiner Hand. Ich ging zu ihm hin. Da konnte ich sehen, dass sein Gesicht nicht traurig war, sondern ganz ruhig, fast heiter. Und dabei verbrannten alle seine Bücher, die er doch so sehr liebte! Dann sah ich auch, welches Buch er in der Hand hielt. Es war eine Bibel.

„Warum gerade dieses?", fragte ich erstaunt.

Er zeigte hinein in das Flammenmeer. „Was da steht ...", dann verbesserte er sich: „Was da stand, das kenne ich, das habe ich im Kopf. Nicht alles, aber vieles. Dieses hier ...", er zeigte auf die Bibel, „dieses hier kenne ich noch nicht. Aber vielleicht sollte man es kennen." Er nahm seinen Luftschutzhelm ab und warf ihn in die Flammen. „Ja, wahrscheinlich sollte man es kennen." Damit ging er hinaus. Und da sah ich – der Flammenschein fiel auf sein schlohweißes Haar – da sah ich, dass er wirklich eine Krone trug.

Die Kerzen

Als ich meinen zweiten Weisen traf, war der große Krieg schon vorbei. Allerdings erst drei oder vier Tage.

Mein Freund Theo, der Pfarrer, und ich waren damals gerade dabei, unsere Kirche wieder herzurichten, denn wir wollten so bald wie möglich wieder Gottesdienst in ihr halten. Sie sah schlimm aus. Die letzten Kriegstage hatten ihr arg mitgespielt. Der Boden war mit Schutt und Putz bedeckt, auf der Empore hatte es gebrannt, der Wind pfiff durch die Fensterhöhlen. Aber die Decke war heil, einen Teil der Bänke konnte man noch gebrauchen, und auch Altar und Kanzel waren unversehrt. Darum waren wir mit Eifer bei der Sache. Die Arbeit war allerdings ziemlich schwierig. Denn wir hatten gar kein Gerät, keine Schubkarren, keine Schaufeln, keine Bretter. Wir hatten nur einen alten Besen, zwei Eimer und unsere beiden Hände. Alles andere hatte der Krieg gefressen.

Plötzlich hörten wir schwere Schritte.

„Was ihr da machen?", fragte eine raue, tiefe Stimme. Wir fuhren herum und erschraken. Denn da stand ein russischer Soldat, die Maschinenpistole unter dem Arm. Wir hatten damals alle Angst vor den Russen. Es wurden viele schlimme Dinge von ihnen berichtet. Vor allem wussten wir, dass die kommunistischen Soldaten von Gott und der Kirche gar nichts wissen wollten.

„Wir räumen auf", sagte Theo. „Wir wollten hier nächsten Sonntag Gottesdienst halten."

„Nix gutt", sagte der Soldat. „Die Menschen draußen haben keine Häuser, Häuser wichtiger als Kirchen."

„Die Menschen draußen haben keinen Mut, ihre Häuser wieder aufzubauen", sagte Theo. „Hier werden sie Mut gewinnen."

„Mut, hier?", sagte der Soldat. „Warum hier?"

„Der da", sagte Theo und zeigte auf den Gekreuzigten über dem Altar, „war auch kaputt, genau wie wir. Und Gott hat ihm geholfen."

Der Soldat sah zum Altar hin. Dann brummelte er etwas Unverständliches, drehte sich um und stapfte hinaus.

Eine Stunde später hörten wir ein Auto vor der Kirche stoppen.

„He, Pfarrer!", schrie es.

Wir gingen hinaus. Da stand unser Soldat vor einem Lastauto und auf dem Wagen – wir trauten unseren Augen nicht! – waren Schubkarren, Schaufeln, grobe Besen, ein Stapel Bretter und zwei Rollen Drahtglas, lauter Dinge, die wir für unsere Kirche so nötig brauchten und die doch damals nirgends aufzutreiben waren.

„Komm, fass an!", sagte der Soldat zu mir und lachte. So brachten wir all die Herrlichkeiten hinein in die Kirche.

„Vielen Dank", sagte Theo und wollte dem Soldaten die Hand geben.

„Nix", sagte der, „los, arbeiten, arbeiten!"

Und damit fing er an zu arbeiten. Wir waren einfach sprachlos. Da kam ein Feind, ein Kommunist, einer, der von Gott nichts wissen wollte, und half uns unsere Kirche wieder herrichten. Warum tat er das? Ganz beschämt gingen wir wieder an unser Werk. Damit ging es nun viel schneller voran. Wir hatten gutes Werkzeug und unser Soldat schuftete wie ein Wilder. In ein paar Stunden hatten wir den ganzen Schutt hinausgeschafft. Dann sagte Theo „Schluss für heute!" und wir stellten unser Gerät fort.

Draußen drehte sich der Soldat eine Zigarette.

„Ich Sergej", sagte er.

Auch wir stellten uns vor.

Dann fragte Theo: „Warum hilfst du uns, Sergej? Glaubst du auch an Gott?"

Sergej lachte.

„Ich, nein. Ich Kommunist. Aber meine Mutter. Alte Leute sind so."

„Und von dem da", Theo zeigte zum Altar hin, „hat dir deine Mutter erzählt?"

Sergej nickte.

„Deine Mutter ist eine gute Frau, denn sie hat einen guten Sohn", sagte Theo ernst.

„Nicht gut", meinte Sergej leise, „nein, gar nicht gut."

Dann sprang er in seinen Wagen und fuhr davon.

Von nun an half Sergej uns jeden Tag ein paar Stunden bei unserer Arbeit. Und am Sonnabendmittag waren wir fertig. Da holte Sergej einen länglichen, offenbar ziemlich schweren Gegenstand aus dem Auto. „Ich habe etwas ... wie sagt ihr? ... organisiert." Er lachte verlegen und doch glücklich wie ein Junge, der eine Überraschung vorhat. Er packte sein Paket aus. Zum Vorschein kamen vier riesige Wachskerzen, über einen Meter lang und dicker als ein Männerarm, wie man sie in katholischen Kirchen manchmal findet.

„Junge, Junge", sagte ich, denn Kerzen waren damals eine große Kostbarkeit.

Dann tat Sergej etwas sehr Merkwürdiges. Er trug die vier Kerzen auf den geöffneten Händen wie eine Opfergabe zum Altar und legte sie dort nieder. Dann beugte er sich und küsste den Altartisch. Er sah sehr schön aus, der Soldat, als er sich vor dem Gekreuzigten neigte. Dann kam er zu uns zurück und war sehr verlegen. Aber er sagte leise: „Für euren Altar, für ... für den da!" Und gab uns die Hand und verschwand.

Als er fort war, ging Theo zum Altar und nahm eine der Kerzen in die Hand.

„Schön sind sie", sagte er. „Schade, dass wir sie nicht gebrauchen können. Sie sind viel zu groß und zu schwer für unsere kleinen Leuchter. Aber ich kann sie vielleicht bei den Katholiken gegen kleinere umtauschen."

Er hatte natürlich Recht. Die Kerzen waren wirklich zu groß für unsere Leuchter. Und doch war es ein Fehler, ein schwerer Fehler, dass wir sie nicht aufsteckten für unseren ersten Gottesdienst nach dem Krieg.

Denn am Tag darauf, eine halbe Stunde vor dem Gottesdienst, kam Sergej in die Kirche. Er kam auf mich zu und wollte mir grade die Hand geben, als sein Blick auf den Altar fiel. Da zog er die Hand wieder zurück.

„Ihr habt sie nicht genommen?", sagte er und es war einen Augenblick lang, als wollte er anfangen zu weinen. „Ihr habt sie also nicht genommen!" Und jetzt war seine Stimme schwer und böse vor Zorn und Enttäuschung. „Kerzen von einem Kommunisten sind wohl nicht gut genug für … für den da!" Aber diesmal war das „den da" nicht voll heimlicher Ehrfurcht, sondern voller Enttäuschung. Ohne ein weiteres Wort ging er davon.

Plötzlich war mir klar, wie schrecklich wir ihn verletzt hatten. Ich lief ihm nach. Aber es war zu spät. Er saß schon im Wagen, und gleich darauf war er verschwunden. Wir haben ihn nie wieder gesehen.

Die ersten Gemeindeglieder, die schon in ihren Bänken saßen, werden sich gewundert haben, als ihr Pfarrer etwas später eigenhändig vier riesige Kerzen mit Wachs auf den Altartisch klebte. Aber sie mussten sich nicht lange wundern. Denn in einer Predigt erzählte Theo von Sergej und seinen Kerzen und auch davon, dass wir in unserer Blindheit einen Menschen hatten davongehen lassen, den das Kind in der Krippe zu sich gerufen hatte.

Der Dreckspatz

Mein dritter Weiser war ein Mädchen. Denn die heimliche Krone der Weisheit passt ja den Frauen ebenso wie den Männern.

Wir arbeiteten damals mit einer Hand voll Christen aus aller Welt in einer Siedlung von sehr, sehr armen Menschen. Sie wohnten nicht in Häusern, sondern in Baracken und Holzhütten, die so schlecht waren, dass der Regen hineinlief und der Wind hindurchpfiff. Und so groß war die Not, dass die Bewohner allen Mut verloren hatten, sich selbst zu helfen. Darum hatten wir uns vorgenommen, ihnen ihre Hütten halbwegs herzurichten, damit sie im Winter nicht frieren und erfrieren müssten. Und wir wollten ihnen gleichzeitig etwas von dem Kind in der Krippe sagen, das auch in einem solchen Holzschuppen geboren war.

Eines Tages kam Peggy, die Amerikanerin zu uns, um uns bei unserer Arbeit zu helfen. Peggy war ein wunderschönes Mädchen. Sie war so schön, dass die Leute auf der Straße sich nach ihr umsahen. Und das Schönste an ihr war, dass sie immer aussah, als hätte sie gerade ein Bad genommen und sich umgezogen. Nie habe ich einen reinlicheren Menschen als sie gekannt. Sie sagte immer: „Schmutz macht mich krank."

Am nächsten Morgen zeigte ich ihr die Siedlung. Sie machte ganz erschreckte Augen.

„Mein Gott", sagte sie immer wieder, „wie schrecklich, wie schmutzig!"

Und als wir dann die Hütte betraten, in der wir arbeiten wollten, wäre sie fast auf der Türschwelle schon wieder umgekehrt.

Es sah wirklich schrecklich aus in der Hütte. Die Witwe, die mit ihrem kleinen Jungen in ihr wohnte, war schon seit Wochen krank und konnte nicht mehr recht für sich sorgen. Es roch abscheulich, als wäre tagelang nicht gelüftet worden. Auf dem Spülstein und dem Herd türmte sich das unaufgewaschene Geschirr. Der Mülleimer lief über. Der Boden war mit Unrat bedeckt. Hunderte von Fliegen schwirrten umher. Das Bejammernswerteste war der kleine Junge. Er lag neben seiner Mutter auf dem Bett und schlief. Vielleicht vier Jahre war er alt. Sein mageres Körperchen war in unsagbar schmutzige Lumpen eingehüllt. Das schwarze Haar war verklebt und verfilzt. Aus dem Mund rann ihm der Speichel.

Er wachte auf, als wir näher traten. Sofort hing sein Blick wie gebannt an Peggy.

„Tante", sagte er verzaubert. Wahrscheinlich hatte er noch nie so etwas Schönes gesehen wie Peggy. „Schöne Tante!" Und juchzte laut.

Er glitt vom Bett herunter. Er breitete die Arme aus und kam auf Peggy zugelaufen. Ich sah, wie sie totenbleich wurde.

„Nein", sagte sie, „nein!" Und wich zurück.

Aber das Kind setzte seinen Weg fort, wollte sie offenbar umarmen.

„Geh weg!", schrie Peggy außer sich. „Geh weg!" Und als der Junge immer näher kam, tat sie etwas Schreckliches. Sie gab ihm einen harten Stoß vor die Brust, dass er hintenüber stürzte und bitterlich zu weinen anfing.

Dann stürzte sie hinaus, ebenfalls weinend.

Ich ging ihr nach. Aber sie lief wie gehetzt vor mir her. Ich fand sie erst im Lager wieder. Sie war dabei, ihre Koffer zu packen.

„Aber Peggy", sagte ich, „das ist doch nicht dein Ernst."

„Doch", sagte sie. „Ich reise ab. Ich halte das nicht aus. Es ist zu widerlich."

„So", sagte ich. „Menschen in Not sind dir widerlich. Möchte wissen, warum du überhaupt gekommen bist.

Schließlich ist das hier keine Sommerfrische. Wir sind hier, weil wir Christen sind und weil diese Menschen uns brauchen."

„Es hat keinen Zweck", sagte sie. „Ich ertrage den Schmutz einfach nicht. Ich habe mir eben zu viel zugetraut."

Und damit nahm sie ihr Gepäck – das meiste hatte sie ja noch gar nicht ausgepackt – und ging, nein lief hinaus, als könnte sie es auch nicht eine Minute länger bei uns aushalten.

Ich folgte ihr. Ich nahm ihr die Koffer ab. Ich wollte sie zur Bahn bringen, vielleicht überlegte sie es sich doch noch anders. Der Weg zur Straßenbahn führte an dem Haus vorbei, in dem wir gerade gewesen waren. Und das war unser Glück.

Wir sahen den Jungen schon von weitem. Er saß auf der Straße und beguckte sich die vorüberfahrenden Autos.

„Komm bloß", sagte Peggy entsetzt. „Komm, schnell!"

Und sie ging weiter, so rasch sie konnte. Aber der kleine Junge hatte uns schon gesehen.

„Tante", schrie er und breitete wieder seine Ärmchen aus. „Schöne Tante!" Und juchzte.

Da blieb Peggy wie angewurzelt stehen.

„Mein Gott", sagte sie, „und ich habe ihm doch weh getan. Ich habe ihm doch weh getan!"

Dann ging alles sehr schnell. Die beiden setzten sich zur gleichen Zeit in Bewegung, auf der einen Seite der schmutzige kleine Junge, auf der anderen Seite die schöne, vornehme Peggy. Mit ausgebreiteten Armen liefen sie aufeinander zu. Und in dem Augenblick kam ein Auto angerast.

„Halt!", schrie ich. „Bleibt stehen! Ein Auto!" Denn sie mussten beide unfehlbar in den Wagen hineinlaufen. Aber sie hörten nicht. Mitten auf der Straße hockte Peggy sich nieder und fing den Kleinen in ihren Armen auf. Das Auto kam knapp einen Meter vor ihnen mit kreischenden Bremsen zum Stehen.

Es war ein seltsames Bild. Das schöne, vornehm angezogene Mädchen, das den kleinen schmutzigen Jungen im Arm hielt und immer wieder abküsste, und davor der Autofahrer, der vor lauter Entgeisterung gar nicht zum Schimpfen kam.

„Völlig übergeschnappt, was?", fragte er.

„Ja", sagte ich und lachte. Kopfschüttelnd kletterte er wieder in seinen Wagen. Ich schob Peggy hinüber auf den Bürgersteig. „Und was machen wir jetzt mit den Koffern?", fragte ich.

„Vielleicht trägst du sie wieder nach Hause", sagte Peggy. „Ich werde inzwischen diesen Dreckspatz hier säubern."

Vielleicht sagt ihr jetzt: „Das ist aber eine seltsame Weihnachtsgeschichte. Weihnachten kommt ja gar nicht darin vor!" Wirklich nicht? Ich meine, wo immer ein Mensch den Stern, das helle Licht Gottes, sieht und zur Krippe aufbricht, da ist Weihnachten. Der alte Arzt sah diesen Stern in dem schrecklichen Flammenmeer seines Hauses und mit der kleinen Bibel in der Hand ging er, die Krippe zu suchen. Sergej, der Soldat, sah den Stern in einer zerstörten Kirche und kam und brachte seine Gabe. Und Peggy erkannte das helle Licht Gottes im Gesicht eines schmutzigen kleinen Jungen und schenkte Christus ihr Herz und ihre Schönheit. Ob ihr wohl gesehen habt, dass diese drei Menschen die gleiche Krone der Weisheit tragen wie die Weisen aus dem Morgenland in der Bibel? Und ich will euch ein Geheimnis verraten: Es gibt viele, viele Menschen, die diese Krone tragen. Es gibt sie auch in eurer Gemeinde. Seht euch nur um!

Impulse zum Nachdenken und für das Gespräch

- Nachzeichnen, was in den verschiedenen Menschen der drei Szenen geschehen ist.
- Zu 1.: Eigene Erfahrungen mit dem Loslassen.
- Zu 2.: Wie die Haltung der Mutter bei dem Russen nachwirkt. Wenn wir Menschen zurückstoßen.
- Zu 3.: Eigene Erfahrungen mit „über den eigenen Schatten springen".

Schlüsselsätze

Es gibt viele Menschen, die diese Krone der Weisheit tragen ... seht euch nur um.
Oder:
Wo immer ein Mensch das helle Licht Gottes sieht und zur Krippe aufbricht, da ist Weihnachten.

Biblische Anschlusstexte

Psalm 103,1–5 (Der dich krönet mit Gnade und Barmherzigkeit); Sirach 1,11 (Die Furcht des Herrn ist eine schöne Krone); Matthäus 2,1ff. (Die Weisen aus dem Morgenland).

15 Rostow am Don

Elfriede Pausewang

Inhalt: Im Strom der Vertriebenen zieht eine Mutter mit ihren Kindern, voller Angst vor russischen Soldaten. Eine Begegnung mit einem von ihnen macht zuerst Angst und zeigt dann etwas Gemeinsames.

Stichwörter: Erinnerung – Feind – Flucht – Trauer über Unwiederbringliches

Ich weiß noch genau, wo es war, obwohl seither zehn Jahre vergangen sind.

Es war hinter Jüterbog.

Wir zogen im Strom der Flüchtlinge und Vertriebenen auf der rechten Seite der breiten Straße, zu beiden Seiten die großen, dunklen Kiefernwälder.

Links marschierten Kolonnen russischer Soldaten, uns entgegen, an uns vorüber.

Voran gingen meine beiden Großen und zogen den kleinen Handwagen, der unseren letzten geretteten Besitz barg. Auf ihm thronte unser jüngstes Kind, mein vierjähriger blonder Volker. Seine kleine Schwester führte ich an der einen, seine größere an der anderen Hand. Sein Bruder schritt neben dem Wagen, den Schulranzen mit einigen lieben Habseligkeiten auf dem Rücken.

Vor uns, hinter uns, so weit die Straße reichte, ein einziger grauer Menschenstrom, der sich müde dahinschob. Hier und da bog einer an den Waldrand ab, um zu rasten, oder glitt ein kleiner Wagen aus der Reihe. Vielleicht war ihm eine Achse gebrochen. Vielleicht löste sich der Strick, der das Gepäck hielt. Vielleicht, ach, es gab so viele Hindernisse, die zu beseitigen waren. Es gab so viel Aufenthalte. Wer weiß, ob nicht an der nächsten Waldecke wieder ein Posten stand und „Stoij" kommandierte! Und dann gab es wieder einen Aufenthalt: eine Arbeit etwa, Kartoffeln schälen oder Hindernisse aus dem Weg räumen. Aber das war nicht das Schlimmste. Schlimmer waren die Aufenthalte, wenn es galt, die Mädchen und jungen Frauen vor den Zugriffen der Soldaten zu retten. Meine älteste Tochter war siebzehn!

Weiter, weiter. Die Straße nimmt kein Ende, der Wald nimmt kein Ende, die Kolonnen der Soldaten nehmen kein Ende. Weiter, weiter. Ich bin so müde. Meine Kinder sind so müde, sie schleppen sich nur langsam vorwärts. Aber wir müssen weiter, mindestens in den nächsten Ort. Wer weiß, wie weit er noch ist. Wir haben Hunger und schon lange nichts mehr gegessen. Wie lange würden die Meinen, wie lange würde ich das noch ertragen, diesen Hunger, diese Angst und die endlose Straße?

Da … ich erschrecke. Aus der Reihe der Soldaten löst sich einer. Ich zittere schon, denn ich weiß, nun kann es wieder einen Kampf kosten, dem ich vielleicht nicht gewachsen bin.

Was will er?

Er ist groß, blond, vielleicht etwas über dreißig Jahre alt. Er kommt geradewegs auf uns zu.

„Halt!", kommandiert er.

Die Kinder bleiben stehen.

Er zeigt auf meinen kleinen blonden Jungen. „Ab!", sagt er.

Mir droht das Herz stillzustehen. Was will er von dem Kind? Ich hebe es vom Wagen.

„Laufen!", sagt er leise.

Das Kind sieht mich fragend an.

„Laufen!", befiehlt er lauter.

Ich nicke. „Geh ein Stückchen!", sage ich.

Der Junge geht ein paar Schritte.

Hinter uns stauen sich die kleinen Fahrzeuge. Flüchtlinge überholen uns, froh, diesmal ungeschoren zu bleiben.

Mein Junge wendet sich und kommt zurück. Der Soldat fasst ihn an der Hand. Das Kind sieht den Soldaten an, aber es beginnt nicht zu weinen, wie ich fürchte. Es geht ein paar zögernde Schritte mit. Dann sieht es zurück. „Was will er nur?", denke ich und bin bereit, mich ihm nachzustürzen, wenn er mit dem Kind weitergehen sollte.

Aber er kommt zurück.

„Aufsetzen, Kind!", sagt er in gebrochenem Deutsch zu mir. Meine Spannung weicht. Aufsetzen! Gott sei Dank!

Ich sehe den Soldaten an, sehe ihm in die Augen, die auf meinem Jungen ruhen. Da wird mir alles klar.

Langsam, wie entschuldigend, sagt er: „Ich auch so kleine Junge zu Hause, in Rostow am Don!" Er zeigt auf das Kind: „So klein, so blond!"

In Rostow am Don! Mein Gott! Gerade in Rostow am Don! Dort liegt der Vater meiner Kinder begraben!

„Rostow am Don!", höre ich ihn weiter sagen. „Bomben! Alles tot, Frau tot, Kind … tot … "

Er kann fast nicht mehr sprechen.

Er nestelt an seinem Brotbeutel und beugt sich zu dem Jungen herab.

„Hier", sagt er, „nimm!" Und er schüttelt ihm den Inhalt seines Brotbeutels in die Arme: Brot, Zwieback, Butter, zwei Eier und Wurst. Und nun scheint er es eilig zu haben. Er wendet sich und geht. Nicht einmal danken können wir. Noch einmal sieht er sich um und nickt. Dann läuft er, seine Truppe einzuholen.

Mein Junge strahlt: „Mutter, so viel zu essen!"

Ich kann nichts erwidern.

„Fahrt weiter!", sage ich rauh.

Die Großen ziehen an und wir ordnen uns wieder in die Reihe ein. Neben uns ziehen die Kolonnen und singen. Die schwermütige Melodie kenne ich, aber die Worte verstehe ich nicht. Klingt es nicht ununterbrochen: „Rostow am Don, Rostow am Don, ... Rostow am Don?"

Impulse zum Nachdenken und für das Gespräch

- Sich an Erlebnisse von Angst und Befreiung erinnern.
- Erfahrungen mit dem so genannten Zufall.
- Was mich an schmerzliche Verluste erinnert.
- Wenn sich ein Gegner in einen Freund verwandelt.
- „Von dem hätte ich das nie erwartet ..."

Schlüsselsatz

Ich auch, sagte er, in Rostow am Don.

Biblische Anschlusstexte

Matthäus 5,43–48 (Nur zu euren Brüdern?); Lukas 10,25–37 (Ein Samariter aber ...); Römer 12,17–21 (Lass dich nicht vom Bösen überwinden).

16 Frühstück wie nie zuvor

Marie Anne Berlé

Inhalt: In armer Zeit wartet eine junge Frau frierend auf dem Bahnhof und wird überraschend von einem Bahnbeamten zu einem Frühstück nach Hause eingeladen.

Stichwörter: Gastfreundschaft – Menschenfreundlichkeit – Teilen

„Wenn das nur gut geht", meinten meine Bekannten, als sie erfuhren, dass ich vorhatte zu verreisen. Dabei wollte ich nur von Überlingen am Bodensee nach Freiburg. Aber es war im ersten Nachkriegswinter, man brauchte elf Stunden für die Fahrt und konnte froh sein, wenn man überhaupt ankam. Ich musste dann noch von Freiburg nach Badenweiler weiterfahren. Was natürlich mitten in der Nacht nicht mehr möglich war. Also blieb ich in einer unfreundlichen, eiskalten und zugigen Bahnhofsbaracke.

Zuerst wärmten die übrigen Wartenden die abgestandene Luft ein wenig. Aber im Laufe der Nacht verschwanden sie, sehr eilig und geschäftig, obwohl kein einziger Zug mehr verkehrte. Um sechs Uhr morgens war ich ganz allein.

Ich hatte gerade angefangen, an einem trockenen Stück Brot zu nagen, als ein Mann mit einem großen Besen erschien und mich hinauswarf. Von sechs bis acht Uhr war diese ungastliche Stätte geschlossen. Er musste putzen. Er war nach zehn Minuten damit fertig. Aber ich musste draußen bleiben. Vorschrift ist Vorschrift.

Ich wanderte also wütend und vor Kälte schlotternd vor dem umher, was einmal ein Bahnhof gewesen war. Sehr unangenehm, denn es waren zwölf Grad unter Null.

Dazu wehte ein unfreundlicher Nordost-Wind. Ich hätte doch daheim bleiben sollen …

Plötzlich trat der Bahnhofsvorsteher aus seinem Verschlag.

„He“, rief er, „was machen Sie eigentlich da die ganze Zeit?“

„Ich warte, bis ich wieder in die Baracke darf. Ich kann erst um elf Uhr weiterfahren.“

„Und da kommen Sie jetzt schon her? Es ist doch noch keine sieben Uhr.“

„Ich bin nicht *schon* hier, sondern *noch*“, erklärte ich.

„Du liebe Zeit“, sagte er und betrachtete mich eine Weile aufmerksam. Dann meinte er: „Ich will Ihnen was sagen: Kommen Sie rein zu mir in mein Büro. Es ist zwar verboten und wenn die Ablösung kommt, müssen Sie verschwinden. Aber bis dahin können Sie sich wärmen.“

Sein Büro war wenig größer als sein Tisch. Ich hockte an die Wand gequetscht auf einer Kiste zwischen seinem Stuhl und dem Ofen. Und fing an, langsam aufzutauen. Um diesen Prozess zu beschleunigen, gab mir der Bahnhofsvorsteher etwas aus einem Glas zu trinken, das ungeheuer brannte, aber herrlich wärmte. Ich konnte gerade noch das Glas auf den Tisch stellen, da schlief ich schon. Und wurde wieder wach, als mich der Bahnhofsvorsteher auf die Füße stellte. Dabei erklärte er seiner inzwischen aufgetauchten Ablösung: „Die Dame geht grade. Sie hat sich nur nach einem Zug erkundigt.“ Und zu mir: „Warten Sie bitte draußen. Ich erklär es Ihnen noch mal genau.“

Bald kam der freundliche Bahnhofsvorsteher auch nach draußen und sagte ganz selbstverständlich: „So und jetzt kommen Sie mit zu mir nach Hause zum Frühstück. Sie brauchen keine Angst zu haben. Ich wohne bei meiner Mutter und bringe oft jemanden mit."

Angst hatte ich nicht. Aber Lebensmittelmarken hatte ich auch nicht übrig. Ein Frühstück war nicht einkalkuliert. Aber er tröstete mich. Marken seien nicht notwendig. So viel, dass ich satt würde, hätten sie schon noch.

Wir wanderten also durch die Trümmer – freundlich schweigend. Bei diesem Sturm konnte man nicht reden. Nach einer Viertelstunde kamen wir an ein Haus, das inmitten aller Zerstörung heil geblieben war. Es war wirklich ein Wunder, so alt und klapprig wie es war. Dort hauste er mit seiner Mutter in zwei winzigen Zimmern mit einer Kochnische und einer Waschecke.

Die Mutter war ein kleines, rundes Weiblein, angetan mit einem drei Nummern zu großen, bunt geblümten Morgenrock. Dazu trug sie aparterweise einen schwarzen Topfhut mit Gräsern garniert. Sie redete pausenlos in reinstem Berliner Dialekt.

„Na, det freut mir aber, det Se jekommen sind, Frolleinchen. Es ist allens fertich. Ick hatte mir schon jedacht, det er wieder jemand mitbringt, bei die Kälte heute. Komm' Se rin, komm' Se rin, setzen Se sich. Der Kaffee steht schon unter de Haube. Hoffentlich schmeckt et Ihnen. Es is Ihnen jegönnt. Lang' Se zu."

Ich wusste nicht, wo ich anfangen sollte. Butter, Aufschnitt, Käse, Marmelade, Honig, Eier, schwarzes Brot, weißes Brot. Nicht mal als Attrappe hatte ich so etwas in den letzten Jahren gesehen.

Ich wagte kaum, mich zu rühren. Es war beängstigend. Aber die Frau beruhigte mich: „Det könn' Se essen. Is nich vom Schwarzmarkt. Det ham wa nich nötich."

Und dann erklärte sie mir, dass ihr Sohn den Bauern der Umgebung immer mal behilflich sei. Wenn ein wichtiges, aber unverständliches Formular ausgefüllt werden musste. Wenn in einem überfüllten Zug ein dringend benötigter Platz besorgt werden sollte, „na, ja, un so weiter." Und da bedankten sie sich eben dafür.

Das konnte ich noch verstehen. Aber warum luden die Leute wildfremde Menschen ein? Hatten sie keine Freunde, wenn sie unbedingt von ihrem Überfluss abgeben wollten? Doch, die hatten sie. Aber, erzählte sie, als er mal draußen war, sie stammten ja aus Berlin. Er war nach einer Kriegsverwundung nach Freiburg versetzt worden. Und hatte es nach vieler Mühe erreicht, dass seine Frau und die beiden kleinen Kinder nachkommen konnten. Sie kamen nie an. Der Zug war irgendwo bombardiert worden. Sie selbst sei mit einem späteren Zug gekommen.

Zuerst, als er die Nachricht bekommen hatte, sei er wie wahnsinnig gewesen. Nach dem Dienst sei er nur in den Trümmerhaufen herumgerannt. Erst allein. Dann mal mit dem einen, mal mit dem anderen, der auch so ein Elend erlebt hatte. Irgendwann hatte er dann angefangen, diese armen Leute mit nach Hause zu bringen. Damit sie wenigstens etwas zu essen hatten. Und als der Krieg aus war, hat er eben Leute mitgenommen, „die so verloren rumstanden, wie Sie, Frolleinchen, vahstehn Se?"

Impulse zum Nachdenken und für das Gespräch

- Warum hat die Autorin diese Geschichte nach so langen Jahren aufgeschrieben? Was bleibt in Erinnerung?
- Welche Erinnerungen ruft diese Erzählung bei mir wach?

- Hätten Sie das Angebot angenommen oder wären Sie misstrauisch geworden?
- Erfahrenes Leid macht bitter. Erfahrenes Leid macht mitfühlend. Was stimmt?
- Der Gegensatz *zugige Baracke* und *warme Wohnung:* Austausch über Kaltherzigkeit und Warmherzigkeit.
- „Verloren rumstehen": Wo habe ich das erlebt? Wo war ich in der Rolle der Frau, wo in der Rolle des Bahnhofsbeamten?

Schlüsselsatz

Irgendwann hat er dann angefangen, diese armen Leute mit nach Hause zu bringen, die so verloren rumstanden.

Biblische Anschlusstexte

Jesaja 58,7 (. . . führe ins Haus); Lukas 10,33.34 (Als er ihn sah, jammerte er ihn); 1. Petrus 4,9 (Gastfrei ohne Murren).

17 Kong am Strande

Arnold Zweig

Inhalt: Die Verbundenheit eines Jungen mit seinem Hund hält allen Versuchungen und dem Terror eines kleinen Mädchens stand.

Stichwörter: Hund – Geld – Unbestechlichkeit – Versuchung – Werte

Vom Sandstrand, weiß hingebreitet im Bogen der Bucht, erblickte Kong zum ersten Mal die See und bellte herzbrechend im Übermaß seiner begeisterten Seele. Da lief das Blauweiße schäumend immer wieder gegen ihn an und er sollte sich nicht hineinstürzen? Zu viel für einen Airdaleterrier mit braunem Fell, drahthaarig und mit langen Hosen. Aber Willie verbot es ihm, sein junger Gott, und so raste er wenigstens unhemmbar über den festen Sand, noch feucht von der zurückgegangenen Flut, Willie jauchzend hinterdrein.

Der Ingenieur Groll, langsam schlendernd, sah, dass sie unter den Bewohnern der Strandkörbe und bunt gestreiften Badehütten leichten Aufruhr anrichteten, der Hund und sein brauner, blondköpfiger Herr von acht Jahren. Am Ende der bewohnten Reihe schien sich eine kleine Verwicklung, vielleicht aus Zorn eines gestörten Friedens, anzuspinnen.

Willie stand da, schlank und abweisend, und hielt den Hund am Halsband. Groll eilte hin. Im Schatten eines Zeltes mit orangeroten Streifen und blauem Stangenwerk saß ein dicklicher Mann halb vorgeneigt, die Zigarre zwischen den Fingern.

„Ist das Ihr Hund?", fragte er unerregt.

Ein kleines Fräulein neben ihm, zehnjährig etwa, hatte die Zähne auf die Unterlippe gesetzt und funkelte aus schmalen Lidern Tränen voll Hass auf den Jungen und auf den Hund.

„Nein", sagte Groll mit seiner behaglichen Stimme, die in seiner Brust widerzuhallen schien, „der Hund gehört dem Jungen, der allerdings meiner ist."

„Diese Hundelauferei ist verboten, wissen Sie. Er hat meine Tochter ein bisschen erschreckt, ihre Kanäle zertrampelt und steht auf ihrer Schippe", beharrte die behäbige Stimme.

„Zieh ihn zurück, Willie", lachte Groll. „Sie haben Recht, Herr; aber er hat sich losgerissen und schließlich ist ja nichts passiert."

Willie schob Kong einige Schritte beiseite, hob den Spaten auf und reichte ihn mit leichter Verbeugung den

Herrschaften hin. Als dritte saß eine zarte junge Frau, bemerkenswert hübsch, im Hintergrund des Zeltes, und Groll entschied, sie sei für die Mutter des Mädchens zu jung und als Erzieherin zu reizvoll. Gut aufgemacht, dachte er, sieht wie eine Irin aus mit ihren braunroten Augenbrauen.

Niemand nahm dem Knaben den Spaten aus der Hand und Willie, stirnrunzelnd, steckte das Spielzeug schließlich vor dem Mädchen in den Sand.

„Ich denke, damit wär's beigelegt", lächelte Groll, „bei so schönem Wetter", und er ließ sich nieder und streckte die Beine hinter sich, indem er, die Backen in den Händen, von seinem Ellbogen gestützt, aufmerksam die feindseligen Drei musterte. Nett und höflich hat er sich benommen, Willie; wie gut er aussieht mit seinem Kong. Der Hund, offenbar zum Friedensschluss nicht so schnell geneigt, knurrte leise, gesträubten Nackens, dann ließ er sich nieder.

„Ich will diesen Hund erschießen, Papa", äußerte das Mädchen plötzlich mit entschlossener Stimme, „er hat mich so erschreckt."

Jetzt gewahrte Groll ein goldenes Armband an ihrer Hand, eine dreifach geflochtene Schlange von bleichgrünem Gelb. „Diese Leute müssen eine Lehre haben. Ich will selbst abdrücken."

Groll winkte seinem Jungen zu, der, Empörung in den Augen, seinen Hund an sich heranzog. Die beiden Erwachsenen drüben schienen zu wissen, dass das Mädchen Herrschaft ausübte oder, wie Groll sich in Gedanken sagte, allerlei zu bestellen hatte. Und ruhig erwartete er den Fortgang dieser unangenehmen Unterhaltung, denn schließlich war ja er noch da, um den Fratz zurechtzuweisen, wenn der Herr mit seiner guten Zigarre es sich nicht traute, weil das reizvolle Fräulein keine rechtmäßige Einordnung vertrug.

„Meinen Hund wird keiner erschießen", drohte Willie, indem er die Fäuste ballte. Aber das kleine Mädchen, ohne ihn auch nur mit einem Blick zu streifen: „Kauf ihn den Leuten ab, Papa, hier ist mein Scheckbuch."

Und sie entnahm wahrhaftig im Hintergrund des Zeltes einer Tasche mit Reißverschluss das schmale Heft und einen Füllhalter mit goldener Klammer.

„Wenn du ihn mir nicht kaufst, werfe ich bei Tisch den Suppenteller mitten in den Saal; du kennst mich, Papa."

Sie flüsterte fast, bleich wie Kreide. Ihre blauen Augen, vom Meer mit grünem Schimmer überglänzt, standen voll böser Drohung über ihren leicht braunen Wangen.

Der Herr sagte: „Zehn Pfund für den Hund."

Groll rückte sich im Sande auf, die Beine gekreuzt. Er erwartete neugierig das Abenteuer.

„Der Hund gehört mir nicht; Sie müssen mit meinem Jungen verhandeln. Er hat ihn erzogen."

„Ich habe mit Jungens nichts zu tun. Ich biete fünfzehn Pfund, ein ganz anständiges Geld für den Kadaver."

Groll begriff: eine Gelegenheit, seinen Ältesten kennen zu lernen.

„Willie", nahm er das Angebot auf, „der Herr bietet dir fünfzehn Pfund für Kong, damit er ihn erschießen kann. Du könntest das Fahrrad dafür kaufen, das du dir schon ein Jahr lang wünschst. Ich kann es dir leider noch lange nicht schenken, so reich sind wir nicht."

Willie sah seinen Vater an, zweifelnd, ob er ernsthaft rede. Aber das Gesicht, ihm vertraut, enthielt nicht den leisesten spaßenden Zug. Statt aller Antwort legte er seinen Arm um Kongs Hals, lächelte Groll zu und sagte: „Ich verkauf ihn dir nicht, Papa."

Der Herr im Badeanzug, mit dem noch ungebräunten bleichen Fleisch, wandte sich Groll zu. Offenbar begann die Frage ihn innerlich zu erwärmen. „Reden Sie zu, ich biete zwanzig Pfund."

„Zwanzig Pfund", meinte Groll zu Willie, „dafür bekommst du das Fahrrad und das Kanu, das du vorhin so sehr bewundertest, Willie. Ein grünes Kanu mit Doppelruder für das Wasser, und für das Land ein Fahrrad bester Sorte mit Lampe, Dynamo und neuen Schläuchen, vernickelt von vorn bis hinten. Es bleibt auch noch etwas für eine Uhr übrig, Willie. Du brauchst nur diesen ollen Hund loszulassen und dem Herrn die Leine in die Hand zu geben."

Willie sagte verächtlich: „Und wenn ich zehn Schritte weg mache, reißt ihn Kong um und ist wieder bei mir."

Das schöne und besondere Fräulein öffnete zum ersten Mal ihre feinroten Lippen.

„Das nicht", sagte sie mit einer hellen, schelmisch süßen Stimme – eine entzückende Person, dachte Groll –, und sie entnahm ihrem Täschchen einen kleinen Browning, blitzend von Silber und eingelegtem Rankenwerk. „Der hier wird ihm wohl beim Fortlaufen im Wege sein."

Unklug von ihr, dachte Groll. „Der Hund ist von bester Rasse, ganz rein, wie Sie sehen, mein Herr, und vorzüglich dressiert."

„Das haben wir gemerkt."

„Biete fünfzig Pfund, Papa, und mache Schluss."

„Fünfzig Pfund", wiederholte Groll und seine Stimme zitterte leise. Damit wäre diese Reise bezahlt und seine

Mutter, wenn ich das Geld für ihn in Verwahrung nähme, könnte endlich wieder ganz zu Kräften kommen. Das Sanatorium verschlingt zu viel Geld, wir können es uns noch nicht leisten.

„Fünfzig Pfund, Willie! Das Fahrrad, das Zelt – du weißt, das braune Zelt mit Schnüren und Pflöcken –, und du behieltest noch was übrig, um mir zu helfen, Mama ins Sanatorium zu schicken. All das für einen Hund, ich bitte dich. Im Tierschutzverein zahlen wir bei passender Gelegenheit drei Schilling und haben einen neuen Kong."

Willie sagte leise: „Es gibt nur einen Kong. Ich verkaufe ihn nicht."

„Biete hundert Pfund, Papa. Ich will den Hund erschießen. Es sollen mir keine Lümmeleien mehr zustoßen dürfen."

Der beleibte Herr zögerte ein wenig, dann machte er sich das Angebot zu eigen.

„Hundert Pfund, Herr", schnaufte er. „Sie sehen nicht so aus, als ob Sie ein kleines Vermögen ausschlagen könnten."

„In der Tat nicht, mein Herr", sagte Groll, und sehr ernst zu Willie: „Mein Junge, hundert Pfund, für dich angelegt, sind in zehn Jahren für dein Studium sicheres Geld. Du kannst freilich auch ein kleines Auto davon haben, einen eigenen Wagen, in dem du in die Schule fährst. Die Jungen werden Augen machen. Du kannst auch Mama auf den Markt fahren; das ist viel Geld, hundert Pfund für nichts als einen Hund."

Willie, vom Ernst seiner Worte erschüttert, verzog das Gesicht zum Weinen. Er war schließlich nur ein kleiner Junge, knapp acht Jahre alt, und sollte hier seinen geliebten Hund hergeben.

„Ich liebe aber Kong und Kong liebt mich", sagte er mit verbissenem Weinen in der Stimme, „ich will ihn nicht hergeben."

„Für hundert Pfund – reden Sie ihm zu, Herr! Meine Tochter macht mir sonst die Hölle heiß, Sie wissen nicht" – seufzend –, „wie solch ein Fräulein einem zusetzen kann."

Dann würde ich ihr rechts und links eine Lehre auf die zarten Backen schreiben, dachte Groll, und nach einem Blick auf seinen Jungen, der, die Stirn gerunzelt, seine Tränen verhielt, sagte er es auch laut, ruhig, mit einem scharfen Glanz der Augen stracks in die des Mädchens hinein.

„Ich glaube, die Angelegenheit ist damit erledigt."

Und da geschah das Überraschende: Das kleine Fräulein brach in Lachen aus. Wahrscheinlich gefiel ihr der braune, große Mann, und der Gedanke, dass man ihr, einer kleinen Herrin, für eine ihrer Launen mit Ohrfeigen nahe kommen wollte, hatte etwas Reizvolles durch seine Rauheit.

„Gut, Papa!", rief sie. „Er hat sich gut gehalten. Und jetzt wollen wir das Scheckbuch wieder in die Tasche tun. Du hast natürlich gemerkt, Papa, dass alles bloß Spaß war."

Der dickliche Herr lächelte erlöst und sagte, dass er es natürlich gemerkt habe. Und er fügte hinzu, dass man bei so schönem Wetter überhaupt nur Spaß machen könne. Spaß! Groll glaubte kein Wort davon. Er verstand sich auf Leute.

Willie, aufatmend, wischte unter dem Vorwand, sich zu schneuzen, zwei verstohlene Tränen aus den Augenwinkeln, warf sich neben Kong in den Sand, riss erlöst den Hund über sich und begann einen Ringkampf mit ihm, bei dem die braunen, langbehosten Pfoten des Terriers mit den schmalen, hellen Knabenarmen in frohem Durcheinander spielten.

Aber Groll, indem er zögernd eine Zigarre des fremden Herrn und Feuer annahm und entspannt über die See hinsah, die blaugrün wie ein glänzender, großer Seidenstoff Falten warf und weiße Lichter, Groll dachte: Wehe den Armen! Wenn mir dies geboten worden wäre vor zwei Jahren, als meine Erfindung noch nicht durch war und wir in feuchter Wohnung uns nach dem Häuschen sehnten, das wir jetzt haben, armer Willie, dann wäre dieser Wettstreit anders ausgegangen, dieser Kampf um nichts als einen geliebten Hund, um die Liebe, Treue, Tapferkeit und Großmut in der Seele eines Tieres und eines Jungen. Es gehört eine kleine Grundsicherung dazu, wirtschaftsmäßig gesprochen, um sich den schönen Glanz menschlicher Anständigkeit leisten zu können. Aber so viel – sann er – dürfte keinem Menschen zugemutet werden wie meinem Willie und mir jetzt, wenn er diese Sicherung nicht hat, und so viel Deckung müsste jeder Mensch besitzen in einer Zeit, die mit verlockenden Gütern nur so um sich schmeißt.

Das kleine Fräulein mit dem Spaten setzte seine schmalen nackten Füße in den Sand außerhalb des Zeltes und lud Willie ein: „Hilf mir, sie neu zu graben.“ Aber ihr Blick meinte den braunen Mann Groll, um dessen Billigung sie warb.

Sie wies auf die zerstörten Kanäle. Und mit einem Ruck den Kopf zurückwerfend, deutete sie auf Kong, der schnaufend und faul in der Sonne briet, und rief hell: „Meinetwegen darf er sie auch wieder zerbuddeln.“

Von der Mole her brüllte der anlegende Dampfer.

Impulse zum Nachdenken und für das Gespräch

- Für Geld gibt es anscheinend alles. Oder doch nicht?
- Mensch und Tier.
- Wer ist in dieser Geschichte frei und wer ist unfrei?
- Mit Macht spielen.
- Verwöhnte Kinder, hilflose Eltern.
- Treue und Tapferkeit machen Eindruck.

Schlüsselsatz

Ich liebe aber Kong und Kong liebt mich.

Begleittext

Wenn ich könnte,
gäbe ich jedem Kind eine Weltkarte ...
Und wenn möglich, einen Leuchtglobus,
in der Hoffnung,
den Blick des Kindes aufs äußerste zu weiten
und in ihm Interesse und Zuneigung zu wecken
für alle Völker,
alle Rassen,
alle Sprachen,
alle Religionen!

Aus: Helder Camara, Mach aus mir einen Regenbogen, Seite 77

Biblische Anschlusstexte

Sprüche 28,11 (Ein verständiger Armer durchschaut ihn); Markus 8,36f. (Was hülfe es dem Menschen); Markus 14,3ff. (Was mehr wert ist als Geld).

Anmerkung

Browning = Revolver

Ich ging ihm nach 18

Helmut Pätz

Inhalt: Ein Blindenhund besucht täglich das Grab seines verstorbenen Herrn. Ein Busfahrer hilft ihm dabei.

Stichwörter: Friedhof – Hund – Treue – Ungewöhnliches tun

Bemerkung: Beim Gespräch berücksichtigen, dass diese Geschichte alten Menschen, die nicht mehr oder nicht mehr so oft zum Grab ihres Angehörigen gehen können, ein schlechtes Gewissen machen kann.

Ich hatte geschlafen. Ein kühler Luftzug weckte mich, als der Bus hielt, um einen einzigen Fahrgast an dieser entlegenen Station einsteigen zu lassen. Ohne irgendjemanden zu beachten, trottete er zum Fahrersitz und legte sich nieder. In der wohligen Wärme der Motornähe war er bald entschlummert.

Es war weiter nichts Besonderes an dem neuen Fahrgast, außer dass er ein Hund war. Kahle Flecken auf dem zottigen Fell zeigten mir, dass er nicht mehr der Jüngste war.

Niemand außer mir schien von ihm Notiz zu nehmen, nur der Busfahrer strich ihm einmal kurz über den Kopf. Dennoch, mir erschien es seltsam, dass man offenbar nur seinetwegen hier gehalten hatte und dass er ohne jede Begleitung zugestiegen war.

So blickte auch ich dann wieder hinaus auf die Äcker, über denen die ersten Nebelschwaden aufstiegen. Aber einschlafen konnte ich nicht wieder.

Schon zwei Stationen weiter erwachte der Hund aus seinem Schlummer und der Fahrer hielt an, um ihn aussteigen zu lassen.

Einer plötzlichen Eingebung folgend erhob ich mich und verließ ebenfalls den Bus. Ich war neugierig geworden, und da ich Zeit hatte, folgte ich ihm.

Wir standen jetzt nebeneinander an der Autostraße. Auch hier schien er mich nicht zu bemerken. Als die Fahrbahn frei war, lief er schnell hinüber. Ich ging ihm nach. Für einen Augenblick stand ich unschlüssig vor dem großen, schmiedeeisernen Friedhofstor. Ich sah, wie er den Hauptweg entlanglief, an den dunklen Pappeln und Tannen vorbei, geradewegs auf die kleine Kapelle zu. Er schien genau zu wissen, wohin er wollte.

Im Windschatten der Kapelle blieb ich stehen. Ich sah, wie der Hund über eine Buchsbaumhecke sprang. Vor einem ungepflegten Grabplatz mit einem kleinen Stein blieb er stehen, beschnüffelte die welken Blumen, ließ sich nieder und legte den Kopf auf die Pfoten. So verharrte er regungslos. Ich trat vorsichtig näher.

„Er ist unser treuester Besucher", sagte da neben mir in gebückter Haltung der Friedhofsgärtner. Er beschnitt gerade eine Hecke.

Ich begriff nicht. „Der treueste?"

Der andere richtete sich auf und nickte. „Tag für Tag kommt er her. Immer um dieselbe Zeit. Seit sein Herr hier begraben liegt. Vor einem halben Jahr war das. Der Mann war blind, wissen Sie. Als wir ihn beerdigt hatten, blieb der Hund hier bei dem Grab. Drei Tage und drei Nächte. Er war nicht wegzukriegen. Nicht durch Bitten, nicht durch Drohungen. Schließlich folgte er dann doch dem alten Martin, so einem Eigenbrötler aus seinem Heimatdorf, der sich auf Hunde versteht. Doch tagtäglich kehrte er zurück an das Grab seines Herrn und jedes Mal musste ihn der alte Martin wieder holen."

Ich sah zum Hund hinüber, der einmal schläfrig aufblinzelte. „Und was geschah dann?"

„Eines Tages wär er dem Bus beinahe in die Räder gelaufen. Seitdem nimmt ihn der Fahrer immer mit, pünktlich zur Abfahrtszeit. Komisch, was? Ja, solche Leute gibt es auch noch heutzutage. Bei Wind und Wetter nimmt er ihn mit. Hin und zurück." Der Alte beugte sich wieder über seine Arbeit, murmelte noch etwas vor sich hin und entfernte sich dann.

Nach ungefähr einer halben Stunde erhob sich das Tier plötzlich, trottete an mir vorbei und lief denselben Weg zurück. Diesmal folgte ich ihm nicht. Wozu auch? Ich kannte jetzt seine Geschichte. Die schlichte Geschichte eines Geschöpfes, das den Begriff „Treue" wohl nur zu erahnen vermochte, das aber für diese Treue leben würde bis an sein eigenes Ende.

Impulse zum Nachdenken und für das Gespräch

- Austausch über die Haltung und das Verhalten des Busfahrers. Bereitschaft, bei Ungewöhnlichem mitzuwirken, über das andere den Kopf schütteln. Er tut nicht nur Dienst nach Vorschrift.
- Wechselbeziehung Mensch – Tier.
- Und wenn ich nicht mehr zum Grab meines Verstorbenen gehen kann?

Schlüsselsatz

Ja, solche Leute gibt es auch noch heutzutage.

Biblischer Anschlusstext

Sirach 38,16–24 (Wenn einer stirbt, so beweine ihn).

Anders, als ich dachte

19 Hammer und Axt

Inhalt: Zwei Kurzerzählungen zum Thema Vorurteil. In „Die Geschichte mit dem Hammer" will ein Mann ein Bild aufhängen und möchte sich vom Nachbarn einen Hammer borgen. In ihm entsteht jedoch die Vermutung, der andere habe etwas gegen ihn. Er „wirft dem andern an den Kopf", was in seinem Kopf entstand. – Im „Axtdieb" hat einer seine Axt verloren. Er vermutet, der Sohn des Nachbarn habe sie gestohlen. Er meint, beim andern zu sehen, was er vermutet. Als er die Axt bei sich findet, verändert sich seine Wahrnehmung.

Stichwörter: Unterstellung – Vorurteil – Wahrnehmung

Die Geschichte mit dem Hammer

Paul Watzlawick

Ein Mann will ein Bild aufhängen. Den Nagel hat er, nicht aber den Hammer. Der Nachbar hat einen. Also beschließt unser Mann hinüberzugehen und ihn auszuborgen. Doch da kommt ihm ein Zweifel: Was, wenn der Nachbar mir den Hammer nicht leihen will? Gestern schon grüßte er mich nur so flüchtig. Vielleicht war er in Eile. Aber vielleicht war die Eile nur vorgeschützt und er hat etwas gegen mich. Und was? Ich habe ihm nichts angetan; der bildet sich da etwas ein. Wenn jemand von mir ein Werkzeug borgen wollte, *ich* gäbe es ihm sofort. Und warum er nicht? Wie kann man einem Mitmenschen einen so einfachen Gefallen abschlagen? Leute wie dieser Kerl vergiften einem das Leben. Und dann bildet er sich noch ein, ich sei auf ihn angewiesen. Bloß weil er einen Hammer hat. Jetzt reicht's mir wirklich.

Und so stürmt er hinüber, läutet, der Nachbar öffnet, doch noch bevor er „Guten Tag" sagen kann, schreit ihn unser Mann an: „Behalten Sie Ihren Hammer, Sie Rüpel!"

Der Axtdieb

Chinesische Anekdote

Ein Mann hatte seine Axt verloren und vermutete, dass der Sohn des Nachbarn sie gestohlen habe. Er beobachtete ihn daher genau: Sein Gang, sein Blick waren ganz der eines Axtdiebes. Alles, was er tat, sah nach einem Axtdieb aus.

Einige Zeit später fand der Mann zufällig die Axt unter einem Bretterhaufen. Am nächsten Tag sah er den Sohn des Nachbarn: Sein Gang war nicht der eines Axtdiebes, auch sein Blick war nicht der eines Axtdiebes.

Impulse zum Nachdenken und für das Gespräch

- Die einzelnen Schritte langsam anschauen: Vermutung, Konstruktion, Unterstellung, Wahrnehmung, Vorwurf, Beleidigung.
- Meine Gedanken wirken manchmal wie eine gefärbte Brille, mit der ich die Wirklichkeit in einer anderen Farbe sehe.
- Wie wirken sich meine guten und meine unguten Gedanken auf andere aus?
- Mit welchem Hammer nageln wir unsere Bilder vom anderen fest? Woran hängen wir unsere Urteile auf?

Schlüsselsätze

Der bildet sich da etwas ein.
Oder:
Alles sah nach Axtdieb aus ... Sein Gang war nicht der eines Axtdiebes.

Biblische Anschlusstexte

Matthäus 6,22.23 (Das Auge ist des Leibes Licht); Matthäus 7,3–5 (Splitter und Balken); Matthäus 15,18–20 (Was aus dem Mund kommt, kommt aus dem Herzen).

Anmerkung

Hammer und Axt: zwei „aggressive" Werkzeuge, mit denen man jemand erschlagen kann. In den Gedanken entstehen manchmal „Hammer" und „Axt". Ob wir die aggressiven Gedanken „ausleihen wollen" oder „verlieren" – wir müssen sie sorgfältig und verantwortungsvoll behandeln, damit wir anderen nicht Unrecht tun und sie damit „erschlagen".

20 Das Fenster-Theater

Ilse Aichinger

Inhalt: Eine Frau hält ihren Nachbarn gegenüber für verrückt und merkt nicht, dass er nur auf ein Kind reagiert.

Stichwörter: Kind und Alter – Langeweile – Missverständnis – Vorurteil

Die Frau lehnte am Fenster und sah hinüber. Der Wind trieb in leichten Stößen vom Fluss herauf und brachte nichts Neues. Die Frau hatte den starrigen Blick neugieriger Leute, die unersättlich sind. Es hatte ihr noch niemand den Gefallen getan, vor ihrem Haus niedergefahren zu werden. Außerdem wohnte sie im vierten Stock, die Straße lag zu tief unten. Der Lärm rauschte nur mehr leicht herauf. Alles lag zu tief unten.

Als sie sich eben vom Fenster abwenden wollte, bemerkte sie, dass der Alte gegenüber Licht angedreht hatte. Da es noch ganz hell war, blieb dieses Licht für sich und machte den merkwürdigen Eindruck, den aufflammende Straßenlaternen unter der Sonne machen. Als hätte einer an seinen Fenstern die Kerzen angesteckt, noch ehe die Prozession die Kirche verlassen hat. Die Frau blieb am Fenster.

Der Alte öffnete und nickte herüber. Meint er mich?, dachte die Frau. Die Wohnung über ihr stand leer und unterhalb lag eine Werkstatt, die um diese Zeit schon geschlossen war. Sie bewegte leicht den Kopf. Der Alte nickte wieder. Er griff sich an die Stirne, entdeckte, dass er keinen Hut auf hatte und verschwand im Innern des Zimmers.

Gleich darauf kam er in Hut und Mantel wieder. Er zog den Hut und lächelte. Dann nahm er ein weißes Tuch aus der Tasche und begann zu winken. Erst leicht und dann immer eifriger. Er hing über die Brüstung, dass man Angst bekam, er würde vornüber fallen. Die Frau trat einen Schritt zurück, aber das schien ihn nur zu bestärken. Er ließ das Tuch fallen, löste seinen Schal vom Hals – einen großen bunten Schal – und ließ ihn aus dem Fenster wehen. Dazu lächelte er. Und als sie noch einen weiteren Schritt zurücktrat, warf er den Hut mit einer heftigen Bewegung ab und wand den Schal wie einen Turban um seinen Kopf. Dann kreuzte er die Arme über der Brust und verneigte sich. So oft er aufsah, kniff er das linke Auge zu, als herrsche zwischen ihnen ein geheimes Einverständnis. Das bereitete ihr so lange Vergnügen, bis sie plötzlich nur mehr seine Beine in dünnen, geflickten Samthosen in die Luft ragen sah. Er stand auf dem Kopf. Als sein Gesicht errötet, erhitzt und freundlich wieder auftauchte, hatte sie schon die Polizei verständigt.

Und während er, in ein Leintuch gehüllt, abwechselnd an beiden Fenstern erschien, unterschied sie schon drei Gassen weiter über dem Geklingel der Straßenbahnen und dem gedämpften Lärm der Stadt das Hupen des Überfallautos. Denn ihre Erklärung hatte nicht sehr klar und ihre Stimme erregt geklungen. Der alte Mann lachte jetzt, sodass sich sein Gesicht in tiefe Falten legte, streifte dann mit einer vagen Gebärde darüber, wurde ernst, schien das Lachen eine Sekunde lang in der hohlen Hand zu halten und warf es dann hinüber. Erst als der Wagen schon um die Ecke bog, gelang es der Frau, sich von seinem Anblick loszureißen.

Sie kam atemlos unten an. Eine Menschenmenge hatte sich um den Polizeiwagen gesammelt. Die Polizisten waren abgesprungen und die Menge kam hinter ihnen und der Frau her. Sobald man die Leute zu verscheuchen suchte, erklärten sie einstimmig, in diesem Hause zu wohnen. Einige davon kamen bis zum letzten Stock mit. Von den Stufen beobachteten sie, wie die Männer, nachdem ihr Klopfen vergeblich blieb und die Glocke allem Anschein nach nicht funktionierte, die Tür aufbrachen. Sie arbeiteten schnell und mit einer Sicherheit, von der jeder Einbrecher lernen konnte. Auch in dem Vorraum, dessen Fenster auf den Hof sahen, zögerten sie nicht eine Sekunde. Zwei von ihnen zogen die Stiefel aus und schlichen um die Ecke.

Es war inzwischen finster geworden. Sie stießen an einen Kleiderständer, gewahrten den Lichtschein am

Ende des schmalen Ganges und gingen ihm nach. Die Frau schlich hinter ihnen her.

Als die Tür aufflog, stand der alte Mann mit dem Rücken zu ihnen gewandt noch immer am Fenster. Er hielt ein großes weißes Kissen auf dem Kopf, das er immer wieder abnahm, als bedeutete er jemandem, dass er schlafen wolle. Den Teppich, den er vom Boden genommen hatte, trug er um die Schultern. Da er schwerhörig war, wandte er sich auch nicht um, als die Männer schon knapp hinter ihm standen und die Frau über ihn hinweg ihr eigenes finsteres Fenster sah.

Die Werkstatt unterhalb war, wie sie angenommen hatte, geschlossen. Aber in der Wohnung oberhalb musste eine neue Partei eingezogen sein. An eines der erleuchteten Fenster war ein Gitterbett geschoben, in dem aufrecht ein kleiner Knabe stand. Auch er trug sein Kissen auf dem Kopf und die Bettdecke um die Schultern. Er sprang und winkte herüber und krähte vor Freude. Er lachte, strich mit der Hand über das Gesicht, wurde ernst und schien das Lachen eine Sekunde lang in der hohlen Hand zu halten. Dann warf er es mit aller Kraft den Wachleuten ins Gesicht.

Impulse zum Nachdenken und für das Gespräch

- Es kann immer alles auch ganz anders sein, als ich mir ausmale.
- Wenn jemand sich ungewöhnlich verhält.
- Wer ist ver-rück-?
- Die Sehnsucht, dass etwas in meinem Leben passiert.
- Mein „Fenster“, aus dem ich andere sehe, ist immer nur ein Ausschnitt und zeigt nicht das Ganze.
- Ich beziehe auf mich, was mir gar nicht gilt.
- Wenn die Fantasie mit mir durchgeht und ich mir „Krimis“ ausmale, wo keine sind.

Schlüsselsatz

Meint er mich?, dachte die Frau.

Biblische Anschlusstexte

2. Mose 20,4 (Sich kein Bild machen, auch nicht von Menschen); Johannes 10,20 (Er ist von Sinnen); 1. Korinther 13,9–12 (Unser Wissen ist Stückwerk).

21 Gerdauen ist schöner

August Winnig

Inhalt: Ein Mädchen kommt neu in die Klasse. Sie schwärmt von ihrem Heimatort; der sei schöner als alle Schönheit der neuen Umgebung. Er ist schöner aber nur in ihrem Herzen.

Stichwörter: Erinnerung – Heimat – Heimweh – Vergleichen – Verzauberung

Da kam ein kleines blondes Mädchen von weit her in unsere Stadt. Es hieß Marie und war aus Gerdauen.

Da Marie aus solcher Ferne kam, war sie sogleich der Gegenstand unserer besonderen Teilnahme und wir zogen sie alsbald in unseren Kreis. Wer von uns kannte Gerdauen? Keiner hatte jemals auch nur den Namen gehört. In unserem Schulatlas suchten wir den Ort vergeblich. Aber wir hatten eine schöne große Landkarte „von der preußischen Monarchie"; sie stammte aus dem Jahre 1858 und hing an der Wand und wir betrachteten sie gern in Abwesenheit des Lehrers aus der Nähe.

Da fanden wir nach langem Suchen den Namen Gerdauen. Herr Gott, wie war das weit! Wir mussten uns auf die Zehenspitzen stellen, wenn wir den kleinen Namen lesen wollten, und drückten dann die Spitze des Zeigefingers darauf: Hier ist Gerdauen! Da wurde die Stelle bald etwas dunkel und wir konnten sie von unseren Plätzen aus erkennen. Da, wo der dunkle Fleck auf der rosafarbenen Landkarte war, da lag Gerdauen, Maries Heimat, das ferne, berühmte Gerdauen.

Was für eine wunderbare Stadt war doch Gerdauen! Wenn Marie davon erzählte, dann glänzten ihre Augen. Es gab dort unglaublich viele Hühner und Gänse, Schafe und Schweine, Kühe und Pferde. Jeder Mensch besaß dort solchen Reichtum. Und dann war da ein See, so gewaltig groß und schön, dass man es sich gar nicht vorstellen konnte, und Fische waren darin – das war überhaupt nicht zu beschreiben.

Wie klein und armselig war dagegen unsere Stadt! Aber es war doch unsere Stadt, auf die wir stolz sein wollten. Sie war alt, das ließ sich nicht leugnen, und sie hatte lauter krumme Straßen. So ganz unter uns schämten wir uns dessen ein bisschen. Aber vor Fremden lobten und priesen wir unsere Stadt und ließen nichts auf sie kommen.

Da war unsere Kirche: Die lag in stolzer Höhe, und zu ihr hinauf führte eine breite Steintreppe mit einem festen Holzgeländer, und auf diesem Geländer konnten wir vom Kirchhofe bis zum Markt hinunterrutschen. Es sollte erst einmal eine zweite Stadt kommen, die dergleichen aufzuweisen hatte! Dann gab es einen geheimen unterirdischen Gang, der führte vom Schloss unter der Stadt hindurch zum Regenstein und noch weiter bis zur alten Heimburg. Kein Mensch hatte diesen Gang jemals gesehen, und darum konnte man die schönsten, grauslichsten Geschichten von ihm erzählen.

Das und noch viele andere Schönheiten priesen wir vor Marie, und sie hörte es mit Teilnahme an. Aber nachher sagte sie immer: Gerdauen ist schöner!

Das machte uns unzufrieden, fast ein bisschen traurig und verbittert, und wir glaubten es unserer Heimat schuldig zu sein, Gerdauen zu besiegen.

Wir müssen mit Marie in die Umgegend gehen!, sagten wir. Die hohen Berge, die großen Wälder, die Felsen, die so schauerlich tief abstürzen, das alles müsste sie sehen, und wenn sie das gesehen hätte, dann würde sie nicht mehr sagen: Gerdauen ist schöner!

Nun zogen wir an jedem Sonntag, wenn Gott die Sonne scheinen ließ, mit Marie hinaus. Wir erkletterten die Teufelsmauer, diese lange, wilde Felsenreihe, von deren Grat man zu beiden Seiten das herrlichste Land sehen kann. O ja! Marie war sehr erfreut und ließ es an Bewunderung nicht fehlen. Aber als wir auf dem Heimweg waren, strich sie die blonden Haare aus dem Gesicht und sagte: Es war ganz schön. Aber Gerdauen ist schöner!

Da gingen wir mit ihr zum Regenstein. Es ist da Unerhörtes zu sehen. Da ist eine Burg, die ganz in den schieren Felsen hineingehauen ist. Diese Burg ist ein Wunder und es gibt nicht ihresgleichen. Marie sah sie mit staunenden Augen.

Und nachher saßen wir auf einer bemoosten Mauer und ließen die Beine über die Tiefe schaukeln und sahen in die Ferne, bis zu den Domtürmen von Halberstadt. Und gerade da nahm Marie das Wort und sagte: Oh, es ist sehr schön, ganz mächtig schön. Aber Gerdauen ist doch schöner.

Es war furchtbar. Wir machten noch ein paar schwächliche Versuche, Marie umzustimmen und gingen nach anderen schönen Plätzen, aber es war immer dasselbe: Gerdauen war schöner. Da hatten wir eigentlich alle Hoffnung verloren und gaben uns keine Mühe mehr.

Aber dann meinte jemand, wir müssten einmal mit Marie nach dem Bodetal und der Rosstrappe gehen. Ja ja! Dann allerdings musste Marie besiegt sein. Daran war ja gar nicht zu zweifeln. Denn die Rosstrappe und der Hexentanzplatz und das Bodetal und überhaupt alles dort, das war das Allerschönste – dagegen konnte freilich nichts anderes aufkommen.

Es war ein schöner Sonntag. Der Wald hatte das erste gelbe Laub und die Sonne schien und die Luft war sehr klar. Auch wir waren frohen Mutes und sangen unsere Lieder. Manchmal ruhten wir im weichen Moos unter den alten Bäumen und brachen unser Brot. Endlich waren wir dann am Ziel.

Oh, diese Pracht! Da ist das weite Land in seiner Fruchtbarkeit. Da liegen diese Städte und Dörfer mit ihren roten Dächern und weißen Kirchen und alte Bäume stehen um sie herum. Und da zieht der Fluss – immer weiter, endlos weit, bis er in der letzten Ferne wie ein Silberfaden glitzert und zuallerletzt im feinen bläulichen Fernedunst verschwindet. Und zur Rechten – da ist der Hexentanzplatz mit seinen schroffen Felsen – hoch, unendlich hoch, und dann der mächtige Wall des Gebirges in seiner bunten Laubpracht, und hier und da ein weißer Birkenbaum mitten in dem grüngoldenen Meer.

Aber es handelt sich um Marie. Ja, da stand sie nun im seligen Staunen, und die Hände hatten sich auf der Brust zusammengefunden. Sie blickte verwirrt lächelnd zu uns und sagte: Oh, wie ist das schön, wie schön, wie wunderschön!

Da jubelte es wohl bei uns allen: Jetzt ist sie besiegt! Jetzt wird sie es nicht wagen, uns zu erzählen, dass Gerdauen doch schöner sei!

Doch siehe da: Ihre Augen füllten sich mit Tränen bis zum Überlaufen und ganz traurig sagte sie mit tiefem Seufzer: Ach! Gerdauen ist doch schöner!

Viele Jahre vergingen, ehe ich Gerdauen sah. Auf einer Fahrt durch Ostpreußen während des Krieges trat ein Soldat in den Wagen und sagte, wir seien eben in Gerdauen. Da fiel mir ein, welche Bedeutung dieser Ort einst für uns gehabt hatte. Ich dachte an Marie und ging hinaus in den Gang, um zu sehen, was von Gerdauen zu sehen war.

Ich werde nie etwas gegen Gerdauen sagen. Wohl sah ich keine weiße Kirche auf hohem Berge, sondern nur einen roten Turm auf ganz ebenem Lande. Und statt der Wälder sah ich nur die kahlen Kronen einiger Bäume; auch sah ich keine altersgraue Stadtmauer mit efeubewachsenen Wehrtürmen und hohen Dächern dahinter, sondern nur eine Zeile niedriger Häuser. Aber ich sage nichts gegen Gerdauen. Denn auch dort wohnen Menschen, die dort geboren und aufgewachsen sind und sich im Herzen mit diesem Boden und allem, was er trägt, verbunden fühlen. Sie lieben ihre Heimat und können nicht anders, und das ist gut. Ihnen allen mag es so gehen wie der kleinen blonden Marie: Man kann ihnen alle Schönheit der Fremde zeigen, dass ihre Augen davon überlaufen – ihr Herz wird doch immer wieder sprechen: Gerdauen ist schöner!

Impulse zum Nachdenken und für das Gespräch

- Austausch: Als ich an den Ort meiner Kindheit zurückkehrte. Überraschungen und Enttäuschungen.
- Woher kommt es, wenn ich meine Heimat verzaubert und vergoldet in Erinnerung habe?
- Konkurrenz belebt das Geschäft, sagt man. Was hat Marias Satz „Gerdauen ist schöner" bei jenen Kindern bewirkt?
- Was ich liebe, wird schöner.
- Der Mensch ist ein Leben lang auf der Suche nach Heimat, einer doppelten Heimat: Die *rückwärts*-gewandte, die erinnerte, erlebte, verlorene Heimat; und die *vorwärts*-gewandte, die erhoffte, erwartete, versprochene, zukünftige Heimat.

Schlüsselsatz

Man kann ihnen alle Schönheit der Fremde zeigen ... ihr Herz wird doch immer wieder sprechen: Gerdauen ist schöner!

Biblische Anschlusstexte

5. Mose 32,7 (Gedenke der vorigen Zeiten) und Jesaja 43,18–19 (Gedenke nicht an das Frühere); Psalm 77,6ff. (Ich gedenke der alten Zeit); Lukas 6,45 (Wes das Herz voll ist); Hebräer 13,14 (Hier keine bleibende Stadt).

Anmerkungen

- Ernst Bloch: Etwas, was allen aus der Kindheit scheint und worin noch niemand war – Heimat.
- Max Frisch: Heimat braucht jeder Mensch. Aber Heimat ist nicht nur an Orte oder Länder gebunden. Heimat sind die Menschen, die uns verstehen und die wir verstehen.
- Hans Otto Wölber: Wir haben nur eine Heimat, wenn wir uns um sie kümmern.
- Werner Dürrson: Heimat – ein Hindernis, das der Verlassenheit dauernd im Weg steht.

22 Er entdeckt eine Perle

Manfred Hausmann

Inhalt: Ein Ehepaar sucht eine Haushaltshilfe. Sie finden eine „Perle" und erleben allerlei Überraschungen.

Stichwörter: Hausgehilfin – List – Menschenkenntnis

Mit großem Interesse studiert Isabel am Frühstückstisch die Anzeige in der Zeitung, die sie gestern aufgegeben hat. Es handelt sich um einen Ruf nach einer zuverlässigen Hausgehilfin. Andreas musste sich die verschiedenen Fassungen, die Isabel jeweils unter Backenaufblasen, Seufzen und Stirnkratzen aufsetzte, zwei Tage lang anhören. Seine poetischen Verbesserungsvorschläge wurden teils mit verächtlichen, teils mit nachsichtigen Handbewegungen zurückgewiesen. Nun betrachtet sie also das Ergebnis ihrer Bemühungen und findet, es nehme sich recht gut aus.

„Die Sache ist nur die", sagt sie zu Andreas, „dass ich auch die Richtige unter denen herausfinde, die sich im Laufe des Tages vorstellen werden. Eigentlich könntest du mir ein bisschen dabei helfen."

Aber Andreas meint, sie solle erst einmal abwarten, ob überhaupt jemand erscheinen werde.

„Heutzutage gibt es für die jungen Mädchen ja nichts Herrlicheres als die Fabrik. Du wirst dich wundern."

„Wenn keine erscheint, was ich nicht hoffen will, brauche ich mir auch nicht den Kopf zu zerbrechen, welche ich nehmen soll. Aber vielleicht erbarmen sich doch ein paar über mich. Es genügt ja, wenn du einen Blick auf sie wirfst. Ich habe doch so wenig Menschenkennt...

Da klingelt es schon! Die Erste! Ach du meine Zeit!"

Sie eilt zur Tür, dreht sich aber noch einmal um und flüstert, er dürfe sie nicht im Stich lassen. „Bitte, lieber Andreas!"

„Geh nur hin! Ich werde dir nachher schon sagen, welche die Richtige ist. Mir schwebt da so eine Sache vor. Los, los, sie klingelt ja schon wieder!"

Während Isabel sich mit dem vierzehnjährigen, etwas glotzäugigen Menschenkind und der ebenso stämmigen wie redekundigen Mutter in der Bibliothek bespricht, stellt Andreas im Garten eine Gießkanne unter die Wasserleitung, die an einem kurzen Pfosten neben dem Weg angebracht ist und dreht den Hahn auf. Das Wasser schießt mit dumpfem Geboller in die Kanne. Andreas rückt sie ein wenig zur Seite, sodass der Strahl knapp danebengeht. Dann verbirgt er sich hinter den Himbeeren.

Nach einer Weile verlassen Mutter und Tochter das Haus. Wie sie an dem danebenrinnenden Strahl vorbeigehen, meint die Mutter, sie hätten ruhig vierzig Mark verlangen sollen. Oder wenigstens fünfunddreißig.

„Jetzt ist es zu spät", sagt die Tochter. „Du bist ja immer so betorft."

Andreas kommt hinter den Himbeeren hervor, schließt den Hahn und schlendert zu Isabel hin, die in der Haustür sichtbar wird.

„Also von dieser", sagt er, „möchte ich dir abraten."

Im Laufe des Vormittags muss er das Gleiche noch viermal sagen. Übrigens hört er hinter den Himbeeren auch dies und das, was nicht für seine Ohren bestimmt ist und eben deshalb tiefen Eindruck auf ihn macht.

Dann geschieht es.

Die sechste, die weder von einer Mutter noch von einer Schwester noch von einem Verlobten begleitet wird, eine

Schwarzhaarige mit bräunlichem Gesicht und weichem, leicht schiebendem, zigeunerischem Gang, die sechste geht ohne weiteres auf den Wasserhahn zu, bringt die Gießkanne, nachdem sie sich suchend umgesehen hat, in die richtige Stellung, lässt sie volllaufen und dreht den Hahn ab. Dann geht sie weiter.

Da sie die Einzige bleibt, die sich der Gießkanne annimmt, und da Andreas seinen Kopf verschwört, diese und keine andere müsse es sein, entschließt Isabel sich, es mit ihr zu versuchen. Sie heißt übrigens wahr und wahrhaftig Estella mit Namen, Estella Junkhuhn.

Im Laufe der nächsten Wochen erweist es sich, dass Estella zu den so genannten Perlen zählt. Tag für Tag wartet sie mit einer neuen schönen Eigenschaft auf. Sie wischt Staub, dass es einfach nicht zu beschreiben ist, sogar auf der Unterseite des Cembalos. Sie kann Vanillebrezelchen backen, die einem vor Mürbigkeit auf der Zunge zergehen. Sie singt die beiden hibbeligen Jungen abends in drei Minuten in den Schlaf. Sie ist beim Schlachter, Krämer und Gemüsehändler in einer Weise auf den Vorteil der Familie bedacht, dass Isabel es nicht besser machen könnte. Und wie ein Jugendfreund von Andreas über Nacht bleibt und anderntags beim Abschied zwei Markstücke in ihre Hand legt, reicht sie eins sogleich an Isabel weiter, da sie, Isabel, ja mindestens ebenso viel Arbeit von dem Gast gehabt habe wie sie selbst. Nur mit der größten Mühe gelingt es Isabel, ihr das Markstück wieder aufzudrängen.

„Perlissima", sagt Andreas, als er es hört, und lehnt sich befriedigt in seinen Sessel zurück. „Du solltest dich immer auf deinen Mann verlassen. Wenn unsereins sich mit so etwas befasst, muss es ja gelingen."

„Tatsächlich", gibt Isabel zu. „Du hast mich gut beraten. Und ich will ihr Gehalt auch vom nächsten Ersten an um fünf Mark erhöhen."

Aber dann kommt der Tag und der Augenblick, an dem Isabel sich mit einem gebrochenen Schluchzer an die Brust von Andreas wirft: „Sie stiehlt, Andreas! Sie stiehlt! Deine Perle!"

„Das ist ja wohl nicht möglich", sagt Andreas. „Wieso übrigens meine Perle?"

„Sie stiehlt!", flüstert Isabel gegen seinen Pullover. „Und sie hat es selbst zugegeben."

„Was stiehlt sie denn so zum Beispiel?"

„Alles Mögliche: Seife, Scheuerlappen, Apfelsinen, Schokolade."

„Na, es könnte schlimmer sein."

„Wieso?"

„Sie könnte zum Beispiel an deinen Wäscheschrank gegangen sein."

Isabel löst sich von Andreas und starrt ihn mit einem teils weinenden, teils sich erheiternden Gesicht an: „Du hast es offenbar noch nicht richtig begriffen. Sie stiehlt nicht von uns, sondern für uns. Für dich und mich. Weil wir doch so rechnen müssten, sagt sie. Und der Kaufmann merke es doch überhaupt nicht. Er habe doch so viel von allem. Die Apfelsine, die du heute Morgen zum Frühstück gegessen hast, war gestohlen. Von deiner Perle."

Andreas fängt an zu lachen. „Haha! Wenn man es sich überlegt, dann ist sie trotzdem eine Perle. Nur leider eine schwarze."

Impulse zum Nachdenken und für das Gespräch

- Erfahrungen mit Haushaltshilfen, mit Angestellten.
- Erfahrungen mit wirklicher und mit eingebildeter Menschenkenntnis.
- Wann geht Loyalität zu weit?

Schlüsselsatz

Sie ist trotzdem eine Perle.

23 Die Lebensmüde

Tina Schulze Gerlach

Inhalt: Die erzählende Person beobachtet eine scheinbar lebensmüde alte Frau, schmilzt vor Mitleid und Hilfsbereitschaft und erkennt, dass sie sich etwas eingebildet hat.

Stichwörter: Bild vom Mitmenschen – Hilfsbereitschaft– Mitleid – Selbsttäuschung

Der Wind schöpft die Möwen vom Strom und wirft sie über die Weinberge wie eine Hand voll welken Laubs, er pflückt die morschen Äste aus den Kastanien und knallt sie den Fußgängern vor die Schritte.

Der Himmel ist schwarz verhangen, vielleicht hat er gar Schnee geladen, er verrät es noch nicht, aber seine tiefsten Zipfel schleifen zwischen den Gärten oben am Hang, dort wissen sie's schon.

Ich ziehe mich ganz in mich zusammen auf meinem Heimweg und meine kalten Zehen freuen sich auf die Filzschuhe, die hinterm Ofen auf mich warten.

Ach je, wer geht denn da, schiebt sich an den Zäunen hin, eine alte Frau, ganz langsam, wie lebensmüde. Ein vorzeitliches Täschchen schlenkert an einem Kettchen in ihrer Hand, Handschuhe hat sie nicht und ein dünnes Kopftüchlein zeigt mehr den schütteren Scheitel, als dass es ihn bedeckt.

Ich vergesse fast zu frieren vor Mitleid, sicher hat sie keine warme Stube zu Haus, sicher hat sie keinen Menschen auf der Welt. Warum sonst schleicht sie so dahin? Was will sie tun? Das ist die Straße zum Fluss. Ich laufe an meinem Haus vorbei, ich muss wissen, was die arme Alte vorhat. Vielleicht, dass ich ihr beistehen kann in irgendeinem letzten Augenblick. Nicht mal Handschuhe bei der Kälte! Wenn ich der Weihnachtsmann wäre, ein Paar pelzgefütterte schenkte ich ihr!

Sie geht so langsam, und ich besinne mich wieder, dass ich friere. Da steigt sie plötzlich rechts die Stufen hinauf ins Gasthaus „Zur Sonne". Ach, jetzt nimmt sie ihre letzten Groschen, um sich aufzuwärmen, denke ich und folge ihr. Vielleicht kann sie nicht einmal bezahlen, wenn sie ihren Kaffee getrunken hat. Dann soll sie mein Gast sein. So werde ich auch eine heiße Brühe trinken, Kaffee darf ich nicht, bin so leicht aufgeregt. Ich rege mich schon über fremde alte Frauen auf, die auf der Straße gehen.

Ich bestelle meine Brühe und achte einen Augenblick nicht auf meine Alte. Da sitzt sie ja, am Fenstertisch. Der Kellner – hat sie denn schon bestellt? –, der Ober bringt ein Glas Bier und lächelt sie an. Er muss sich doch geirrt haben, ich sehe mich nach dem Herrn um, für den das Bier gedacht war. Aber da ist keiner, wir beide sind die einzigen Gäste um diese Zeit. Und schon trinkt sie, ich traue meinen Augen nicht, das halbe Glas in einem Zuge leer und wischt sich den Schaum mit dem Handrücken, dem mageren rot gefrorenen Handrücken, von den bläulichen Greisinnenlippen.

Nun sehe ich ihr Gesicht zum ersten Mal richtig, sehe ein Paar verschmitzte Äuglein über den eingefallenen Wangen. Sie lächelt zum Kellner zurück, die beiden kennen sich, das sieht man.

„So ein Durst", sagt sie zu ihm, „meine Leute zu Hause heizen mir immer zu viel. Sie meinen's gut, aber das hält ja der Mensch nicht aus. Da muss ich dann immer mal an die frische Luft gehn."

Ich verbrenne mir die Zunge an meiner Brühe und setze klirrend die Tasse nieder. Darum also sitze ich hier? Ich winke. „Herr Ober, bitte zahlen!"

Beim Zahlen aber ist gerade die alte Frau. Sie kramt in ihrer Tasche, fördert erst einen Schlüssel zutage, dann ein Paar Handschuhe, ich erstarre zum zweiten Mal, pelzgefütterte, solche, wie ich ihr schenken wollte, wenn ich der Weihnachtsmann wäre.

„Von meiner Enkelin", sagt sie, „aber ich heb sie noch auf. Was soll ich denn anziehn, wenn's erst kalt wird!"

Ich denke an meine gewärmten Filzschuhe und daran, dass ich mir immer jung vorkam. Ich schiele zu ihr hinüber: Jetzt bezahlt sie mit einem Fünfzigmarkschein und sammelt dann alle Utensilien umständlich wieder in ihre Tasche zurück.

Später überhole ich sie. Sie hat rote Hände und keine Handschuhe, sie schleicht lebensmüde an den Zäunen hin. Ich will nie mehr was auf äußeren Eindruck geben!

Der Wind kommt daher, er hat einen Eimer Regen dabei, ich gehe schneller, es sind auch schon Eisnadeln darunter. Ich sehe mich noch einmal nach der alten Mutter um. Da verschwindet sie gerade im Sportgeschäft.

Nein, ich gehe nicht zurück zu sehen, was sie dort kauft. Ich habe mich heute schon einmal blamiert.

Impulse zum Nachdenken und für das Gespräch

- Was haben meine Gedanken, Vermutungen, Beobachtungen über andere mit mir selber zu tun?
- Finde ich Anzeichen, dass die erzählende Person in der Geschichte selber manchmal lebensmüde ist?
- Habe ich selber Erfahrungen mit dem „verge-wohltätigen" – als Täter oder Opfer?
- „Es kann auch ganz anders sein": Das will ich mir immer sagen, ehe ich mir ein Bild von einem anderen Menschen mache, damit ich mir nichts ein-bilde.
- Sich etwas ein-bilden: Woher kommt, was wir uns ein-bilden?

Schlüsselsatz

Ich will nie mehr was auf äußeren Eindruck geben.

Begleittext

Der fragwürdige Spiegel

In gewissem Grad sind wir wirklich das Wesen, das die anderen in uns hineinsehen, Freunde wie Feinde. Und umgekehrt! Auch wir sind die Verfasser der andern; wir sind auf eine heimliche und unentrinnbare Weise verantwortlich für das Gesicht, das sie uns zeigen, verantwortlich nicht für ihre Anlage, aber für die Ausschöpfung dieser Anlage. Wir sind es, die dem Freunde, dessen Erstarrtsein uns bemüht, im Wege stehen, und zwar dadurch, dass unsere Meinung, er sei erstarrt, ein weiteres Glied der Kette ist, die ihn fesselt und langsam erwürgt. Wir wünschen ihm, dass er sich wandle, o ja, wir wünschen es ganzen Völkern! Aber darum sind wir noch lange nicht bereit, unsere Vorstellung von ihnen aufzugeben. Wir sind selber die letzten, die sie verwandeln. Wir halten uns für den Spiegel und ahnen nur selten, wie sehr der andere seinerseits eben der Spiegel unsres erstarrten Menschenbildes ist, unser Erzeugnis, unser Opfer –.

Max Frisch, aus: Tagebuch 1946–1949, Frankfurt 1950

24 Eine schöne Beziehung

Henning Venske

Inhalt: Eine ältere Frau kommt in ein Selbstbedienungslokal, stellt ihr Essen auf einen Tisch, holt noch etwas an der Theke, und als sie zurückkommt, sitzt ein Schwarzer an ihrem (vermeintlichen) Tisch und isst (vermeintlich) von ihrem Teller. Sie vermisst ihre Handtasche und unterstellt dem Schwarzen, er sei ein Dieb – bis sie erkennt, dass sie sich an den falschen Tisch gesetzt hat.

Stichwörter: Fremder – sich täuschen – Vorurteil

Grete Hehmke hat das nordfriesische Dorf, in dem sie geboren und aufgewachsen war, nur einmal in ihrem Leben für längere Zeit verlassen: vor 50 Jahren, 1933, als eine dreiwöchige Hochzeitsreise ihr den unauslöschlichen Eindruck vermittelte, dass es im südlichen Harz immer regnet. Ihr Mann war ja nun tot. Aber Grete Hehmkes Lust zu leben war noch nicht erschöpft. Es gab mehr als nur den einen Edeka-Laden, das wusste sie genau.

Mit dem Autobus in die Kreisstadt – das war schon ein Erlebnis! Gierig nach neuen Eindrücken warf sie sich energisch ins Getümmel. Sie war aufgeregt, glücklich, neugierig. Futter für den alten Kopf. Wunderbar. Als Höhepunkt das Warenhaus. Nein, so was Schönes aber auch! Hunger! Restaurant? Da!

Ein freier Tisch. Handtasche über die Stuhllehne hängen, Mantel an den Haken, in Blickrichtung. Hinsetzen, Erleichterung.

Bedienung kommt nicht. Aha, es gibt gar keine Bedienung hier. Genau hinsehen, wie die anderen das machen. Kapiert.

Grete Hehmke verlässt ihren Tisch, reiht sich ein in die Schlange, greift sich das orangefarbene Tablett. Ordert selbstbewusst Kohlroulade mit Salzkartoffeln und einen Karamelpudding, eine Brause dazu, bezahlt an der Kasse. Teuer ist es ja, muss man schon sagen. Trägt das Tablett zu ihrem Tisch, nimmt Platz. Die Kohlroulade sieht elend aus, man müsste ihr mal was zu futtern geben – Grete Hehmke ist voller Heiterkeit.

Aber sie hat kein Besteck. Wo bekommt man hier denn Messer und Gabel? Einen kleinen Löffel braucht sie auch. Und eine Serviette. Aha, da neben den orangefarbenen Tabletts. Aufstehen, hingehen, holen. Grete Hehmke kommt an ihren Tisch zurück. Sie stutzt, setzt sich. Auf ihrem Platz hockt ein Schwarzer und isst von ihrem Teller. Ganz manierlich. Es schmeckt ihm.

Grete Hehmke nimmt dem schwarzen Mann gegenüber Platz. Der lächelt einladend. Grete Hehmke wundert sich über nichts mehr. Sie lächelt ebenfalls freundlich und zieht das orangefarbene Tablett behutsam, aber bestimmt in die Tischmitte. Die Portionen in diesem Kaufhaus sind ja reichlich bemessen, das reicht schon für zwei. Sie speisen. Teilen jede Kartoffel, er schiebt ihr ein besonders appetitliches Gürkchen zu, sie überlässt ihm ein größeres Stück Roulade. Er ist schließlich ein kräftiger junger Mann. Der Schwarze gießt gelbe Brause in das Glas, bietet ihr zuvorkommend an, trinkt selbst aus der Flasche. Manchmal klappern ihre Teelöffel gegeneinander, wie sie sich den Pudding geschwisterlich teilen.

Eine Unterhaltung findet darüber hinaus nicht statt. Nur gelegentlich ein Blick des Einverständnisses.

Mit den Servietten die Münder abwischen, ein liebenswürdiges Kopfnicken, der Schwarze steht auf und geht.

Na, Dankeschön hätte er ja wenigstens sagen können. Grete Hehmke hat doch Grund, an den Umgangsformen der Schwarzen zu zweifeln. Und ihre Handtasche ist auch weg. Sie hing über der Lehne des Stuhls, auf dem dieser Schwarze saß. Auf, auf! Hinterher! Haltet den Dieb! Eben geht er hinaus.

Grete Hehmke dreht sich um, stößt an den Stuhl in ihrem Rücken. Stutzt. Guckt. Da hängt ja die Handtasche! Und auf dem Tisch davor stehen unberührt ihre Kohlroulade und die Salzkartoffeln auf dem orangefarbenen Tablett. Leider sind sie nun schon etwas kalt geworden. Aber den Karamelpudding könnte sie noch essen. Na, und eine halbe Brause schafft sie wohl auch noch. Ist schließlich alles bezahlt!

Impulse zum Nachdenken und für das Gespräch

- Wem traue ich rasch Böses zu und warum?
- Meine Erfahrungen mit Menschen anderer Hautfarbe.
- Missverständnisse im Alter. Erfahrungen mit eigener Vergesslichkeit.
- Wenn ich mich als älterer Mensch in modernen Verhältnissen nicht zurechtfinde und Wichtiges verwechsle.
- Wie sich Fremde/Ausländer bei uns wohl fühlen?
- Auf Kosten anderer leben, ohne es zu merken.
- Die vertauschten Rollen: Wer ist großzügig und wer lebt vom anderen?

Schlüsselsatz

Sie wunderte sich über nichts mehr.

Biblische Anschlusstexte

Matthäus 19,30 (Letzte werden Erste sein); 1. Petrus 4,9 und Hebräer 13,2 (Gastfrei sein ohne Murren).

Alt und Jung

Ein Kind übernimmt Verantwortung 25

Erich Kästner

Inhalt: Ein Einzelkind erlebt sich an Weihnachten als Objekt der Eltern und versucht besorgt, beiden gerecht zu werden.

Stichwörter: Einzelkind – Eltern – Geschenke – Konkurrenz – Weihnachten

Ich blieb das einzige Kind meiner Eltern und war damit völlig einverstanden. Ich wurde nicht verzärtelt und fühlte mich nicht einsam. Nur einmal in jedem Jahr hätte ich sehnlich gewünscht, Geschwister zu besitzen: am Heiligabend! Am ersten Feiertag hätten sie ja gut und gerne wieder fortfliegen können, meinetwegen erst nach dem Gänsebraten mit den rohen Klößen, dem Rotkraut und dem Selleriesalat. Ich hätte sogar auf meine eigene Portion verzichtet und statt dessen Gänseklein gegessen, wenn ich nur am 24. Dezember abends nicht allein gewesen wäre! Die Hälfte der Geschenke hätten sie haben können, und es waren wahrhaftig herrliche Geschenke!

Und warum wollte ich gerade an diesem Abend, am schönsten Abend eines Kinderjahres, nicht allein und nicht das einzige Kind sein? Ich hatte Angst. Ich fürchtete mich vor der Bescherung! Ich hatte Furcht davor und durfte sie nicht zeigen. Es ist kein Wunder, dass ihr das nicht gleich versteht. Ich habe mir lange überlegt, ob ich darüber sprechen solle oder nicht. Ich will darüber sprechen! Also muss ich es euch erklären.

Meine Eltern waren, aus Liebe zu mir, aufeinander eifersüchtig. Sie suchten es zu verbergen und oft gelang es ihnen. Doch am schönsten Tag im Jahr gelang es ihnen nicht. Sie nahmen sich sonst, meinetwegen, so gut zusammen, wie sie konnten, doch am Heiligabend konnten sie es nicht sehr gut. Es ging über ihre Kraft. Ich wusste das alles und musste, uns dreien zuliebe, so tun, als wisse ich's nicht.

Wochenlang, halbe Nächte hindurch, hatte mein Vater im Keller gesessen und, zum Beispiel, einen wundervollen Pferdestall gebaut. Er hatte geschnitzt und genagelt, geleimt und gemalt, Schriften gepinselt, winziges Zaumzeug zugeschnitten und genäht, die Pferdemähnen mit Bändern durchflochten, die Raufen mit Heu gefüllt, und immer noch war ihm, beim Blaken der Petroleumlampe, etwas eingefallen, noch ein Scharnier, noch ein Beschlag, noch ein Haken, noch ein Stallbesen, noch eine Haferkiste, bis er endlich zufrieden schmunzelte und wusste: „Das macht mir keiner nach!"

Ein andermal baute er einen Rollwagen mit Bierfässern, Klappleitern, Rädern mit Naben und Eisenbändern, ein solides Fahrzeug mit Radachsen und auswechselbaren Deichseln, je nachdem, ob ich zwei Pferde oder nur eins einspannen wollte, mit Lederkissen fürs Abladen der Fässer, mit Peitschen und Bremsen am Kutschbock, und auch dieses Spielzeug war ein fehlerloses Meisterstück und Kunstwerk!

Es waren Geschenke, bei deren Anblick sogar Prinzen die Hände überm Kopf zusammengeschlagen hätten, aber Prinzen hätte mein Vater sie nie geschenkt.

Wochenlang, halbe Tage hindurch, hatte meine Mutter die Stadt durchstreift und die Geschäfte durchwühlt. Sie kaufte jedes Jahr Geschenke, bis sich deren Versteck, die Kommode, krumm bog. Sie kaufte Rollschuhe, Ankersteinbaukästen, Buntstifte, Farbtuben, Malbücher, Hanteln und Keulen für den Turnverein, einen Faustball für den Hof, Schlittschuhe, musikalische Wunderkreisel, Wanderstiefel, einen Norwegerschlitten, ein Kästchen mit Präzisionsartikeln auf blauem Samt, einen Kaufmannsladen, einen Zauberkasten, Kaleidoskope, Zinnsoldaten, eine kleine Druckerei mit Setzbuchstaben und, von den Empfehlungen des Sächsischen Lehrervereins angeleitet, viele gute Kinderbücher. Von Taschentüchern, Strümpfen, Turnhosen, Rodelmützen, Wollhandschuhen, Sweatern, Matrosenblusen, Badehosen, Hemden und ähnlich nützlichen Dingen ganz zu schweigen.

Es war ein Konkurrenzkampf aus Liebe zu mir und es war ein verbissener Kampf. Es war ein Drama mit drei Personen und der letzte Akt fand, alljährlich, am Heiligabend statt. Die Hauptrolle spielte ein kleiner Junge. Von seinem Talent aus dem Stegreif hing es ab, ob das Stück eine Komödie oder ein Trauerspiel wurde. Noch heute klopft mir, wenn ich daran denke, das Herz bis in den Hals.

Ich saß in der Küche und wartete, dass man mich in die gute Stube riefe, unter den schimmernden Christbaum, zur Bescherung. Meine Geschenke hatte ich parat: für den Papa ein Kistchen mit zehn oder gar fünfundzwanzig Zigarren, für die Mama einen Schal, ein selbstgemaltes Aquarell oder – als ich einmal nur noch fünfundsechzig Pfennige besaß – in einem Karton aus Kühnes Schnittwarengeschäft, hübsch verpackt, die sieben Sachen. Die sieben Sachen? Ein Röllchen weißer und ein Röllchen schwarzer Seide, ein Heft Stecknadeln und ein Heft Nähnadeln, eine Rolle weißen Zwirn, eine Rolle schwarzen Zwirn und ein Dutzend mittelgroßer schwarzer Druckknöpfe, siebenerlei Sachen für fünfundsechzig Pfennige. Das war, fand ich, eine Rekordleistung! Und ich wäre stolz gewesen, wenn ich mich nicht so gefürchtet hätte.

Ich stand am Küchenfenster und blickte in die Fenster gegenüber. Hier und dort zündete man schon die Kerzen an. Der Schnee auf der Straße glänzte im Laternenlicht. Weihnachtslieder erklangen. Im Ofen prasselte das Feuer, aber ich fror. Es duftete nach Rosinenstollen, Vanillezucker und Zitronat. Mir war elend zu Mute. Gleich würde ich lächeln müssen, anstatt weinen zu dürfen.

Dann hörte ich meine Mutter rufen: „Jetzt kannst du kommen!" Ich ergriff die hübsch verpackten Geschenke für die beiden und trat in den Flur. Die Zimmertür stand offen. Der Christbaum strahlte. Vater und Mutter hatten sich links und rechts vom Tisch postiert, jeder neben seine Gaben, als sei das Zimmer samt dem Fest halbiert.

„Oh", sagte ich, „wie schön!" und meinte beide Hälften. Ich hielt mich noch in der Nähe der Tür, sodass mein Versuch, glücklich zu lächeln, unmissverständlich beiden galt. Der Papa, mit der erloschnen Zigarre im Munde, beschmunzelte den firnisblanken Pferdestall. Die Mama blickte triumphierend auf das Gabengebirge zu ihrer Rechten. Wir lächelten zu dritt und überlächelten unsre dreifache Unruhe. Doch ich konnte nicht an der Tür stehen bleiben!

Zögernd ging ich auf den herrlichen Tisch zu, auf den halbierten Tisch, und mit jedem Schritt wuchsen meine Verantwortung, meine Angst und der Wille, die nächste

Viertelstunde zu retten. Ach, wenn ich allein gewesen wäre, allein mit den Geschenken und dem himmlischen Gefühl, doppelt und aus zweifacher Liebe beschenkt zu werden! Wie selig wär ich gewesen und was für ein glückliches Kind! Doch ich musste meine Rolle spielen, damit das Weihnachtsstück gut ausgehe. Ich war ein Diplomat, erwachsener als meine Eltern, und hatte dafür Sorge zu tragen, dass unsere feierliche Dreierkonferenz unterm Christbaum ohne Missklang verlief. Ich war, schon mit fünf und sechs Jahren und später erst recht, der Zeremonienmeister des Heiligen Abends und entledigte mich der schweren Aufgabe mit großem Geschick. Und mit zitterndem Herzen.

Ich stand am Tisch und freute mich im Pendelverkehr. Ich freute mich rechts, zur Freude meiner Mutter. Ich freute mich an der linken Tischhälfte über den Pferdestall im Allgemeinen. Dann freute ich mich wieder rechts, diesmal über den Rodelschlitten, und dann wieder links, besonders über das Lederzeug. Und noch einmal rechts und noch einmal links und nirgends zu lange und nirgends zu flüchtig. Ich freute mich ehrlich und musste meine Freude zerlegen und zerlügen. Ich gab beiden je einen Kuss auf die Backe. Meiner Mutter zuerst. Ich verteilte meine Geschenke und begann mit den Zigarren. So konnte ich, während der Papa das Kistchen mit seinem Taschenmesser öffnete und die Zigarren beschnupperte, bei ihr ein wenig länger stehen bleiben als bei ihm. Sie bewunderte ihr Geschenk und ich drückte sie heimlich an mich, so heimlich, als sei es eine Sünde. Hatte er es trotzdem bemerkt? Machte es ihn traurig?

Nebenan, bei Grüttners, sangen sie „O du fröhliche, o du selige gnadenbringende Weihnachtszeit!“ Mein Vater holte ein Portmonee aus der Tasche, das er im Keller zugeschnitten und genäht hatte, hielt es meiner Mutter hin und sagte: „Das hätte ich ja beinahe vergessen!" Sie zeigte auf ihre Tischhälfte, wo für ihn Socken, warme lange Unterhosen und ein Schlips lagen. Manchmal fiel ihnen, erst wenn wir bei Würstchen und Kartoffelsalat saßen, ein, dass sie vergessen hatten, einander ihre Geschenke zu geben. Und meine Mutter meinte: „Das hat ja Zeit bis nach dem Essen."

Impulse zum Nachdenken und für das Gespräch

- Oft werden kindliche Weihnachtserinnerungen verklärt. Die Geschichte ermutigt, sich über die Kehrseiten von Weihnachten bei Kindern und bei Erwachsenen auszutauschen und auch die Weihnachts-Nöte und die Schattenseiten unseres Feierns anzuschauen.
- Was schief geht, wenn Geschenke an Weihnachten dominieren und wenn das Fest des Christuskindes zum Fest des Menschenkindes wird.
- Wenn Kinder die Probleme der Eltern tragen müssen und zwischen Vater und Mutter geraten. Eltern als Konkurrenten um die Liebe des Kindes.
- Einzelkinder.
- Wenn ich als Kind eine bestimmte Rolle spielen musste, vor der ich Angst hatte und die mich überfordert hat.
- Von der Schwierigkeit, jedem zu geben, was er erwartet.

Schlüsselsätze

Im Ofen prasselte das Feuer, aber ich fror.
Oder:
Ich musste meine Rolle spielen.

Biblische Anschlusstexte

Römer 12,9 (Die Liebe sei ohne Falsch); 1. Korinther 13,1ff. (Das Hohelied der Liebe); Kolosser 3,21 (Erbittert eure Kinder nicht).

Nicht zu verbergen

26

Heinz Knobloch

Inhalt: Ein Junge erzählt rückblickend, wodurch ihn seine Großmutter, eine sehr einfache Frau, beeindruckte.

Stichwörter: Herzensbildung – Lächeln – Vorbild – Weisheit

Meine Großmutter und ich, wir lernten uns kennen, als sie Anfang Fünfzig war. Sie hieß Elsa und arbeitete fortwährend, war sehr schlank, kräftig, nie krank (nur immer Reißen im Rücken) und las gern die Romane, die sie täglich aus der Zeitung schnitt und aufgehoben hatte. Das Brot hielt sie beim Brotabschneiden fast zärtlich im Arm.

Sie schlug mich nie (meine Mutter nahm eine Rute), sondern drohte nur mit sehniger Faust, was sehr eindrucksvoll war. Und wenn ich einmal nach ihr haute, wie es kleine Jungen zu machen pflegen, rief sie: „Dir wächst mal die Hand aus dem Grabe!" Eine schauerliche Voraussage, die ich auf dem Friedhof an den alten und neuen Gräbern nie nachzuprüfen wagte.

Meine Großmutter schrieb ein fehlerhaftes Deutsch und wusste ohne pädagogischen Ratgeber, was man nicht tut, also konnte sie mir wenig beibringen, aber ich durfte zusehen, wenn sie eine Gans ausnahm, Streuselteig rollte, Hefeklöße in Dampf hüllte, und sie saß neben mir beim Zahnarzt.

Einmal hatte ich angenommen, die Schule beginne nach der großen Pause, doch als ich hinkam, sah ich im leeren Klassenzimmer an dem, was auf den Pulten lag, dass schon längst Unterricht gewesen war, also floh ich nach Hause. Da band meine Großmutter sich die Schürze ab und schaffte mich gleich wieder hin, wir kamen an, als der Lehrer gerade begann. Ohne viel Fragen, ohne Schimpfen, Ermahnen und Federlesen war sie mit mir losgegangen – jetzt, als mir das vor Augen steht, merke ich, wie unzumutbar ich meinen Kindern bin.

Meine Großmutter hatte die seltsame Art, immer dann zu lächeln, wenn es unangebracht war, wenn es der Ernst der jeweiligen Situation verbot. Das ist keine Angewohnheit, sondern ein Wesenszug; und wer ihn nicht vernachlässigt, der bringt es im Leben nicht weiter, als er es vertreten kann. Meine Großmutter sprach dabei nie etwas, denn solches Lächeln wendet sich nicht an andere, sie lächelte für sich. Sie ahnte nicht, dass sie einen kostbaren Sinn für das Komische in der Tragik besaß, zum Beispiel musste sie lachen, wenn sie mit uns bei Fliegeralarm nachts in den Keller stolperte. Ihr heimliches Lächeln half ihr leben.

Ende 1939 saßen wir abends und hörten Radio. Mein Vater war im Krieg. Da kam in den Nachrichten die Meldung, bei Luftkämpfen über der Nordsee seien mehrere englische Flugzeuge brennend ins Meer gestürzt.

„Die armen Menschen“, seufzte meine Großmutter, weil sie sich das vorstellen konnte, und schon schossen wir auf sie los, meine Mutter und ich mit meinen besserwisserischen dreizehn Jahren: „Aber das sind doch die anderen!“

Meiner Großmutter leuchtete das nicht ein. Sie hatte dafür keine Argumente, brauchte keine, blieb dabei, stritt sich nicht, auch wenn ihr die so genannten Feinde den eigenen Sohn töten konnten, so wie sie ihr rund fünf Jahre danach die Wohnung zerbomben würden, restlos, und auch darüber beschwerte meine Großmutter sich später nie; ein Köfferchen mit Fotos und ein Rucksack und sie waren doch verschont geblieben – kurzum, dass sie arme Menschen nicht bedauern dürfen sollte, leuchtete meiner Großmutter überhaupt nicht ein. Dafür dämmerte seit jenem Abend mir etwas.

Impulse zum Nachdenken und für das Gespräch

- Eigene Erfahrungen mit Großmüttern.
- Beziehung Großmutter – Enkel.
- Wo in dieser Geschichte wirkt die Großmutter durch ihr Reden und wo durch ihr Schweigen auf ihren Enkel?
- Was hat mich in meinem Leben besonders geprägt? Prägung durch Belehrtwerden und durch Beobachten.
- Lächeln für sich und Lachen für andere.
- Freund-Feind-Denken überwinden.
- Beim Lesen hat man den Eindruck, Elsa spürt, was wichtig ist und was zweitrangig ist. Wie finde ich diese Prioritäten?

Schlüsselsätze

Sie lächelte für sich . . . ihr heimliches Lächeln half ihr leben.
Oder:
Dass sie arme Menschen nicht bedauern dürfen sollte, leuchtete meiner Großmutter überhaupt nicht ein.

Biblische Anschlusstexte

Matthäus 5,14–16 (Nicht verborgen); Matthäus 5,43–48 (Nur zu den Brüdern freundlich sein?); 1. Timotheus 5,4 (Wenn eine Witwe Kinder oder Enkel hat).

27 Anna liebt Jens, Katharina liebte Georg

Irmela Brender

Inhalt: Eine verliebte Enkelin lässt sich von ihrer Großmutter eine Liebesgeschichte von früher erzählen.

Stichwörter: Gespräch zwischen den Generationen – Liebe – Treue

Bemerkung: Existenzielles Thema aller Generationen. Aber bei der Besprechung an die denken, bei denen es nicht so „geklappt" hat wie hier!

Anna liebt Jens. Und Jens liebt Anna. Die Zeit bleibt stehen. Die Welt wird still. Noch nie hat es eine solche Liebe gegeben.

Anna kann nur von Jens noch reden. Oder von der Liebe. Aber wenn Anna die Großmutter besucht, soll sie die Großmutter reden lassen. Alte Leute erzählen gern.

„Erzähl mir eine Liebesgeschichte, Großmutter. Die schönste, die du kennst."

„Die schönste Liebesgeschichte, die ich kenne ... Das ist eine wahre Geschichte. Und sie ist schon lange her."

Anna lächelt. Früher kann es keine Liebesgeschichten gegeben haben. Nicht so wie heute. Nicht so wie diese. Jens liebt Anna und Anna liebt Jens.

„Katharina liebte Georg und Georg liebte Katharina. Sie war bei einer Herrschaft im Dienst und er handelte mit Geflügel. Wenn er frisch geschlachtete Hühner brachte, dann musste er mit ihr verhandeln. Sie sprachen darüber, wie alt die Hühner waren, wie schwer und wie fett und wie viel sie kosten sollten. Von Mal zu Mal sprachen sie länger darüber, die gnädige Frau musste Katharina warnen, nicht zu viel Zeit zu vertun mit diesem Georg, aber es half nichts. Und weil es damals Mädchen genug gab, die zu einer Herrschaft in Dienst wollten, sodass man auf eine bestimmte wie Katharina gar nicht angewiesen war, kündigte die gnädige Frau der Katharina, als es ihr zu bunt wurde. Als Georg das nächste Mal kam mit seinen Hühnern, weinte Katharina und sagte, sie brauche eine neue Stelle. Und Georg antwortete, statt eine Stelle zu suchen, solle sie doch ihn heiraten. Und da tat sie es."

„Aber Großmutter! Das soll eine Liebesgeschichte sein?"

„Warte, Anna. Die Geschichte hat erst angefangen."

„Aber sie sind ja schon verheiratet! Und so, wie das früher war, können sie jetzt bloß noch Kinder kriegen und alt werden. Was wird da mit der Liebesgeschichte?"

„Die ging immer weiter. Katharina und Georg bekamen Kinder, acht, wie das damals so war, und sie wurden älter und die Liebe hörte nicht auf. Katharina freute sich über jeden Tag, weil es ein Tag mit Georg war, und Georg freute sich über jede Nacht, weil es eine Nacht mit Katharina war, und umgekehrt genauso. Natürlich hatten sie Sorgen wie alle Leute, aber die erschienen ihnen nicht so schlimm, wie sie hätten sein können, weil sie die allergrößte Sorge nicht hatten – ohne einander sein zu müssen. Liebe – kann man erklären, wie das ist?"

Die Großmutter schaut auf ihre Hände und schüttelt den Kopf. „Katharina und Georg hätten es nicht erklären können. Sie konnten wohl überhaupt nicht gut erklären. Aber wer sie sah, der begriff alles an der Art, wie sie einander gern anschauten, einander gern zuhörten, einander gern berührten, auch wenn es nur flüchtig war, gern beieinander waren.

Nun, alles ging weiter, die Kinder wurden erwachsen und verließen das Haus, Enkel kamen, Katharina sorgte für sie, wenn es nötig war, zwei zog sie auf, weil die Väter starben, daneben kümmerte sie sich um den Haushalt, um das Geflügelgeschäft, das sie jetzt hatten, und war freundlich und geduldig mit jedem, der zu ihr kam. Damals lernte ich sie kennen, und es kam mir vor, als seien ihre Stunden und Minuten länger als die anderer Leute, weil sie immer Zeit für jeden hatte und Zeit zum Freundlichsein.

Dann wurde Georg krank. Es war eine schlimme Krankheit mit großen Schmerzen. Magenkrebs, ich sage das Wort nicht gern. Man musste ihm extra kochen, ihn füttern, ihn pflegen. Er übergab sich oft. Die Kinder, die jetzt erwachsen waren, sagten zu Katharina: Er muss ins Krankenhaus. Es ist zu viel für dich. Ein kranker alter Mann. Die Belastung ist zu groß für dich. Katharina schaute die an, die so redeten und schien gar nicht zu verstehen, dass der kranke alte Mann, die Belastung, Georg sein sollte. Sie pflegte ihn mit Geduld und Liebe und Achtung. Ja, Achtung. Oder Respekt. Wie man Respekt hat vor einem alten Mann, der sabbert und sich erbricht? Indem man ihn liebt."

Die Großmutter macht eine Pause, in der sie über diesen Satz nachzudenken schien. Anna wagt nicht zu fragen, ob die Geschichte jetzt zu Ende ist. Dann spricht die Großmutter weiter.

„Liebesgeschichten – sind sie wahr? In Büchern wird da viel gestöhnt und geseufzt um Leute, die meinen, sie lieben sich, und nicht zusammen kommen können. Das sind Irrtumsgeschichten. Gerade so, als gäbe es keine Liebe. Aber die gibt es. Und wenn es um Liebe geht, dann endet die Geschichte nicht, weil einer den anderen enttäuscht oder sich von ihm entfernt. Wenn es um Liebe geht, dann wird sie immer größer und wie sie endet, das weiß keiner, weil keiner weiß, was hinterher kommt."

„Wann hinterher?", fragt Anna.

„Dann. Wie bei Katharina und Georg. Es kam nämlich ein Krieg. Und Soldaten vertrieben sie von da, wo sie wohnten. Katharina und Georg mussten fliehen, wie die anderen in Pferdewagen. Sie lagen auf Stroh, täglich einmal wurde angehalten, dann gab es Essen. Katharina ließ sich immer zwei Geschirre voll geben – eines für Georg und eines für sich.

Als sie dann ankamen, wo sie nun weiterleben sollten, und als ihre erwachsene Tochter ihnen heraushelfen wollte aus dem Wagen, da sah die Tochter, dass Georg tot war. Schon seit drei Tagen, erklärte Katharina. Und sie hatte niemandem etwas gesagt, weil sie nicht wollte, dass Georg irgendwo an der Straße verscharrt würde. Sie lag neben dem Toten, drei Tage und drei Nächte lang, weil sie jetzt nichts mehr für ihn tun konnte, als für ein richtiges Begräbnis zu sorgen, eben für das, was sie unter einem richtigen Begräbnis verstand.

Die Tochter sagte, es ist schlimm, aber es ist auch gut. Jetzt, Mutter, sagte die Tochter, bist du in Sicherheit, er hat seinen Frieden, und du lässt dich jetzt einmal im Leben verwöhnen, von uns. Katharina nickte dazu und wollte nur, dass man sich um ein Begräbnis kümmerte. Die Tochter tat das und als Katharina wusste, dass am nächsten Tag das Begräbnis sein werde, auf einem richtigen Friedhof mit einem richtigen Grab und so, wie alles zu sein hatte, da legte sie sich ins Bett und starb."

„Selbstmord!", schreit Anna.

„Aber nein. Zu Ende gelebt. Katharina liebte Georg und lebte mit Georg und starb mit Georg. Und das ist eine wahre Liebesgeschichte von Anfang bis Ende, soweit man das Ende kennt."

„Und woher kennst du die Geschichte?"

„Katharina und Georg waren meine Großeltern."

Und meine Urgroßeltern, denkt Anna. Und es gibt kein Ende. Denn Anna liebt Jens.

Impulse zum Nachdenken und für das Gespräch

- Was Großeltern ihren Enkeln erzählen können.
- Liebe im Kino und in den Illustrierten – und Liebe im Leben: Worin sie sich unterscheiden.
- Und die, die keine Liebe und Ehe erlebten? Deren Verlobte z. B. gefallen sind?
- Woher kommt die Kraft zum Tragen in Krisenzeiten?
- Lebenslange Liebe – gibt es das?
- Liebe hat ihre Zeiten, ihre Wandlungen, ihre Stufen. Liebe wächst mit und verändert sich. Wandlungen zulassen.
- Was ist aus meiner Liebe geworden? Opfer und Gewinn, Erfahrungen und Reifungen.

Schlüsselsatz

Wenn es um Liebe geht, dann wird sie immer größer, und wie sie endet, das weiß keiner.

Biblische Anschlusstexte

1. Mose 2,18.24 (Nicht gut, dass der Mensch allein sei); 1. Mose 29,20 (So lieb hatte er sie); Hoheslied Salomos 8,6 (Liebe ist stark wie der Tod); 1. Korinther 13 (Hoheslied der Liebe); Epheser 4,15 (Wachsen in der Liebe).

Elisa **28**

Marianne Lierhaus

Inhalt: Gedanken einer Großmutter, als ihre Tochter ein farbiges Kind adoptiert. Langsam kann sie es annehmen.

Stichwörter: Adoption – Großmutter/Enkel – Rasse/Hautfarbe – Vorurteil – Wünsche

Dieser Brief schlägt ein wie ein Blitz. Meistens ruft meine Tochter an, nur selten schreibt sie. Die jungen Leute haben heute ja alle keine Zeit mehr. Zum Geburtstag schreibt sie mir, weil sie weiß, dass ich gerne Briefe bekomme. Ein Anruf geht so schnell vorbei, einen Brief kann man lange in der Hand halten, ehe man ihn öffnet.

Ich entfalte den Brief. Keine Anrede. In großen Buchstaben steht dort: „Du bist Großmutter!“

Ich verstehe nicht: Ich bin ...? Wieso steht da nicht: „Du wirst Großmutter.“

Großmutter werden, das kündigt sich doch an. Das kann meine Tochter mir doch nicht monatelang vorenthalten haben!

Ich lese weiter: „Wir haben ein Kind aus Haiti adoptiert.“

Haiti? Wo liegt das überhaupt? Wie sehen die Menschen dort aus? Ich habe einen Film über Haiti gesehen; mein Gott, da sind ja Neger! Und welche Sprache sprechen sie? Wie leben sie dort überhaupt? Fragen, lauter Fragen wirbeln durch meinen Kopf. Ich muss weiterlesen: „Man hat sie dort auf der Straße gefunden.“ Sie? Also noch nicht einmal ein Junge. „Wir wissen nichts von ihr, den Namen nicht, das Alter nicht, gar nichts. Der Arzt meint, sie muss eineinhalb Jahre alt sein.“

Ich bin also seit eineinhalb Jahren Großmutter und habe es nicht gewusst. Ein Kind von eineinhalb Jahren?

„Wir wollen sie Elisa nennen."

Mich habt ihr nicht gefragt. Dabei müsstest mindestens du, meine Tochter, wissen, wie ernsthaft ich für dich einen passenden Namen ausgesucht habe. Ein Namenbuch habe ich mir damals gekauft. Ich wollte wissen, was dein Name bedeutet und wo sein Ursprung liegt. Wo ist eigentlich das Buch? Mit Sicherheit ist „Elisa" darin nicht zu finden.

Ungeduldig blättere ich. Doch, hier steht es: „Elisa, Kurzform von Elisabeth: aus der Bibel übernommener weiblicher Vorname hebräischen Ursprungs, eigentlich: Gott ist Vollkommenheit." – Da muss ich laut lachen; es ist ein bitteres Lachen, ein böses Lachen, ein Lachen voller Unverständnis: Ein Negerkind heißt „Gott ist Vollkommenheit". Was hat sich meine Tochter nur dabei gedacht?

Ich bin völlig durcheinander. Nicht einmal zu Ende gelesen habe ich den Brief. „Elisa kommt in der nächsten Woche nach Deutschland. Wir holen sie in Frankfurt am Flughafen ab. Wir freuen uns sehr und wir sind sicher, dass du dich mit uns freust und Elisa lieb haben wirst."

So, ihr seid sicher, dass ich mich freue! Da habt ihr euch gewaltig geirrt. Ihr seid sicher, dass ich Elisa liebe! Ich sage: „Nein, nein, nein! Mit diesem Kind habe ich nichts zu tun. Und das wisst ihr auch sehr genau. Nicht einmal gefragt habt ihr mich, ob ich damit einverstanden bin. Kein Wort habt ihr mir gegönnt. Kein Anruf, nur eine briefliche Mitteilung. Ihr wusstet sehr wohl, dass ich zu euren Plänen nein gesagt hätte. Was stellt ihr euch denn vor? Ich träume seit Jahren von meinem Enkel, einem

Jungen mit strahlenden, blauen Augen und heller, feiner Haut. Und nun verlangt ihr, ich soll ein schwarzes Mädchen lieben, irgend so ein hergelaufenes. Noch schlimmer, es ist ja gar nicht hergelaufen, ihr bezahlt den Flug, ihr holt es her – in unsere anständige Familie. Das ist zu viel verlangt."

Ich gehe in meinem Wohnzimmer auf und ab. Wie konntet ihr mir das antun? Ich bin verletzt, zutiefst verwundet von meiner einzigen Tochter, der ich nie so etwas zugetraut hätte.

Was werden die Verwandten sagen und die Nachbarn? Hier kennen mich alle und ich hatte immer einen guten Ruf in dieser Gegend. Ich werde euch einfach verbieten, dieses Kind mit hierher zu bringen, dann braucht es keiner zu erfahren. Und wenn ihr dann auch nicht mehr kommen wollt? Nun gut, dann müsst ihr eben wegbleiben. Andere Kinder besuchen ihre Eltern auch nicht mehr, das gibt es heute oft. Schließlich trage ich keine Schuld.

Diese Nacht ist schrecklich. Ich bin hellwach, mit offenen Augen starre ich in die Dunkelheit. Ist Elisa so dunkel wie diese Nacht? Wer sind ihre Eltern? Vielleicht Asoziale? Was für ein Erbgut bringt dieses Kind mit – in unsere Familie?

Am anderen Morgen erhebe ich mich wie gerädert und bin nicht im Stande, einen klaren Gedanken zu fassen. Plötzlich geht das Telefon. Meine Tochter ruft an, ihre Stimme ist unsicher: „Mutti, hast du meinen Brief bekommen? Wir holen heute schon Elisa in Frankfurt ab. Wir schicken dir ganz schnell ein Foto. Mutti, bitte, sag, dass du dich freust."

Als spräche eine andere, so höre ich meine Stimme: „Ja, mein Kind, ich freue mich.“ Weiter nichts.

Fünf Tage später halte ich das versprochene Foto in der Hand.

Nein, schwarz wie die Nacht ist Elisa nun doch nicht, aber braun, kakaobraun – und diese großen schwarzen Augen, mit denen sie mich so ernst, so fragend, so gar nicht kindlich ansieht. Neben Elisas Foto erscheint mir das Bild, das ich von „meinem Enkelsohn“ habe: hellhäutig, strahlende blaue Augen, ein Gesicht, das alle Menschen mit seinem Lachen bezaubert. Ich spüre, wie Tränen über mein Gesicht laufen, durch meine Tränen verschwimmt Elisas Foto in meiner Hand. Aber das Bild meines Enkelsohnes steht klar vor meinem inneren Auge. Fassungslos weine ich, so als stünde ich am Grab meines Enkels; schmerzhaft spüre ich, ich werde ihn „begraben“ müssen, endgültig und unwiederbringlich. Da erschrecke ich: begraben? Hier gibt es nichts zu begraben, hier gibt es keinen Toten, mein Enkelsohn hat nie gelebt, er hatte nicht einmal einen Namen, es gab ihn nur in meiner Fantasie.

Vielleicht wäre ja vieles leichter, wenn ich nicht so alleine wäre, wenn mein Mann noch lebte, wenn wir darüber reden könnten. Nun aber jagt in meinem Kopf immer noch ein Gedanke den anderen. Aber seit ich dieses Foto habe und es immer wieder ansehe, drehen die Gedanken sich nicht mehr ausschließlich um mich selber.

Elisa, ich beginne, mit dir zu reden. Wo warst du 18 Monate lang, ehe du das Kind meiner Tochter wurdest? Wer war deine Mutter? Hat sie dich gehasst und deshalb ausgesetzt? Aber dann hätte sie es doch wohl schon viel früher gemacht. Oder hat sie dich geliebt und war so arm, dass sie dich nicht ernähren konnte und hoffte, eine reichere Familie würde dich finden, in der du ein Zuhause haben könntest? Wer war dein Vater? Weiß er überhaupt, dass du lebst? Du musst doch auch eine Großmutter gehabt haben. War sie gut zu dir? War sie so gut wie ich? Aber – ich bin doch nicht gut zu dir, noch nicht. Bitte, Elisa, lass mir Zeit.

Wieder ein Anruf meiner Tochter: „Mutti, wir haben ein bezauberndes Kind. Täglich wird Elisa zutraulicher, sie lernt auch schon deutsche Wörter. Sie weiß genau, dass ich ihre Mama bin. Nachts schläft sie noch in meinem Bett. Weißt du, sie braucht einfach noch den Körperkontakt. Mutti, wenn du Elisa etwas schenken willst, bitte kein Kuscheltier. Dann schreit sie laut auf. Wir wissen auch nicht, warum."

Großmütter schenken etwas zur Geburt ihres Enkelkindes. Daran habe ich überhaupt noch nicht gedacht. Aber es war ja auch keine Geburt – oder doch? Angst vor einem Kuscheltier? Das habe ich noch nie gehört. Ist Elisa vielleicht nicht normal? Oder – bei diesem Gedanken packt mich das Entsetzen – sind dir in deiner Heimat vielleicht die Ratten über dein Gesichtchen gelaufen? Mir wird eiskalt. Und dann sehe ich dein dunkles Köpfchen gekuschelt in den hellen Armen deiner Mutter und daneben das zarte Gesicht meiner Tochter – deiner Mutter. Erleichtert atme ich auf. Ich will dir eine Spieluhr schenken. Vielleicht bist du musikalisch?

Wieder ein Brief meiner Tochter. Ja, ich verstehe, sie wagt nicht, mir telefonisch ihre Bitte vorzutragen. Sie hat Angst vor meiner Antwort, sie kennt mich gut. Sie schreibt: „Wir meinen, es ist an der Zeit, dass Elisa ihre Großmutter kennen lernt. Wir haben dich nicht früher eingeladen, weil wir Elisa Zeit lassen wollten, sich zunächst an ihre neuen Eltern, an unsere Wohnung, unser Klima und die deutsche Sprache zu gewöhnen. Du glaubst nicht, wie sie sich entwickelt hat. Du kannst dich schon mit ihr unterhalten. Jeden Abend ziehen wir deine Spieluhr auf. Du sollst sehen, wie sie zuhört. Sie ist bestimmt musikalisch. Bitte komm!"

Das ist der Augenblick, vor dem ich mich gefürchtet habe – und doch, habe ich ihn nicht auch herbeigesehnt? Ich bin über mich selbst erstaunt. Es gibt keine Überlegung mehr; ich rufe meine Tochter an: „Ja, Kind, ich komme. Wann? Morgen schon oder hat's Zeit bis nächste Woche?"

„Mutti, bitte komm morgen, wir holen dich am Bahnhof ab."

Unendlich lange erscheint mir die Fahrt. Da steht meine Tochter mit Elisa auf dem Arm. Merkwürdig, dieses dunkle Gesichtchen ist mir schon so bekannt, dass ich es unter hundert anderen sofort erkennen würde. Elisa, wie viel Gespräche habe ich seit deiner Ankunft in Deutschland mit dir geführt. Das kannst du nicht wissen. Oder doch? Groß und ernst sehen deine dunklen Augen mich an. Ich weiß, dass viele Erwachsene von fremden Kindern gleich „das schöne Händchen" erwarten und damit alles verderben. Ich erwarte nichts, ich lasse dir Zeit.

Im Auto sitzen wir beide hinten nebeneinander, du in deinem Kindersitz, der so hoch ist, dass du ein bisschen sogar auf mich herabschaust. Unentwegt siehst du mich an. Wenn ich doch nur wissen könnte, was du von deiner Großmutter denkst; denn natürlich denkst du, das sehe ich deinem Gesichtchen doch an. Manchmal treffen sich unsere Blicke. Dann bin ich glücklich, weil ich sehe, du weichst meinem Blick nicht aus, du hältst ihm stand. Zu Hause springst du aus dem Auto, rennst in die Wohnung, beobachtest genau, wie ich meinen Mantel ausziehe. Dann kommst du langsam auf mich zu, streckst mir vorsichtig deine beiden Händchen entgegen. Ich bin verlegen, weil ich nicht weiß, was diese Gebärde bedeuten soll. Dein ernstes Gesicht entspannt sich, langsam beginnst du zu lächeln und dann strahlen deine dunklen Augen mich lachend an: „Komm, tanzen!"

Beglückt und erschrocken zugleich ergreifen meine beiden Hände deine kleinen Händchen. Ich soll tanzen? Nie habe ich tanzen gelernt. Als ich ein junges Mädchen war, hatten wir jede Nacht im Ruhrgebiet Bombenangriffe. Statt auf herrlichen Bällen zu tanzen, saßen wir im Bunker und zitterten um unser Leben. Wir räumten Schutt weg, bargen Verletzte und Tote und wir hungerten. Nein, zum Tanzen hatten wir keine Zeit und der Sinn stand uns auch nicht danach.

Und du, Elisa? Wie war denn dein Leben bisher? Hast du etwa nicht gehungert? Hast du noch keine Toten gesehen? Hast du etwa nicht erlebt, wie hilflos und preisgegeben ein Mensch in dieser Welt sein kann? Hast du in deinem kurzen Leben nicht noch viel mehr Verzweiflung und Hoffnungslosigkeit kennen gelernt als wir? Und doch streckst du mir deine Händchen entgegen: „Komm, tanzen!"

Wie sollte ich dieser Aufforderung nicht folgen, vorsichtig zunächst, dann immer schneller, denn du allein gibst hier den Rhythmus an. Kinder haben Ausdauer; wir drehen uns, immer im Kreis herum. Mir wird schwindelig. Kind, was machst du mit mir? Ich spüre meine Beine nicht mehr, meine Füße werden leicht, mein Herz wird warm. Elisa – Gottes Vollkommenheit: ein farbiges Kind im wilden Tanz mit seiner weißen Großmutter.

Ein Jahr ist vergangen. Meine Tochter ruft an. Freudig erregt klingt ihre Stimme: „Mutti, Elisa soll ein Schwesterchen bekommen. Wir wollen ein zweites Kind aus Haiti adoptieren. Was sagst du dazu?"

Ohne zu zögern antworte ich: „Na endlich, das wurde auch Zeit. Elisa braucht ein Schwesterchen zum Tanzen."

Impulse zum Nachdenken und für das Gespräch

- Der Weg der Großmutter in der Geschichte und mein Weg in der Begegnung mit Menschen aus anderen Rassen, Hautfarben, Erdteilen, Traditionen.
- Welche Farbigen kenne ich persönlich? Erfahrungen mit Menschen anderer Hautfarben erzählen.
- Dunkelhäutige in der Verwandtschaft.
- Adoption.
- Angst vor dem Echo der Umwelt.
- Großmutter werden: Was das für mich bedeutet.
- Wenn die Kinder eigene Wege gehen und einen nicht mehr fragen.
- Bedeutung von Namen.
- Sich in etwas hineinsteigern, wenn man mit sich allein ist und mit niemandem redet.
- Äußeres und inneres Annehmen.

Schlüsselsatz

Kind, was machst du mit mir?

Biblische Anschlusstexte

Psalm 71,17–21 (Deine Macht verkündigen Kindeskindern); Markus 9,36.37 (Eines dieser Kinder aufnehmen); Römer 15,7 (Nehmet einander an); Galater 3,28 (Hier ist nicht . . .).

Ein kleiner weißer Elefant 29

Sonja Wolff

Inhalt: Großmutter und Enkelin tauschen Geburtstagswünsche aus. Die Erzählung schildert, was aus diesen Wünschen und ihrer Erfüllung wird.

Stichwörter: Geburtstag – Geduld – Geschenk – Wünsche

Ingrid liebte ihre Großmutter sehr. Und die Großmutter liebte Ingrid. Sie hatten am gleichen Tag Geburtstag.

Großmutter wohnte in derselben Stadt. Ingrid besuchte sie oft. Ganz bestimmt ging sie am Geburtstag zu ihr. Dann feierten sie zusammen.

In diesem Jahr fragte Großmutter: „Was wünschst du dir denn zum Geburtstag?"

„Und du?", fragte Ingrid zurück.

Beide dachten eine Weile nach.

Ingrid wusste es zuerst: „Ich hätte so gerne einen kleinen weißen Elefanten. So mit einem Ring auf dem Rücken, dass man ihn an der Halskette tragen kann."

Und Großmutter: „Ich wünsche mir einen Schal zu meinem neuen Mantel. Keinen Allerweltsschal. Wenn du mir einen stricken könntest aus grüner weicher Wolle …"

„Aber ich kann doch gar nicht stricken."

„Du kannst es lernen. Ich zeige dir, wie's geht."

Also übte Ingrid mit Wollresten, wie man strickt. Großmutter half ihr und sie hatten viel Spaß dabei, weil Ingrid die Stricknadeln anfasste wie Besenstiele. Ob Ingrid bis zum Geburtstag den Schal fertig hatte?

Es kam alles ganz anders. Großmutter wurde krank und musste ins Krankenhaus. Ingrid konnte nicht mehr tagelang bei ihr sein, nur mehr für kurze Besuchszeit, und dann wusste Ingrid nicht, was sie so schnell sagen sollte. Großmutter brauchte viel Ruhe. Man wusste nicht, ob sie zuhörte. Einmal gab sie Ingrid beim Abschied ein grünes Wollknäuel.

„Du weißt schon wofür."

Großmutter lachte nicht mehr wie früher. Ihr Gesicht sah anders aus, ihre Stimme klang anders. Als Ingrid nach Hause ging, musste sie weinen.

Sie bat ihre Mutter, die ersten Maschen aufzuschlagen für den grünen Schal. Dann strickte Ingrid, wann immer sie nur Zeit hatte. Dabei dachte sie an Großmutter. Vielleicht, dachte sie, ist Großmutter bis zu unserem Geburtstag wieder gesund.

Großmutter kam nie mehr heim. Nie mehr konnte Ingrid sie in der kleinen Wohnung besuchen. Keiner hatte gewusst, wie krank Großmutter war. Nach 14 Tagen war sie im Krankenhaus gestorben. Trotzdem strickte Ingrid weiter.

Das Knäuel wurde langsam kleiner, der Schal wurde langsam länger. Man konnte ihn schon um den Hals legen.

Dann lief der letzte Faden ab und von dem Knäuel blieb ein kleines, verschnürtes Päckchen. Darauf stand mit winzigen Buchstaben: „Für meine liebe Ingrid". Das hatte Großmutter geschrieben.

Ingrid öffnete vorsichtig das Päckchen. Hervor kam eine Schachtel, klein wie eine Briefmarke. Und in der Schachtel lag, in hellgrüner Watte verpackt, ein weißer Elefant, zierlich aus Elfenbein geschnitzt, mit einem silbernen Ring auf dem Rücken.

Impulse zum Nachdenken und für das Gespräch

- Erlebnisse mit meinen Enkeln und mit meinen Großmüttern zusammentragen.
- Von erfüllten und unerfüllten Wünschen.
- In einem wirklichen Geschenk steckt Liebe; in manchem Lebens-Knäuel steckt eine Überraschung.
- Nicht zu schnell aufgeben. Aufgaben aushalten bis zum Schluss: Hätte Ingrid nach dem Tod der Großmutter nicht weitergestrickt, hätte sie den Elefanten nicht gefunden.

Schlüsselsatz

Trotzdem strickte Ingrid weiter.

Biblische Anschlusstexte

Wenn die Geschichte als Parabel interpretiert wird: Markus 13,13b (Beharren bis ans Ende); Matthäus 13,44–46 (Schatz im Acker und Perle finden); Jakobus 5,7.8 (So seid nun geduldig).

Anmerkung

Elefant: In den Mythen der Völker, besonders der asiatischen, verkörpert der Elefant altersgraue Weisheit, in sich ruhende Stärke, Glück und langes Leben. Im Buddhismus kündigt der weiße Elefant Erlösung aus irdischen Verstrickungen an.

30 Drei Straßen weiter

Ursula Wölfel

Inhalt: Eine kinderreiche Familie zieht aus einer Baracke in einen Wohnblock. Die neuen Nachbarn schikanieren Eltern und Kinder, bis sie wieder ausziehen.

Stichwörter: Anpassen – Kinderfeindlichkeit – Nachbarn – Rücksichtnehmen – Wohnen

Endlich hatten sie eine neue Wohnung gefunden, eine richtige Wohnung mit vier Zimmern. Endlich konnten sie aus der Baracke ziehen und die ältesten drei Kinder brauchten nicht mehr in der Küche zu schlafen.

„Eine Wohnung in einem richtigen Haus! Mit Badezimmer und Balkon!", sagte die Frau.

„Ihr habt's ja wohl!", sagten die Nachbarn aus den Baracken.

Und das klang ein bisschen neidisch. Aber sie halfen ihnen, als sie die Möbel auf den Lastwagen packten, sie wollten auch die Kinder bis zum Abend versorgen.

Drei Straßen weiter hielt der Lastwagen wieder.

Jetzt merkten sie erst, wie schäbig ihre Schränke und Betten aussahen, hier auf dem Bürgersteig in der hellen Sonne.

„Wir hätten doch einen neuen Küchenschrank kaufen sollen", sagte die Frau. „Man schämt sich ja richtig!"

„Wie stellst du dir das vor?", sagte der Mann. „Jetzt müssen wir sparen."

Oben im Treppenhaus sagte die Hausverwalterin zur Frau aus dem ersten Stock: „Diese Leute sind da. Jetzt können wir uns auf allerhand gefasst machen. Vier Kinder, alle unter sechs. Und richtiges Barackenpack!"

Sie machte das Flurfenster auf und schrie hinunter: „Sie! Passen Sie auf, dass die Wände im Treppenhaus nicht verstoßen werden! Und von eins bis drei ist Ruhe hier im Haus! Und nachher muss die Treppe geputzt werden, aber ordentlich!“

„Das fängt ja gut an“, sagte der Mann unten auf der Straße. Am Abend holten sie die Kinder ab.

Die alten Nachbarn fragten: „Wann ladet ihr uns in eure neue Wohnung ein?“

„Später mal“, sagte der Mann.

„Wir dürfen da im Haus nicht auffallen“, sagte die Frau. „Wir sind doch noch neu dort.“

„Feine Leute seid ihr jetzt!“, sagten die alten Nachbarn. „Nächstens kennt ihr uns nicht mehr!“

Am Tag darauf kam die Hausverwalterin.

„Der Kinderwagen darf nicht unten im Hausflur stehen“, sagte sie. „Und der Roller auch nicht. Holen Sie den Krempel nach oben.“

Die Frau stellte den Kinderwagen und den Roller in den Wohnungsflur.

Eine Woche später sagte der Mann aus dem ersten Stock zu ihr: „Die Kinder machen einen Lärm im Hof, das ist nicht auszuhalten! Und das ewige Getrappel da oben! Haben Sie denn keinen Teppich?“

„Doch, doch“, sagte die Frau schnell. „Wir wollten uns gerade einen kaufen!“

Sie kauften einen Teppich fürs Wohnzimmer und einen für den Flur. Das Geld mussten sie sich leihen. Sie verboten den Kindern im Hof zu spielen. Es gab keinen Spielplatz in der Nähe. Darum fuhr der Junge jetzt manchmal mit dem Roller durch die Wohnung und das Mädchen schob seinen Puppenwagen im Flur hin und her.

Wieder kam die Hausverwalterin.

Sie sagte: „Was ist das für eine Rollerei bei Ihnen? Der Herr aus dem ersten Stock hat sich beschwert. Da, wo Sie herkommen, in den Baracken, da kann man sich vielleicht so benehmen, aber nicht hier!“

Die Frau brachte den Roller und den Puppenwagen auf den Dachboden.

Die Frau aus dem Erdgeschoss traf den Mann im Treppenhaus. Sie sagte: „Ich möchte nur wissen, weshalb Ihre Frau jede Nacht erst um ein Uhr nach Hause kommt. In anständigen Häusern gibt es so etwas nicht.“

„Meine Frau hilft abends in einer Hotelküche“, sagte der Mann. „Wir sind eine große Familie, sie muss eben mitverdienen.“

„Warum sind Sie nicht in den Baracken geblieben?“

Die Frau aus dem Erdgeschoss schlug ihre Wohnungstür zu.

Kurz darauf kamen die alten Nachbarn aus den Baracken zu Besuch.

„Wir kommen nur eben mal vorbei“, sagten sie. „Ihr ladet uns ja doch nicht ein!“

Sie hatten einen Korb voll Flaschen mitgebracht. Es war Sommer und sie wollten auf dem Balkon sitzen. „Aber redet bitte nicht so laut, lacht nicht so viel!“, sagte die Frau. Da wurde der Mann wütend.

„Meine Freunde dürfen reden und lachen, wie sie wollen!“, sagte er. Die alten Nachbarn wurden immer lustiger und lauter.

Die Hausverwalterin schellte. Sie wollte sich über den Lärm beschweren. Alle liefen zur Tür.

„Prost!“, riefen die fröhlichen Leute. „Es ist doch erst neun Uhr!“

Dann kam der Mann aus dem ersten Stock. Er wollte sich auch beschweren.

„Immer herein! Mitfeiern!", riefen die fröhlichen Leute.

„Unverschämtheit!", sagte der Mann.

Als er weg war, sagten die alten Nachbarn: „Das sind also eure neuen Hausleute."

Und das klang ein bisschen mitleidig.

Ein paar Tage später sagte die Frau zu ihrem Mann: „Die Leute im Haus grüßen mich nicht mehr."

„Lass sie doch!", sagte der Mann.

Nach einem halben Jahr zogen sie wieder aus.

„Da seid ihr ja wieder!", sagten die alten Nachbarn in den Baracken.

Und das klang ein bisschen schadenfroh.

Impulse zum Nachdenken und für das Gespräch

- Was stört mich und warum?
- Erfahrungen mit Kleinlich-Sein und Großzügig-Sein.
- Was geht wohl in den neuen Nachbarn vor?
- Unter einem Dach leben: Mitbewohner. Alt und Jung. Streit. Schwierigkeiten. Gute Erfahrungen.
- War es richtig, dass die Familie wieder auszog? Wie weit soll Rücksichtnahme gehen?
- Fantasieren Sie und malen Sie sich das aus: Nochmals drei Straßen weiter wurde eine Wohnung frei, da waren andere Mitbewohner – und wie es da ging ...

Begleittexte

Dass wir wieder werden wie die Kinder,
ist eine unerfüllbare Forderung.
Aber wir können zu verhüten suchen,
dass die Kinder werden wie wir.

Erich Kästner

Das Kind ist nicht nur dafür da,
dass es erwachsen werde,
sondern auch, nein zuerst,
dass es selbst, nämlich ein Kind und,
als Kind, Mensch sei.

Romano Guardini

Sicher ist, dass in unserer aufregenden Welt das Kind mehr noch als früher auf einen Raum der Zuneigung und Sicherheit angewiesen ist, wenn es sich zu einem Menschen entwickeln soll, der dieses Namens würdig ist.

Ignace Lepp

Schlüsselsatz

Warum sind Sie nicht in der Baracke geblieben?

Biblische Anschlusstexte

Psalm 127 (Kinder sind eine Gabe des Herrn); Markus 10,13ff. (Lasst die Kinder zu mir kommen); Römer 12,18 (Ist es möglich, so viel an euch ist . . .).

Wer bin ich, wer bist du in Wahrheit?

Kain und Abel 31

Bin Gorion

Inhalt: Ein Künstler will ein Bild zur Geschichte von Kain und Abel malen und sucht dafür Modelle. Das Modell für Abel findet er bald. Nach vielen Jahren findet er das Modell für Kain: Es ist derselbe Mensch.

Stichwörter: Gut und Böse – Möglichkeiten des Menschen

Ein großer Künstler hatte sich einmal vorgenommen, ein Bild aus der Geschichte der ersten Menschen zu malen: die Brüder Kain und Abel in ihrem Widerstreit. Er pflegte – wann immer es galt, eine Gestalt aus vergangenen Tagen darzustellen – unter den Mitmenschen Umschau zu halten, bis er einen gefunden hatte, der seiner Vorstellung entsprach. Eines Tages erblickte er einen Jüngling so kindlichen und rechtschaffenen Gemüts und mit einem Antlitz, welches die Unschuld einer reinen Seele widerspiegelte, dass er bei dem Anblick beglückt ausrief: Hier habe ich das Urbild für den sanften Abel!

Und er machte sich sogleich ans Werk und bildete die Figur so edel und gut, wie sie im Leben war.

Nun galt es für den Meister, das Gegenbild zu finden, den bösen Kain. Aber das war kein leichtes Ding und Jahre um Jahre suchte er vergeblich. Freilich, da waren der

Bösewichter genug, die ihm den Eindruck machten, sie wären auch eines Brudermordes fähig; und unter diesen auch mehr als einer, dem der Trotz zuzutrauen gewesen wäre, mit dem Kain dem Schöpfer zu antworten sich erkühnte: Soll ich meines Bruders Hüter sein?! Aber er fand keinen, der jenem unglücklichen Frevler geglichen hätte, welcher in der Verzweiflung seines Herzens ausrufen sollte: Zu groß ist meine Schuld, als dass sie vergeben werden könnte!

Zehn Jahre, sagt man, hat der Meister gesucht. Dann fügte es der Zufall, dass er auf einen Landstreicher stieß, dessen Erscheinung ihn bannte. In dem verwüsteten Gesicht des Fremden stand alles zu lesen, was einmal in den Zügen eines Kain geschrieben sein musste: Eifersucht, Hass, Mordlust und Trotz, aber auch Trübsal, Herzeleid und Reue. So lud er den Obdachlosen in sein Haus und gedachte ihn zu malen und sein Gemälde zu vollenden. Als aber der Unglückliche der Leinwand gegenüberstand und das Abbild des sanften Jünglings sah, brach er in Tränen aus. Der Meister stutzte, starrte den Weinenden an und erschrak.

In diesem Augenblick öffnete Kain den Mund und sprach: „Der hier vor dir steht, hat schon einmal, vor zehn Jahren, vor dir gestanden. Damals hast du mich als den unschuldigen Abel gemalt und inzwischen bin ich zum Kain geworden!"

Impulse zum Nachdenken und für das Gespräch

- Wie könnte die Geschichte weitergehen?
- Die Geschichte mit dem Gleichnis vom verlorenen Sohn in Beziehung setzen.
- Manchmal habe ich Angst vor mir selber; davor, wozu ich fähig bin.

- Gut und Böse nicht in Schwarzweiß-Malerei auf verschiedene Menschen aufteilen, sondern beides im eigenen Herzen entdecken und erleben.

Schlüsselsatz

Inzwischen bin ich zum Kain geworden.

Biblische Anschlusstexte

1. Mose 4,1–16 (Kain und Abel); Matthäus 7,3–5 (Splitter und Balken); Lukas 15,11–32 (Ein Mensch hatte zwei Söhne); Römer 7,21–25 (Ich elender Mensch, wer wird mich erlösen?).

Begleittext

„... nicht einer Seite das absolut Gute und Richtige, der anderen das absolut Böse und Falsche zurechnen. Gut und Böse, Gerechtigkeit und Selbstgerechtigkeit, Irrtum und Schuld gibt es überall, fast in jeder menschlichen Seele ..."

Richard von Weizsäcker auf dem Kirchentag in Düsseldorf

Der Nagelschmied 32

Jochen Audax

Inhalt: Der Schmied, der Jesus beim Einzug in Jerusalem zugejubelt hatte – eine legendäre Gestalt –, liefert bereitwillig die Nägel für die Kreuzigung.

Stichwörter: Anpassen – Karfreitag – Passion – Verantwortung

Mein lieber Aurelius! Endlich finde ich Gelegenheit, dir durch einen Freund Nachricht zukommen zu lassen. Die Geschäfte hier in Jerusalem halten mich noch fest, und es wird wohl noch einige Monate dauern, bis ich mich wieder in unser schönes Griechenland einschiffen kann. Ich habe in diesen Tagen viel erlebt. Es ist eine verwirrende Stadt, in der ich weile. Viele schöne und erhabene Bauwerke gibt es hier zu bewundern, aber in der Luft und all dem Treiben in den Straßen liegt eine Unruhe und Hast, wie ich sie in unserer Heimat nicht gewohnt bin. Die Einwohner sind ein seltsames Völkchen. Vorgestern noch jubelten sie voll Begeisterung einem merkwürdigen Wanderprediger zu, der auf einem Esel feierlich in die Stadt einzog. Die ganze Einwohnerschaft war auf den Beinen. Und gestern? Ja, gestern wurde derselbe Mann öffentlich mit zwei Schwerverbrechern hingerichtet! Und das törichte Volk, es jubelte auch bei dieser Gelegenheit! Könnte sich so etwas in unserem klaren und hellen Griechenland zutragen? Ich glaube kaum.

Doch nicht von diesem Mann und seiner Hinrichtung am Kreuz will ich dir berichten. Nein, es ist ein kleines, unscheinbares Erlebnis am Rande jener hektischen Geschehnisse der letzten Tage, das mich merkwürdig berührte.

Als ich gestern in den frühen Morgenstunden, du weißt, ich bin ein Frühaufsteher, durch die Straßen der Altstadt schlenderte, gewahrte ich nahe dem Tor einen Nagelschmied, der dort seinen Tisch aufschlug. Ich stutzte, erkannte ich doch in ihm denselben Mann, der mir beim Einzug jenes Wanderpredigers am Tage zuvor aufgefallen war. Er hatte mit ganz besonderer Begeisterung die Ankunft des Predigers begrüßt und sein „Hosianna" voller Inbrunst gerufen. Nun, wie es oft geht, ich kam mit dem Mann ins Gespräch. Er schien mir ein tüchtiger Handwerker zu sein. Alle seine Nägel auf dem Tisch waren selbst geschmiedet und gehärtet und ich fand kein

Fehl an seiner Ware. Sauber und glänzend lagen die Nägel wohl geordnet auf dem Tisch. Er erzählte von seiner Frau, den vier Kindern und seinen Zukunftsplänen. Sein Geschäft geht gut und er hat sein ordentliches Auskommen. Demnächst will er noch einen Gesellen einstellen. Nun, es war ein Gespräch, wie es jeden Tag in allen Städten der Welt geführt wird.

Doch jetzt beginnt eigentlich erst die merkwürdige Geschichte. Plötzlich kamen drei römische Soldaten in aller Eile an seinen Tisch und verlangten Nägel, große Nägel. „Neun Stück bester Qualität", setzte der eine hinzu, „aber preiswert!"

Nun, mein Freund, du wirst mit Recht fragen, was denn dabei so merkwürdig und sonderbar sei. Ein Nagelschmied verkauft Nägel, das ist doch sein Beruf! Du hast wohl Recht, es war das alltäglichste Geschäft der Welt. Und doch – aber höre weiter: Um als guter Geschäftsmann die Soldaten besser bei ihrem Einkauf beraten zu können, fragte unser Nagelschmied nach dem Zweck der Nägel.

„Sie werden davon gehört haben", begann der eine, „zwei Verbrecher und dieser Wanderprediger, ein armer Irrer."

„Sie werden heute hingerichtet", fuhr der andere fort, „ja, sie werden ans Kreuz geschlagen, dazu brauchen wir Nägel, starke Nägel, verstehen Sie?"

„Zwei Nägel durch die Hände, einer durch die Füße, macht zusammen neun Stück", gab der dritte Auskunft.

Während der Nagelschmied den Soldaten sein Angebot zeigte, fragte ich den ersten, warum denn der Wanderprediger auch hingerichtet werden solle. Noch gestern habe man ihm doch zugejubelt.

„Er soll Gott gelästert und das Volk aufgewiegelt haben", gab er mir zur Antwort. „Doch was soll's, wir tun nur unsere Pflicht."

„Er ist verurteilt worden, das genügt", bemerkte sein Kamerad, indem er einen großen Nagel prüfend in der Hand wog.

Ich blickte forschend zu dem Nagelschmied, der doch noch ein paar Stunden vorher ...

Dieser bemerkte meinen Blick; verwirrt und etwas hastig beeilte er sich zu sagen: „Ja, unsere Obrigkeit sorgt für Ruhe und Ordnung. Ich war schon immer gegen Aufruhr und Zersetzung."

Hielt er mich für einen ... ? Ich weiß es nicht.

Das Ende meiner Geschichte ist schnell erzählt. Der Nagelschmied zählte die geforderten Nägel ab und verpackte sie sorgfältig. Die Soldaten zahlten und ich ging meiner Wege. Während ich mich abwandte, bemerkte ich, dass der Nagelschmied dabei war, sich seine Hände in einem Becken zu reinigen. Seine Nägel auf dem Tisch aber waren blank und sauber ...

Dies, mein lieber Aurelius, ist das kleine Erlebnis. Du weißt ja, dass die scheinbar alltäglichen Begebenheiten schon immer mein Interesse gefunden haben. Zuweilen erfährt man dabei mehr vom Lauf der Welt als bei großen Anlässen. Vielleicht kannst du verstehen, dass mich diese Geschichte ein wenig anrührte. Dieser Nagelschmied, gestern noch ..., und heute? Aber, wer weiß, vielleicht sind wir alle Nagelschmiede ...

Grüß Cornelia und all die Deinen recht herzlich von
deinem getreuen Antonius

Impulse zum Nachdenken und für das Gespräch

- Wie beurteilen Sie das Verhalten des Schmiedes? Was hätte er tun können?
- „Da kann ich als Einzelner nichts machen, die Welt ist nun mal eben so ..."
- Mitwirken daran, Menschen festzunageln?
- Im Gespräch den Simon von Kyrene (Lukas 23,26) und den Nagelschmied vergleichen.
- Die anderen Schmiede: Schwerter zu Pflugscharen, Spieße zu Sicheln (Jesaja 2,3; Micha 4,3).
- Gewissensentscheidungen im Alltag.

Schlüsselsatz

Vielleicht sind wir alle Nagelschmiede.

Biblische Anschlusstexte

Matthäus 7,3–5 (Splitter und Balken); Matthäus 27,24 (Die Hände waschen); Lukas 23,26 (Das Kreuz tragen).

33 Das andere Gesicht

Waltraut Nicolas

Inhalt: Eine Frau erzählt, wie einer sie im russischen Gefängnis zu einem Geständnis zwingen will. Als sie ihren Peiniger als Menschen sieht und Erbarmen mit ihm hat, weil er so geworden ist, wie er ist, verändert sich alles.

Stichwörter: Angst – Gesicht – Haft – Starksein und Schwachsein – Tod und Leben – Wandlung

Bemerkung: Die Menschen, denen diese Geschichte vorgelesen wird, müssen seelisch einigermaßen stabil sein; die Botschaft der Geschichte ist zwar hoffnungsvoll, Milieu und Umstände aber, mit Folter und Quälerei, sehr hart; man muss dem gewachsen sein, wenn daran gerührt wird.

„Hier haben sie sich gewundert, warum es mich nicht erschreckte, zur Waldarbeit in die Banditenbrigade eingereiht zu werden", sagte Nadja, als wir in einer der weißen Nächte des Taigasommers auf der Bank hinter der Frauenbaracke saßen, weil die Wanzen drinnen uns nicht schlafen ließen. „Ich selbst habe mich ja am meisten gewundert, als ich dahinter kam, wie das mit der Angst ist …

Früher habe ich mich vor allem gefürchtet und oft tue ich es auch heute noch. Vor gar nichts Besonderem – nur so überhaupt. Wenn es dunkel wird oder man allein ist oder irgendetwas Neues kommt und man noch nicht weiß was: Plötzlich überfällt einen die Angst – kennst du das nicht?

Am schlimmsten habe ich es erlebt in der Untersuchungshaft, wenn man mich zur Vernehmung holte. Hattest du auch so schwere Verhöre? Mir haben schon auf der Treppe die Knie gezittert, wenn der Konvoi mich zum Untersuchungsrichter brachte. Jede Nacht hörten wir ja das Schreien der Männer, die sie bei den Vernehmungen prügelten, und manchmal hatte man auch schon Frauen so zerschlagen in unsere Zelle zurückgebracht – wie sollte man da keine Angst haben?

Bei mir hatte es der Untersuchungsrichter noch immer auf andere Weise versucht: Er schrie auf mich ein, beschimpfte mich mit den gemeinsten Worten, drohte mir alles Mögliche an, wenn ich nicht unterschriebe, dass Wolodja und ich Staatsfeinde gewesen seien. Und manchmal war er dann plötzlich ganz freundlich, ließ mir Tee bringen, begann irgendein Gespräch über etwas Alltägliches.

Aber hinter jedem Wort, das er sprach, lauerte ein anderes und alles hatte einen doppelten Sinn, den es zu erraten galt, um nicht unversehens in der Schlinge gefangen zu werden. Das war fast noch unheimlicher.

Ich war von all der Angst schon ganz krank geworden. Ich saß schon über zwei Jahre im Untersuchungsgefängnis – du weißt ja, wie man dann wird. Eines Abends ging es mir so schlecht, dass die Wärterin den Gefängnisarzt holen ließ, der mir eine Spritze gab; davon wurde ich ganz schläfrig und die Schmerzen ließen nach. Haben sie dir schon einmal Morphium gegeben? Das ist wie eine Zauberei, sage ich dir! Man ist auf einmal nicht mehr traurig; ganz leicht wird man, versinkt in so einen blauen Raum, wo alles still und kühl ist und voller Trost. Alle Gedanken fliegen einem weg; es ist, als flöge man selber weg …

Wie ich so liege und gar nicht mehr richtig da bin, kommt plötzlich der Konvoi, um mich zum Verhör abzuholen. Ich glaube, so gezittert habe ich noch vor keiner Vernehmung. Ich war noch wie in einem anderen Land; alles war Nebel und Traum dort, der nun mitten durchriss …

'Schneller, schneller!', sagte der Konvoi, als ich mich anzog; meine Hände flogen, ich konnte meinen Mantel nicht zuknöpfen, ich schwankte auf der Treppe, als ob ich betrunken wäre. Erbarmen! dachte ich immer nur – ich weiß nicht, woher mir das Wort gerade einfiel, als könnte es mich schützen vor dem Untersuchungsrichter.

Aber der Untersuchungsrichter hatte kein Erbarmen. Er wusste ja, dass man mir vor einer Viertelstunde eine Morphiumspritze gegeben hatte; immer musste die Wärterin es melden, wenn der Arzt bei uns gewesen war. Und gerade darum hatte er mich gewiss holen lassen: Er hoffte wohl, in dieser Betäubung könnte er mich leichter dazu bringen, alles zu unterschreiben, was er von mir haben wollte.

Er versuchte es mit allen Mitteln: mit Sanftmut und Geschrei, mit Versprechungen und Drohungen – und immer wieder brachte er das Gespräch auf Wolodja, weil er merkte, da war meine schwache Stelle. Ich schadete Wolodja mit meiner Halsstarrigkeit, sagte er; ich hätte es auf dem Gewissen, wenn er noch jahrelang in diesem Gefängnis leiden müsse. Er selber sei viel einsichtiger, habe längst seine Verbrechen eingestanden, wolle auch von mir nichts mehr wissen, wenn ich mich weiter so verstockt zeigte, statt nun zu bekennen und ihm und mir damit die Tür zu öffnen in ein neues Leben …

Bekennen – was denn? Wir hatten ja nichts getan; alle Beschuldigungen gegen uns waren Märchen. Ein neues Leben? So oft war es in diesem Gefängnis schon vorgekommen, dass Menschen, von denen man ein Geständnis erpresst hatte, zum Tode verurteilt wurden, gleichgültig, ob sie schuldig waren oder nicht. Ich wusste genau: Jedes Wort, das er spricht, ist Lüge. Aber bei jedem seiner Worte musste ich doch auf der Hut sein: Wenn er dieses sagt, bedeutet es etwas anderes; hinter allem steckt eine List und ich muss die Wahrheit herausfinden, muss wach sein, sonst falle ich herein und lege Wolodja mit herein; jedes unbedachte Wort kann den Tod bedeuten …

Wach sein – so schwer war das! Immer wieder fielen diese Nebel über mich, die alle meine Gedanken einhüllten; immer wieder zerriss meine Angst sie: Bleib wach, es geht um Wolodja, es geht um den Tod! Alles war wie gespalten, alles hatte einen Nebensinn; ich selber war wie gespalten: Die eine Hälfte in einer gehetzten Angst, die andere in einem Traumland, wo alle Wirklichkeit sich verwirrte und alle Worte sich umkehrten. Nie zuvor in meinem Leben war ich so schutzlos gewesen! –

Und es war, als sollte dies Verhör kein Ende nehmen. Durch immer neue Windungen ging es; es war nur noch ein einziger Irrwald von Worten, in dem es keine Wege mehr gab. Und dann plötzlich nichts mehr. Der Untersuchungsrichter sah mich nur an, mit sonderbar zusammengekniffenen Augen; vielleicht ist er müde geworden, flackerte eine Hoffnung in mir hoch, vielleicht möchte er schlafen. Und dann fielen mir selber die Augen zu und alles versank.

'Unterschreiben Sie!', brüllt er mich auf einmal an.

Ich erschrak so, dass ich mich am Stuhl festhalten musste, um nicht umzufallen. Antworten konnte ich nicht.

'Unterschreiben Sie!', schrie er noch einmal.

'Nein', wollte ich sagen, aber es kam kein Ton heraus. Ich schüttelte nur den Kopf.

'Unterschreiben Sie!', sagte er nun mit ganz eintöniger Stimme. Und dann immer wieder das Gleiche: 'Unterschreiben Sie, unterschreiben Sie!', als ob er mich damit wahnsinnig machen wollte.

Und ich immer nur: 'Nein, nein.' Ich konnte überhaupt nichts mehr denken als nein; jeder Herzschlag war nein, war Abwehr und Todesangst.

Seine Stimme war auf einmal ganz kalt und hart. 'Wenn ich will, dass Sie unterschreiben, werden Sie es tun', sagt er. 'Wir haben andere Mittel, um Sie dazu zu zwingen.'

Jetzt ist es soweit, denke ich. Jetzt ist es aus …

Er spricht weiter: 'Ich brauche nur auf diesen Klingelknopf zu drücken, um Leute herbeizurufen, und was dann geschehen wird, werden Sie nicht aushalten. Nach zehn Minuten werden Sie unterschrieben haben.'

Wahrscheinlich werde ich es nicht aushalten, denke ich. Ich habe ja gesehen, wie sie Menschen zurichten können. Ich habe ja das Schreien gehört, jede Nacht höre ich es …

'Ich frage Sie zum letzten Mal: Wollen Sie unterschreiben?', höre ich ihn fragen. Wenn ich es tue, werden sie mich nicht schlagen, weiß ich. Dann ist es vorüber und ich kann schlafen. Dann werde ich nie mehr zum Verhör müssen; dann ist alles zu Ende. Zu Ende – auch für Wolodja …

'Nein!', sage ich.

Seine Hand gleitet über den Schreibtisch zum Klingelknopf hin. Seine Augen sehen mitten in meine hinein; ein lauernder und grausamer Wille glänzt in ihnen und bannt meinen Blick, dass ich nicht mehr fortschauen kann. Wir schweigen und sehen uns an.

In mir wird alles still vor Hoffnungslosigkeit. Ich habe nichts mehr zu hoffen; gleich wird die Klingel schrillen. Ich kann mich nicht mehr wehren; gleich werden sie über mich herfallen. Der ganze Panzer von Nein und Abwehr fällt ab von mir: Es ist ja doch alles umsonst, es gibt keinen Ausweg mehr. Ich kann es nur noch geschehen lassen, wie es kommt. Dieser Mensch, der mir da gegenüber sitzt, kennt kein Erbarmen. Wie alt er sein mag?, denke ich – höchstens dreißig Jahre alt. Wenn man sich ein paar Linien aus seinem Gesicht fortdenkt, kann man sich vorstellen, wie er als Junge aussah. Ohne diesen sonderbaren Ausdruck von Grausamkeit und Feigheit zugleich wäre es ein ganz harmloses Gesicht. Vielleicht war er einmal ein ganz harmloser Junge – es ist noch gar nicht so lange her. Wie konnte er denn so werden? Wie kamen diese Linien in sein Gesicht?

Feigheit und Grausamkeit – wie kann es denn anders sein!, weiß ich auf einmal. Was hat dieser Mensch denn für ein Leben? Nacht für Nacht verhört er Menschen, verwirrt sie mit Lügen, hetzt sie halb zu Tode, um Schuldbeweise zu schaffen für nie begangene Schuld. Denn dafür ist er hier angestellt. Und wenn er die Wahrheit wollte, wenn er Erbarmen hätte, dann wäre er ein Staatsfeind. Dann geriete er selbst in diese Mühle hinein.

Es saßen schon manche in den Zellen dieses Gefängnisses, die früher als Untersuchungsrichter hier arbeiteten. Man sagt, sie hätten furchtbare Verhöre durchgemacht: Bei ihnen wird man sich nicht lange mit Überredungskünsten oder Lügengespinsten aufgehalten haben, denn das kannten sie ja schon; bei ihnen wird man gleich die 'anderen Mittel' angewandt haben. Wie soll solch ein Mensch nicht feige werden – und nicht grausam! Sie zwingen ihn ja dazu: Um sein eigenes Leben geht es ... Und da sehe ich dieses Jungengesicht: Was haben Menschen gemacht aus ihm! Wie unmenschlich gehen Menschen mit Menschen um!

Ich erzähle das hier so ausführlich, aber es dauerte vielleicht nur ein paar Sekunden. Es ist sonderbar, was einem alles zugleich durch den Kopf gehen kann, wenn man seine Gedanken so loslässt. Und meine waren ganz losgelassen, seit nichts sie mehr hetzte, einen Ausweg zu suchen: Weil keiner mehr da war. Sie liefen von selber und ich ließ sie laufen; noch etwas mit ihnen zu wollen, hätte ja doch keinen Sinn mehr gehabt.

Auf einmal schreckte ich hoch: Der Untersuchungsrichter hat mit einem Ruck seinen Stuhl zurückgeschoben und geht zur Tür. Jetzt holt er Leute, denke ich, jetzt beginnt es ... Aber er öffnet die Tür nicht; er dreht sich wieder um, geht ein paar Schritte auf und ab, steht plötzlich neben mir.

'Sind Sie krank?', fragt er – ganz heiser klingt seine Stimme.

Was will er von mir?, denke ich. Werden nun wieder Worte kommen, fängt alles von vorn an? Wenn er doch ein Ende machte! Ich kann nicht mehr ...

'Man hat mir gemeldet, Sie seien krank', sagte er. 'Der Arzt war bei Ihnen? Sie werden müde sein; es ist genug für heute.'

Mir ist nur noch nach Weinen zu Mute. Das ist ja doch alles nicht wahr, was er da redet. Das ist irgendein neuer Trick. Da ist seine Hand schon wieder am Klingelknopf – ich wusste es ja! Da schrillt schon das Klingelzeichen ...

Stillhalten, durchhalten! ist das Letzte, was ich denken kann, als die Tür sich öffnet.

'Abführen in die Zelle!', sagt der Untersuchungsrichter.

Der Konvoi, der mich hergebracht hat, fasst mich am Arm: 'Mitkommen!', sagt er halblaut – denn ich sitze da und rühre mich nicht. Ich sehe zum Untersuchungsrichter hin: Was bedeutet das? Aber er hat sich umgedreht und sieht zum Fenster hinaus. Wie betäubt gehe ich mit dem Konvoi über die Treppen. Alle Gedanken taumeln durcheinander: Was ist da geschehen, was hat ihn so verwandelt? Es war doch schon alles aus …

In der Zelle schlafen alle. Ich krieche auf mein Lager, um mich ist Totenstille. Ich kann wieder versinken in Nebel und Traum – und aus dieser Stille überströmt es mich plötzlich, dass ich es weiß: Alles, was da geschehen ist! Da habe ich wirklich weinen müssen – nicht mehr aus Leid, sondern weil es so wunderbar war. Und so einfach …

Ich habe es nie mehr vergessen können. Mir ist seitdem, als sähe ich jeden Menschen doppelt. Hinter jedem Gesicht ist doch noch ein anderes: Jeder war einmal ein kleiner Junge, jeder hat irgendein Leid oder eine Hoffnung oder etwas, was ihm lieb ist – auch in den ganz verwüsteten Gesichtern siehst du es noch. Hier in so vielen … Und wo du es siehst, fällt die Angst von selbst ab: denn in dem andern Gesicht ist ja nichts, das zu fürchten wäre. Dann kann es dir nur noch leid sein um den Menschen – um sein verlorenes Gesicht und sein verlorenes Leben."

Nadja schwieg und sah verträumt in den blassgrünen Nachthimmel über der Taiga. Dann fügte sie langsam hinzu: „Und manchmal verwandelt es sich dann …"

Impulse zum Nachdenken und für das Gespräch

- Die zwei Gesichter der beiden Hauptpersonen entdecken.
- „Wenn ich schwach bin, bin ich stark" (2. Korinther 12,10): Das war das letzte Wort der Autorin dieser Geschichte, als sie vor ihrem Sterben schwer krank mit Freunden das Abendmahl feierte.
- Erfahrungen mit bösen Menschen in meinem Leben. Was hat den Mann in der Geschichte umgedreht? Können gute Gedanken einen bösen Menschen wandeln? Wie bewirken meine veränderten Gedanken Veränderung im anderen? Erfahrungen austauschen.
- Denken Sie an Menschen, die es Ihnen schwer machen. Wie waren die wohl als Kinder – wie als Jugendliche? Was hat sie geprägt?
- Nicht Barmherzigkeit erwarten, sondern barmherzig sein.
- Hinter jedem Gesicht ist doch noch ein anderes . . . Dazu Erfahrungen austauschen.

Schlüsselsätze

Hinter jedem Gesicht ist doch noch ein anderes.
Oder:
Es ist sonderbar, was einem durch den Kopf gehen kann, wenn man seine Gedanken loslässt.

Biblische Anschlusstexte

Psalm 139,23+24 (Erforsche mich, Gott); Sprüche 27,19 (Ein Mensch im Herzen des anderen); Markus 10,21 (Jesus sah ihn an und liebte ihn); Lukas 6,36 (Seid barmherzig, wie euer Vater); 2. Korinther 12,10 (Wenn ich schwach bin, bin ich stark).

Das Brot

34

Wolfgang Borchert

Inhalt: Ein Mann holt sich nachts vor Hunger Brot in der Küche. Seine Frau ertappt ihn. Beide lügen sich etwas vor – oder schonen sie sich gegenseitig?

Stichwörter: Hunger – Lüge – Scham – Würde

Plötzlich wachte sie auf. Es war halb drei. Sie überlegte, warum sie aufgewacht war. Ach so! In der Küche hatte jemand gegen einen Stuhl gestoßen. Sie horchte nach der Küche. Es war still. Es war zu still, und als sie mit der Hand über das Bett neben sich fuhr, fand sie es leer. Das war es, was es so besonders still gemacht hatte: Sein Atem fehlte.

Sie stand auf und tappte durch die dunkle Wohnung zur Küche. In der Küche trafen sie sich. Die Uhr war halb drei. Sie sah etwas Weißes am Küchenschrank stehen. Sie machte Licht. Sie standen sich im Hemd gegenüber. Nachts. Um halb drei. In der Küche.

Auf dem Küchentisch stand der Brotteller. Sie sah, dass er sich Brot abgeschnitten hatte. Das Messer lag noch neben dem Teller. Und auf der Decke lagen Brotkrümel. Wenn sie abends zu Bett gingen, machte sie immer das Tischtuch sauber. Jeden Abend. Aber nun lagen Krümel auf dem Tuch. Und das Messer lag da. Sie fühlte, wie die Kälte der Fliesen langsam an ihr hochkroch. Und sie sah von dem Teller weg.

„Ich dachte, hier wäre was", sagte er und sah in der Küche umher.

„Ich habe auch was gehört", antwortete sie und dabei fand sie, dass er nachts im Hemd doch schon recht alt aussah. So alt wie er war. Dreiundsechzig. Tagsüber sah er manchmal jünger aus.

Sie sieht doch schon alt aus, dachte er, im Hemd sieht sie doch ziemlich alt aus. Aber das liegt vielleicht an den Haaren. Bei den Frauen liegt das nachts immer an den Haaren. Die machen dann auf einmal so alt.

„Du hättest Schuhe anziehen sollen. So barfuß auf den kalten Fliesen. Du erkältest dich noch."

Sie sah ihn nicht an, weil sie nicht ertragen konnte, dass er log. Dass er log, nachdem sie neununddreißig Jahre verheiratet waren.

„Ich dachte, hier wäre was", sagte er noch einmal und sah wieder so sinnlos von einer Ecke in die andere, „ich hörte hier was. Da dachte ich, hier wäre was."

„Ich hab auch was gehört. Aber es war wohl nichts." Sie stellte den Teller vom Tisch und schnippte die Krümel von der Decke.

„Nein, es war wohl nichts", echote er unsicher.

Sie kam ihm zu Hilfe: „Komm man. Das war wohl draußen. Komm man zu Bett. Du erkältest dich noch. Auf den kalten Fliesen."

Er sah zum Fenster hin. „Ja, das muss wohl draußen gewesen sein. Ich dachte, es wäre hier."

Sie hob die Hand zum Lichtschalter. Ich muss das Licht jetzt ausmachen, sonst muss ich nach dem Teller sehen, dachte sie. Ich darf doch nicht nach dem Teller sehen.

„Komm man", sagte sie und machte das Licht aus, „das war wohl draußen. Die Dachrinne schlägt immer bei Wind gegen die Wand. Bei Wind klappert sie immer."

Sie tappten beide über den dunklen Korridor zum Schlafzimmer. Ihre nackten Füße platschten auf den Fußboden.

„Wind ist ja", meinte er. „Wind war schon die ganze Nacht."

Als sie im Bett lagen, sagte sie: „Ja, Wind war schon die ganze Nacht. Es war wohl die Dachrinne."

„Ja, ich dachte, es wäre in der Küche. Es war wohl die Dachrinne." Er sagte das, als ob er schon halb im Schlaf wäre.

Aber sie merkte, wie unecht seine Stimme klang, wenn er log. „Es ist kalt", sagte sie und gähnte leise, „ich krieche unter die Decke. Gute Nacht."

„Nacht", antwortete er und noch: „Ja, kalt ist es schon ganz schön."

Dann war es still. Nach vielen Minuten hörte sie, dass er leise und vorsichtig kaute. Sie atmete absichtlich tief und gleichmäßig, damit er nicht merken sollte, dass sie noch wach war. Aber sein Kauen war so regelmäßig, dass sie davon langsam einschlief.

Als er am nächsten Abend nach Hause kam, schob sie ihm vier Scheiben Brot hin. Sonst hatte er immer nur drei essen können.

„Du kannst ruhig vier essen", sagte sie und ging von der Lampe weg. „Ich kann dieses Brot nicht so recht vertragen. Iss du man eine mehr. Ich vertrag es nicht so gut."

Sie sah, wie er sich tief über den Teller beugte. Er sah nicht auf. In diesem Augenblick tat er ihr leid.

„Du kannst doch nicht nur zwei Scheiben essen", sagte er auf seinen Teller.

„Doch. Abends vertrag ich das Brot nicht gut. Iss man. Iss man."

Erst nach einer Weile setzte sie sich unter die Lampe an den Tisch.

Impulse zum Nachdenken und für das Gespräch

- Sich erinnern an die Zeiten, an denen man vor Hunger nicht schlafen konnte.
- Warum reden die beiden nicht offen miteinander? Machen sie sich etwas vor oder lässt die Liebe der Frau ihrem Mann seine Würde, damit er sich nicht schämen muss?
- Aus Liebe schwindeln?
- Wenn man reden müsste, aber nicht reden kann.
- Fantasieren Sie den Verlauf dieser Begegnung so, dass nicht gelogen wird, sondern jeder zu sich steht und dem andern zu reden hilft, ohne ihn zu beschämen.

Schlüsselsatz

Er tat ihr leid.

Biblische Anschlusstexte

1. Korinther 13 (Die Liebe eifert nicht ... freut sich aber der Wahrheit); Epheser 4,25 (Redet die Wahrheit); 1. Petrus 4,8 (Liebe deckt der Sünden Menge).

Unser Eduard

35

Paul Schallück

Inhalt: Gedanken über einen jungen Mann, der sich das Leben nahm – aus der Sichtweise des Vaters, der Mutter, der Schwester, des Freundes. Die unterschiedlichen Vermutungen auf die Frage, warum er das tat, zeigt die Vielschichtigkeit des Menschenherzen und wie wenig wir wissen, was im anderen Menschen vorgeht und wer er in Wahrheit ist.

Stichwörter: Menschenkenntnis – Selbsttötung – Wahrheit über einen Menschen

Bemerkung: Die anspruchsvolle Geschichte ist nicht allgemein zum Vorlesen geeignet. Sie wird viel auslösen und an eigenes Versagen und Übersehen erinnern. Sie sollte nur mit viel Behutsamkeit eingesetzt werden, wenn aus gegebenem Anlass ein solches Thema in einer Gruppe besprochen und bearbeitet werden muss und wenn ein therapeutisch erfahrener Gesprächsleiter in die Geschichte einführen und das Aufgerührte auffangen kann.

„Er war mein Sohn, mein einziger. Ich begreife es nicht. Sie gehen durchs Haus und flüstern viel, seine Mutter und seine Schwester. Wenn ich heimkomme, verstummen sie. Betrete ich das Zimmer, blicken sie nicht auf. Bei Tisch fällt kaum ein Wort. Sie schweigen mich an, sie strafen mich. Bin ich denn schuld? War ich so streng? Ich musste streng sein. Er war sehr begabt, aber verspielt, zu weich; verwöhnt worden von denen, die jetzt schweigen. Als er vierzehn wurde, durfte er mit an die Costa Brava; von da an übernahm ich seine Erziehung. Er wollte ein Schlauchboot. Ich sagte: Lerne schwimmen, dann bekommst du eins. Er lernte es – in einer Woche. So wollte ich ihn vorbereiten auf das Leben. Er musste begreifen, dass ihm nichts geschenkt wurde. Auch mir hat niemand etwas geschenkt. Das sagte ich ihm, als er sechzehn war, wie ich mich abgemüht, den Betrieb aufgebaut, ihn selbstständig erhalten hatte. Für ihn. Er wird stolz sein auf seinen Vater, ihm nacheifern, dachte ich. Die Schule fiel ihm leicht. Wenn er Lust hatte, war er der Beste in seiner Klasse. Nur – er hatte nicht immer Lust. Ein Sonnenstrahl konnte ihn ablenken oder ein Buch, ein Schnupfen schon und erst recht ein Fußballländerspiel. Wie besessen lief er Tag für Tag zum Fußballplatz und vergaß seine Schulaufgaben. Ich schloss die Fußballschuhe ein, und er lernte wieder, für ein paar Wochen. Dann begann er, Trompete zu blasen. Er schrieb Gedichte, kletterte in die Berge und sammelte Steine, ersparte und erbettelte sich ein Fernrohr und beobachtete die Sterne in langen Nächten, tauschte das Rohr gegen ein Moped ein, raste durch unsere Gartenstadt, ließ die Maschine verrosten, malte abstrakt, züchtete Fische – alles für ein paar Wochen. So wechseln viele Jungen ihre Neigungen, ich weiß. Er aber vergaß darüber seine Pflichten. Er wurde siebzehn und achtzehn und hatte noch immer nicht gelernt, sich zu konzentrieren. Dann entdeckte er die Mädchen und kam zum ersten Male mit einer Fünf nach Hause. Nach jeder erloschenen Begeisterung redete ich ihm ins Gewissen, drohte, kürzte sein Taschengeld, sperrte den Ausgang, nahm ihn während der Osterferien in den Betrieb, ins Labor. Wenn ich ihn ins Gebet nahm, sah er ein, wie fahrig er dahinlebte, jedem Winde nach, und versprach, härter zu werden. Wenn ich ihn strafte, weinte er. Ein aufgeschossener achtzehnjähriger Junge. Im letzten Sommer dann fuhren seine Mutter und seine Schwester allein an die Costa Brava. Ich blieb mit ihm zu Haus. Wir erarbeiteten einen Stundenplan, und ich erklärte: Deine letzte Chance, Eduard; wirst du nicht in die Oberprima versetzt, nehme ich dich von der Schule. Ein Ultimatum, ich weiß. Ob ich es wahrgemacht hätte – ich weiß es nicht. Ihn jedenfalls, ihn hat es erschreckt, ich gebe es zu. Aber durfte ich ihn nicht einschüchtern? Wie hätte er sonst ein tüchtiger Menschen werden können und das Leben bestehen? Musste ich denn voraussehen, dass es ihn zermürben würde? Bin ich deswegen schuld an deinem Tod, Eduard? Ich kann es nicht glauben. Du warst ungezügelt von Natur aus, du konntest dich nicht beherrschen. Es war eine Kurzschlusshandlung, Eduard. Ein paar schlechter Noten wegen springt man doch nicht von der Brücke. Dafür wirft man doch sein Leben nicht weg, Eduard, mein Junge!"

„Edi war mein Junge, mein einziger Sohn, und er war ein guter Junge, das schwöre ich zu Gott, denn wer sollte das besser beurteilen können als ich, seine Mutter, die er verlassen hat, weil er mit einer unergründbaren Leidenschaft eigensinnig war und etwas suchte, schon als kleiner Junge etwas suchte, denn schon als kleiner Junge wollte er alles oder nichts. So war er veranlagt, mein Edi, nicht anders: Alles oder nichts. Wenn sein Vater meint, er sei von Natur aus ungezügelt gewesen und habe sich die neunzehn Jahre seines Lebens nur gehenlassen und sich niemals konzentrieren können, wie es wohl den Anschein haben mochte, wenn man ihn von einem festen Standpunkt aus beobachtete, oder was sein Vater sich sonst noch bereitgelegt hat, um das Ungeheuere zu erklären, dann kann ich nur sagen: Sein Vater folgt einer falschen Spur. Edi war ein ernster Junge, viel zu ernst für sein Alter, und er war es von Kindheit an, ich habe ihn nur selten lachen gesehen, denn, obwohl es schien, als flattere er jedem Winde nach, war er doch jedes Mal mit einem Ernst am Werk, der mich besorgt und ihn besessen machte. Er suchte etwas, von dem ich lange nicht ahnte, was es war, bis er eines Tages, er mag zehn gewesen sein oder elf, aus der Kirche kam und sagte, sehr ernst, aber ohne Zeichen von Erregung: Weißt du, Mutter, ich könnte mir das Leben nehmen. Ich war verblüfft und erschrocken und ich habe ihn ausgelacht, sodass er wütend wurde und mich anfuhr: Lach nicht! Lach nicht! Ich könnte mir wirklich das Leben nehmen. Da war ich verblüfft und erschrocken und wohl auch bleich. Aber warum denn, mein Junge, habe ich dann endlich gefragt. Und er blickte mich an wie ein sehr alter Mann: Um zu wissen, wer Gott ist, sagte er. Ich hatte das vergessen. Jetzt sehe ich ihn wieder vor mir und höre ihn wieder sprechen, und ich glaube fest, dass er wahr gemacht hat, worüber ich gelacht habe. Mit Verbissenheit hat er gesucht, sein Leben lang und überall, einen Halt meinetwegen, wenngleich ich behaupte, er hat Gott gesucht, überall, in seinen Gedichten so gut wie auf dem Fußballplatz, in der Geschwindigkeit seines Mopeds und in den Steinen und unter den Sternen natürlich und in den Farben und unter den Fischen und in der Musik. Auch bei den Mädchen. Gesucht und gesucht und doch noch nicht recht gewusst, was er zu finden hoffte in all dem, was ihn reizte und so rasch hinter ihm zurückblieb, ausgelaugt und weggeworfen, weil er nicht fand, was er suchte, und weil er sich vermutlich des Satzes nicht mehr erinnerte, den ich ihn noch immer sprechen höre: Um zu wissen, wer Gott ist. Die schlechten Noten haben damit wenig zu schaffen.

Denn am Morgen hatte ihnen der Mathematiklehrer das Einsteinsche Weltbild erklärt und gesagt, die Welt sei endlos, aber nicht unbegrenzt, oder so ähnlich, und Edi hatte zugehört wie einem neuen Evangelium und dann mit kalter Stimme gefragt, wo denn in dieser Welt Gott einen Platz habe, und der Mathematiklehrer hatte ihn lächelnd an den Religionslehrer verwiesen, und am Mittag dann hat er sich von den Schulkameraden gelöst und ist allein zur Brücke gegangen und hat das Letzte versucht, um zu finden, was er suchte. Du wolltest alles oder nichts, Edi, mein Junge, aber das war nicht richtig, es lässt sich ja nicht zwingen, ein bisschen Demut hat dir gefehlt und ein bisschen Vertrauen zu deiner Mutter, warum bist du nicht zu mir gekommen, Edi, warum nicht, warum denn nicht zu deiner Mutter, Edi?"

„Ed, mein kleiner Bruder, war ein Junge wie andere, ein bisschen begabter vielleicht und feiner gesponnen, das war aber auch der einzige Unterschied. Er spielte gern, saß gern auf einer schnellen Maschine, wechselte seine Hobbies, tat alles, was andere Jungen auch tun. Er war ja viel jünger als seine Jahre. Erst als er den Mädchen begegnete, begann die Kalamität. Er war prächtig gewachsen, der Ed, und konnte an jeder Hand zehn haben – und hatte sie auch. Nur – er war nie zufrieden. Was sie ihm gaben – und das war nicht wenig, es war alles in ihren Augen – es genügte ihm nicht. Er verlangte mehr, Liebe verlangte er, obwohl er selbst es vermutlich nicht wusste, das Wort jedenfalls gebrauchte er nie, er machte sich darüber lustig. Aber darauf wartete er. Liebe von Mädchen, die nicht wissen, was das ist, wie er nicht wusste, was das ist. Daran ist er zu Grunde gegangen, ganz langsam. Er war ja noch nicht ausgereift, geistig, meine ich. In seiner Klasse gab es zwei Mädchen. Die kicherten, als ihm mitgeteilt wurde, es sei nicht sicher, ob er mit den schlechten Noten versetzt werden könne. Das Kichern war sein Verhängnis. Wir achten zu wenig auf die kleinen Dinge, ein Wort, ein Blick, eine Geste oder ein Kichern, besonders in Eds Jahren. Die Mädchen haben ihn auf dem Gewissen, aber sie wissen es nicht. Unschuldig wie kleine Tiere."

„Unsinn, mein Freund Eddi, mit doppeltem d, der suchte nicht mehr, nirgendwo und nichts, der ließ sich von einem Kichern nicht umwerfen. Der hatte längst gefunden, was er suchte. Der wusste, was er wollte, wie wir alle, ich auch. Er wusste längst, dass alles keinen Sinn hat. Er probierte noch ein bisschen, mal hier, mal da, so zum Spaß. Aber es war ihm gleichgültig, ob er auf seinem Moped lag oder auf einem Mädchen. Es interessierte ihn nur so lange, wie es dauerte. Dann war's vorbei und es langweilte ihn entsetzlich. Ich bin genauso, darum weiß ich es. Was er anfasste, das gelang ihm, das war sehr merkwürdig, aber es machte ihm keinen Spaß, dass es ihm so gelang. Es hat doch alles keinen Sinn. Wozu denn? Was soll das alles? Die schlechten Noten hätte er bis zur Versetzung mit der linken Hand korrigiert. Dass er's an diesem Tag getan hat, war nur, um die Alten auf die falsche Spur zu locken. Er hätt's schon ein halbes Jahr früher tun können oder ein halbes Jahr später. Der beste Schüler der Klasse verübt Selbstmord ein paar schlechter Noten wegen. Das ist paradox, und das war das Einzige, das er liebte. Ich beneide ihn, weil er härter war als wir alle, weil er den Mut gehabt hat, wozu ich nie den Mut haben werde. So war unser Eddi, mit doppeltem d!"

Impulse zum Nachdenken und für das Gespräch

- Sich das Leben nehmen: in der Familie, in der Umgebung.
- Jeder Mensch bleibt für den anderen ein Rätsel. Stimmt das?
- Wenn in mir selber solche Gedanken hochkommen ...
- Was heißt: Sich das Leben nehmen?
- Aus Grundsätzen für das Gespräch mit Suizidalen (Klaus Peter Jörns, 1984): „Das alles Handeln und Nicht-Handeln leitende Motiv ist die Suche nach Leben, das nicht kränkt ... Da es um Lebens-Suche geht, muss nach Lebens-Mitteln gesucht werden, die im Leben halten."
- „Ich will wissen, wer Gott ist."
- Jeder der vier sagt mit seiner Deutung von Eduards Schritt auch etwas über sich selbst und seine Einstellung zum Leben: Leistung – Gott suchen – Liebe – Sinnlosigkeit.
- In sehr anspruchsvollen Gruppen: Jeder entwirft einen Abschiedsbrief, den Eduard an Vater, Mutter, Schwester, Freund geschrieben haben könnte.

Schlüsselsatz

Ich könnte mir das Leben nehmen, um zu wissen, wer Gott ist.

Biblische Anschlusstexte

Psalm 139,23f. (Erforsche mich, Gott, und erkenne mein Herz); Jesaja 55,6 (Suchet den Herrn, solange er zu finden ist); Jeremia 17,9 (Wer kann des Menschen Herz ergründen?); Jeremia 29,13 (So ihr mich von ganzem Herzen suchen werdet); Johannes 14,16ff. (Ich lebe, und ihr sollt auch leben).

36 Die Kette

Tina Schulze Gerlach

Inhalt: Am Heiligen Abend kommt ein junger Mann in eine heile Familie, gerät in einen bösen Verdacht – das bringt das Feiern durcheinander.

Stichwörter: Feiern – Misstrauen – Weihnachten

Vorm Haus werden noch einmal Autotüren zugeschlagen, danach herrscht Stille in den alten Straßen. Das Christvesperläuten ist über die Häuserfronten gebraust und zwischen ihnen zu Boden gefallen, verstummt. Was bleibt, ist das Warten auf etwas, fast wie Luftanhalten, auch wenn sich's die wenigsten eingestehn.

In den Wohnungen glimmen schon die Lichtpunkte der Christbaumkerzen, doch im Mittelhaus dritter Stock knien die Kinder noch auf dem Fensterbrett. Gitti, Gert und Gundel, der Vater hat die Arme um alle drei gelegt, sie sehen auf die andere Straßenseite und denken sich die Geheimnisse in fremden Weihnachtszimmern aus.

Unten im Hof kracht der Deckel der Aschentonne, dann klacken Schritte die Treppe herauf, Gepolter und Pfeifen und das Schlagen der Tür ein Stockwerk tiefer, das ist der siebzehnjährige Emil, den sie Mile nennen, ohne Lärm geht's bei ihm nicht.

Hier oben im dritten Stock ertönt jetzt im Christbaumzimmer der Gong, die Mutter öffnet die Tür und der Vater hebt die Kinder vom Fensterbrett.

Er wirft noch einen Blick auf die Kugel des Fernsehturms, die über den Dächern schwebt wie ein großes durchbrochenes Schmuckstück. Und dann denkt er, welches Glück er hatte, als er für seine Frau eine Kette mit einem zierlichen Goldanhänger erwarb, ein altes Stück mit einem schön gefassten Rubin und drei kleinen echten Perlen, die, beweglich angebracht, aus dem Gold quellen wie lebendige Tropfen.

Gleich wird sie den Schmuck in den Händen halten, er selber wird ihn ihr um den Hals legen, sie wird ganz still halten und sich dann unter der allzu zarten Berührung und dem Kitzeln ihres Nackenhaars leise schütteln müssen. Und dann wird sie zum Spiegel laufen.

Aber da klingelt es erst mal an der Tür und zugleich beginnen sich Gert und Gundel um die neue Lokomotive zu zanken, und Gitti hat sich statt des eigenen Kinderbuchs Vaters Bildband gegriffen und damit auf den Teppich gesetzt.

Die Mutter muss also zuvor nach rechts und links schlichten und ordnen, indes die Kerzen still knistern und duften, und der Vater bringt jetzt diesen Mile aus der unteren Etage ins Zimmer. Dem Unglücksraben hat der Luftzug die Tür zugeschlagen, der Schlüssel ist aber innen, jetzt steht er mit seinem Kohlenkasten auf der Treppe und kann nicht in die Wohnung, die er doch heizen muss.

Mile grüßt linkisch, er wird auf einen Stuhl genötigt und der Vater sucht hastig alle möglichen Schlüssel zum Probieren. Dann läuft er mit dem Jungen hinunter und wieder herauf, denn keiner der Schlüssel passt, und das ist nun ein rechtes Pech in der Heiligen Nacht.

So wird der Vater also in den Keller steigen und in seiner kleinen Werkstatt einen Draht zu einem Dietrich biegen. Mile sitzt inzwischen ganz zufrieden in der fremden Weihnachtsstube.

Sie haben hier nichts gegen ihn, er war immer der Einzige dort unten, der freundlich grüßte, das erste Kind dieser Familie, entstanden und geboren, als die Ehe im Unterstock noch nicht vom Alkohol überschattet war. Jetzt hat er als Ältester schon so viel Verstand, seinen eigenen Weg zu gehen. Zu Hause aber versucht er, das Seine zu tun. Er ist gewöhnt, sich um den Haushalt zu kümmern, damit das überhaupt jemand macht.

Jetzt sitzt er mit Gert und Gundel auf dem Teppich und zeigt ihnen, wie die große und die kleine Eisenbahn nebeneinander herfahren können, ohne zusammenzustoßen. Er rutscht auf den Knien dem Wagenzug nach und seine langen Strähnen fallen über die Schöpfe der Kleinen und mischen sich mit ihrem Seidenhaar.

„Ihre Eltern sind wohl nicht zu Hause?"

Mile sieht sich nach dieser überflüssigen Frage um. Jeder im Haus weiß doch, was in seiner Familie los ist. Die Frau trinkt mit, wenn ihr Mann in die Gaststätte geht. Er hat dort seinen Stammplatz, ob Weihnachten ist oder nicht. Was soll sie tun, so verliert sie ihn wenigstens nicht aus dem Blickfeld, so kann sie verhindern, dass er auf dem Heimweg groben Unfug macht oder im Rinnstein liegen bleibt. Nüchtern dabeisitzen, das hält man nicht aus, das wird jeder begreifen, also trinkt sie mit ihm und hat dann umso mehr Mühe, sich selbst und ihn nach Hause zu bringen. Eheliche Treue oder Verworfenheit, die Nachbarn nennen es so oder so, ein jeder, wie er es ansieht.

„Ich wollte schnell noch heizen, eh' sie kommen", sagt Mile. Er hat auch den Christbaum noch nicht angeputzt, den letzten Kiefernkrüppel, den er erwischte, aber besser als nichts, für die Kinder, sagt er.

„Wo sind denn Ihre Geschwister?“

Die sind zur Großmutter gefahren, sie wohnt im anderen Stadtteil und gibt ihnen stets am Heiligabend Mittagessen und ein paar Geschenke. Damit werden sie bald zurückkommen. Gisa ist ja schon vierzehn, die zieht mit den Kleinen los, neun, fünf und vier Jahre alt, und das Jüngste im Wagen, sechs Monate, jenes, das sie manchmal die halbe Nacht schreien hören. Weil es nass liegt, weil es Durst hat und weil Gisa, die aufpassen soll, so erschöpft und tief schläft, dass kein Geräusch mehr in ihre Ohren dringt.

Alle im Haus wissen auch, was sich abspielt, wenn die Eltern aus dem Lokal kommen, lärmend und torkelnd finden sie mit Mühe die richtige Tür. Dann ist eine Weile Gepolter und das Trapsen der Schritte, und dann beginnt die elektrische Kaffeemühle zu heulen, das schreckliche Geräusch. Denn wenn es verstummt, so weiß man, jetzt trinken sie einen Mokka, um sich zu ernüchtern, und dann begreifen sie ihr Elend wieder, ihre Unfähigkeit, sich zu ändern, dann beschuldigen und beschimpfen sie sich und zerschlagen Geschirr und prügeln einander. Und wenn die Anwohner um Ruhe klopfen, werden sie mit Hohn und Spott hereingerufen und von jedem der beiden zur Parteinahme aufgefordert.

Aber wenn jemand die Polizei verständigt, erscheinen sie einträchtig an der Tür: Kleine Meinungsverschiedenheit in einer Ehe gehe wohl keinen etwas an.

So ist das also im Untergeschoss, und die Kinder wachsen darin auf und kennen es nicht anders, und keiner wird je wissen, was in ihnen vorgeht. Jetzt aber sitzt der junge Sohn Mile hier auf dem Teppich und spielt mit fremden Kindern. Der fremde Familienvater klopft einen

Draht zu einem Dietrich zurecht, und die Mutter kommt eben aus der Küche, wo sie nach dem Braten sah, und ist gerührt beim Anblick des fremden Jungen, der mit ihren Kleinen spielt.

Gut, dass seine Geschwister ihn haben, denkt sie noch, gerade als ihr Blick wieder auf das blausamtene Schmuckkästchen fällt. Es steht aufgeklappt auf dem Tisch, aber die Kette ist nicht darin. Ihr Griff nach dem Hals ist sinnlos, zum Umlegen des Schmuckes waren sie noch gar nicht gekommen.

Die Mutter hebt das Kästchen hoch, der Schmuck muss ja dort liegen, aber er ist nicht unter dem Kästchen und auch nicht daneben. Sie ist noch ganz ruhig, aber sie klopft doch schon unsinnigerweise die Tischdecke ab. Wie sollte er darunter gekommen sein? Und bückt sich dann und späht unter den Tisch und unter die Stühle, schon aufgeregter, sucht zwischen den Geschenken und beginnt, jedes Blatt umzuwenden und das Spielzeug abzutasten und den beiden Kleinen die Hände zu öffnen. Aber es klebt nur der Aufziehschlüssel der Eisenbahn zwischen Gerts zuckrigen Fingern.

In dem neuen Zug liegt das Kettchen nicht, in keinem Waggon, und Gundels neue Puppe trägt es auch nicht um den Hals.

„Habt ihr mein Kettchen gesehen?“, fragt die Mutter schon mit gepresster Stimme. Aber alle Kinder sagen abwesend: „Nein“ und spielen ungestört weiter. Sie geht das alles nichts an. Nur Mile erhebt sich ganz langsam und steif, sie blickt auf seine Hände und erschrickt zugleich, er streicht sich die Knie ab, kein Gold klebt an seinen Fingern, natürlich, er hätte es längst in die Tasche gesteckt, so etwas behält man nicht in der Hand.

Der Gedanke klopft ihr im Hals und in den Ohren, etwas Fremdes ist auf einmal im Raum.

Und als jetzt die Flurtür klappt und ihr Mann aus dem Keller kommt, stürzt sie hinaus: „Hast du meine Kette mit in den Keller genommen?“

„Aber wo werd ich!“

„Meine Kette ist weg.“

Der Vater meint, so etwas gibt's doch gar nicht. Er hat noch den munteren Ton in der Kehle, der auf der Treppe vorbereitet und schon zum Mund unterwegs war: „So, da woll'n wir uns mal als Einbrecherkollegen betätigen, kommen Sie ...“

Aber mitten im Reden ist der Verdacht der Frau schon auf ihn übergesprungen und macht auch seinen Hals trocken. Die letzten Worte bleiben ihm fast stecken. Er schluckt und fragt noch zerstreut: „Haben Sie alles?“

Aber Mile hatte doch gar nichts in den Händen gehabt, als er heraufkam. Und die Mutter steht dabei mit großen Augen, noch ist Zeit, noch eine Sekunde, noch kann man ihn fragen, wenn er sie in der Tasche hat, genügt ein Griff.

Das Fremde im Raum wird dick wie Nebel. Dreimal wurden ihnen unten im Treppenflur schon die Kinderwagenräder gestohlen, einmal die Babydecke, zuletzt das Messingschild von der Tür. Nie erwischte man einen Täter.

Und überhaupt, wenn man den Kerl so stehen sah, blass und düster, was soll aus solcher Familie schon kommen?

Nun sind die beiden an der Stufenkante, die Frau setzt noch alle Hoffnung auf ihren Mann, er wird ihn draußen zur Rede stellen, wo die Kinder nicht dabei sind.

Ihr Gruß kommt ungewohnt kühl heraus und Mile verabschiedet sich scheu und steif, er wirft noch einen schnellen Blick aus den Augenwinkeln zurück.

Alles andere geht dann viel zu glatt. Der Dietrich ist gut gelungen, die Tür springt sofort auf. Mile scheint das alles für selbstverständlich zu halten; er hat es sehr eilig, in seiner Wohnung zu verschwinden.

Zu spät. Die Gelegenheit verpasst. Nun sehen sie den Schmuck nie wieder.

Trotzdem suchen die beiden noch einmal. Sie hören kaum zu, wenn die Kinder etwas fragen, singen diesmal nicht Weihnachtslieder zum Klavier wie sonst, vertrösten auf morgen. Und beim Abendbrot schmecken die guten Dinge nicht.

Es gibt Lärm und Zank, weil die Kinder nicht folgen, sie spüren, dass etwas kaputt ist: Die vertraute Weihnachtsharmonie, die wie ein Zauber an diesem Abend in die Häuser einzieht, weil selbst die Mürrischsten versuchen, ein paar Stunden lang gut zu sein, heute ist sie gestört, eine Glocke mit einem Sprung, die nicht tönt.

Als die Kinder im Bett sind, sehen die Eltern noch einmal erfolglos in alle Ecken. Dann beginnen sie seufzend, die herumliegenden Geschenkpapiere zu glätten und zusammenzufalten, die Goldschnüre und bunten Bänder aufzuwickeln. Es gibt ein kleines Geräusch und Mann und Frau bücken sich zugleich nach dem Kettchen.

Es hatte sich an einem Seidenband verhakt, jetzt liegt es zu ihren Füßen und funkelt harmlos, es ist gar kein Grund, dass die Frau es aufhebt und schnell auf den Tisch legt, als ob es heiß sei.

Und dass sie wortlos ans Fenster tritt und hinausschaut ins Dunkel und die vielen Weihnachtsfenster, hinter denen sie alle versuchen, an diesem Abend gut miteinander zu sein. Aber Weihnachten feiern ist schwer. So leicht können Pannen passieren.

Und als der Mann jetzt über dem Kopf der Frau die Kugel des Fernsehturms mit ihren immer wieder herumschwenkenden Scheinwerferarmen sieht, denkt er: Kein Christbaumschmuck, diese Kugel, sie ist im Dienst. Und diese Sprache verstehen wir noch, diese ja. Aber das Feiern haben wir fast verlernt.

Im selben Augenblick geht im Untergeschoss die elektrische Kaffeemühle an. Die Frau am Fenster fährt ein wenig zusammen. Da holt ihr Mann sie an den Tisch zurück und legt ihr nun die Kette um den Hals. Und sie spürt die Berührung und das leise Kitzeln ihres Nackenhaars und sie muss sich ein wenig schütteln. Und noch lange, nachdem unten die Kaffeemühle verstummt ist, halten sie die Ohren gespitzt, ob nicht bei jenen Leuten das Gezänk anfinge. Aber es ist nicht nötig, in dieser Nacht bleibt dort unten alles still.

„Die haben diesmal eher Weihnachten als wir", sagt der Mann, und seine Frau antwortet: „Ja", und nach einem Atemzug, „das geschieht uns recht."

Sie greift nach der Schallplatte, die auf dem Gabentisch liegt, die Christmas-Sinfonie, und reicht sie ihrem Mann hinüber. Und als er sie auflegt und sie sich leise zu drehen beginnt, lehnt die Frau sich im Sessel zurück.

Weihnachten ist nicht leicht. Aber sie haben noch Zeit. Die Heilige Nacht ist lang genug für alle.

Impulse zum Nachdenken und für das Gespräch

- Erfahrungen mit verloren Geglaubtem, das sich wiederfand.
- Erfahrungen mit schwarzen Schafen und mit Sündenböcken, denen man leicht Böses zutraut.
- Wenn ein Verdacht sich in den Gedanken festsetzt, ich mich dagegen wehre und ihn doch nicht los werde.
- Was Feiern verhindern und den Frieden/die Harmonie stören kann.
- Das Licht der Scheinwerfer vom Fernsehturm und das Licht von Weihnachten.

Schlüsselsatz

Das Fremde im Raum wird dick wie ein Nebel.

Biblische Anschlusstexte

Amos 5,21–24 (Statt leerem Feiern ströme Gerechtigkeit); Lukas 12,48 (Wem viel anvertraut, von dem wird viel gefordert); Lukas 15,1–10 (Verlieren und finden); 1. Korinther 5,8 (Das Fest wahrhaftig feiern).

Man kann so leben oder so

Hier und jetzt 37

Inhalt: Zwei Kurztexte über die Flucht aus dem Da-Sein jetzt. Der erste erzählt von einem Mann voller Unruhe, immer an das Nächste, Bessere, eventuell Mögliche denkend. Er verpasst dabei, das Gegenwärtige zu erleben und genießen zu können. – Im zweiten Text stellt ein in der Meditation Erfahrener dem Leben im Künftigen und Nächsten das Leben, das ganz präsent und ganz bei sich, ganz wach ist, gegenüber.

Stichwörter: Genießen – Planen – Präsenz – Unruhe

Immer nur im Nächsten

Victor Auburtin

Es lebte ein Mann, der war ein sehr tätiger Mann und konnte es nicht übers Herz bringen, eine Minute seines wichtigen Lebens ungenützt vorüber gehen zu lassen.

Wenn er in der Stadt war, plante er, in welchen Badeort er reisen werde. War er im Badeort, beschloss er einen Ausflug nach Marienruh, wo man die berühmte Aussicht hat. Saß er dann auf Marienruh, nahm er den Fahrplan her, um nachzusehen, wie man am schnellsten wieder zurückfahren könne. Wenn er im Gasthof einen Hammelbraten verzehrte, studierte er während des Essens die Karte, was man nachher nehmen könne. Während er den köstlichen Wein hastig hinuntergoss, dachte er, dass bei dieser Hitze ein Glas Bier wohl besser gewesen wäre.

So hatte er niemals etwas erlebt, sondern immer nur ein Nächstes vorbereitet. Und als er auf dem Sterbebette lag, wunderte er sich sehr, wie leer und zwecklos doch eigentlich dieses Leben gewissermaßen gewesen sei.

Immer so gesammelt

Überliefert

Ein in der Meditation erfahrener Mann wurde einmal gefragt, warum er trotz seiner vielen Beschäftigungen immer so gesammelt sein könne.

Er sagte:
wenn ich sitze, dann sitze ich,
wenn ich stehe, stehe ich,
wenn ich gehe, dann gehe ich,
wenn ich esse, dann esse ich,
wenn ich spreche, dann spreche ich.

Da fielen ihm die Fragesteller ins Wort und sagten:
Das tun wir auch, aber was machst du sonst noch?

Er sagte wiederum:
Wenn ich sitze, dann sitze ich,
wenn ich stehe, dann stehe ich,
wenn ich gehe, dann gehe ich,
wenn ich esse, dann esse ich,
wenn ich spreche, dann spreche ist …

Wieder sagten die Leute: Das tun wir doch auch.

Er aber sagte ihnen: Nein,
wenn ihr sitzt, dann steht ihr schon,
wenn ihr steht, dann lauft ihr schon,
wenn ihr lauft, dann seid ihr schon am Ziel …

Impulse zum Nachdenken und für das Gespräch

- Austausch über Weisen der Flucht aus dem Hier und Heute in die Vergangenheit und in die Zukunft.
- Was hindert mich, wach im Augenblick zu leben? Was, wer treibt mich? Was, wer lenkt mich ab? Wo kommt es von innen und wo von außen?
- Über die Wurzeln von Unzufriedensein und von Dankbarsein.
- An morgen und an das Künftige denken. Wo ist es nötig und wo verhindert es, das jetzt Nötige zu tun?
- In Dietrich Bonhoeffers Gedicht „Stationen auf dem Weg zur Freiheit" heißt es in der zweiten Strophe: „. . . nicht im Möglichen schweben/das Wirkliche tapfer ergreifen/nicht in der Flucht der Gedanken/allein in der Tat ist die Freiheit . . . "

Schlüsselsatz

So hatte er niemals etwas erlebt, sondern immer nur ein Nächstes vorbereitet.

Biblische Anschlusstexte

1. Samuel 3,1ff. (Siehe, hier bin ich); Psalm 95,7 (Heute auf seine Stimme hören); Jesaja 55,6 (Suchet den Herrn, solange er zu finden ist); Matthäus 6,33.34 (Der morgige Tag wird für das Seine sorgen); 2. Korinther 6,1.2 (Siehe, jetzt ist die Zeit der Gnade).

38 Zwei Säcke Reis

Johnson Gnanabaranam

Inhalt: In der Parabel aus Indien sollen zwei Diener jemandem je einen Sack Reis bringen. Der eine bittet um leichtere Last, der andere um Stärke für das Tragen.

Stichwörter: Auftrag – Gebet – Kraft – Last – Tragen

Vor langer Zeit lebte in einem fernen Lande ein reicher Mann, der zwei Diener hatte. Eines Tages rief der Herr die beiden Diener zu sich und sprach:

„Meine Diener, ich habe einen wichtigen Auftrag für euch. Meinem Freunde, der auf jenem Berge wohnt, möchte ich zwei Säcke Reis schicken. Jeder von euch soll einen Sack zu ihm hintragen. Seid vorsichtig, wenn ihr den Dschungel durchquert. In einer Stunde könnt ihr euch auf den Weg machen." Damit entließ er die beiden.

Der eine Diener ging in seine Hütte, schloss die Tür, kniete nieder und betete. Auch der andere ging in seine Hütte, schloss die Tür, kniete nieder und betete. Danach gingen sie zu ihrem Herrn, um die Säcke in Empfang zu nehmen. Der erste Diener nahm seinen Sack und machte sich auf den Weg. Als der zweite Diener sich mit seinem Sack aufmachen wollte, sagte der Herr zu ihm: „Es ist genug, wenn du einen halben Sack Reis trägst."

Der Diener lächelte und war froh. Unterwegs dachte er: „Mein Mitknecht weiß nicht, wofür man beten kann. Ich will es ihn lehren." Beide kamen zum Freunde ihres Herrn. Der zweite Diener gab ihm den halben Sack Reis. Der Freund sagte: „Ich bin zufrieden, dass du deine Pflicht getan hast."

Danach kam der erste mit dem schweren Sack. Der Freund sagte: „Ich bin froh, dass du einen schweren Sack getragen hast. Ich danke dir."

Auf dem Heimweg erzählte der Diener, der den halben Sack getragen hatte, was er gebetet hatte.

„Ich klagte Gott, dass ich körperlich schwach und unfähig sei, einen ganzen Sack Reis zu tragen. Ich bat Gott, das Gewicht des Sackes zu verringern. Gott hat mein Gebet erhört."

Der andere Diener sprach: „Auch ich erzählte Gott, dass ich schwach und unfähig sei, einen ganzen Sack zu tragen. Ich bat Gott mich zu stärken. Gott hat mein Gebet erhört. Er gab mir Kraft und so fand ich meine Arbeit leichter."

Herr, ich will nicht beten, dass du meine Verantwortung von mir nimmst. Vielmehr will ich beten, dass du mir die Kraft gibst, meine Pflichten zum Wohle anderer zu tun.

Impulse zum Nachdenken und für das Gespräch

- Lasten tragen, Belastungen tragen, Lästige ertragen. Austausch über Erfahrungen mit Lasten abwerfen, Lasten aus dem Weg gehen, Kräfte zum Tragen finden, im Annehmen der Last neue Erfahrungen machen.
- Worum bitte ich Gott?
- „Betet nicht um leichtere Lasten, sondern um stärkere Schultern."
- War der Diener mit dem halben Sack schlau, realistisch oder bequem? Soll Gott abnehmen, was ich nicht will oder was ich nicht kann?
- Meine Wünsche und Gottes Auftrag.
- Jesus, der Knecht und Diener Gottes: Die Last, die er trägt; er hat es sich nicht leicht gemacht.
- Die zwei Diener: Zwei Seiten in mir. Die eine Seite, die auf ihre Schwächen sieht und auf das, wovor mir bange ist. Die andere Seite, die die Aufgaben annimmt und nach Kräften dafür sucht.

Schlüsselsatz

Er gab mir Kraft.

Biblische Anschlusstexte

Psalm 68,20 (Gott legt eine Last auf, aber hilft auch); Matthäus 11,28ff. (Mühselig und beladen); Matthäus 25,14ff. (Anvertraute Zentner); Matthäus 26,39 (Nicht wie ich will, sondern wie du willst).

39 Der Städtebauer

Bertolt Brecht

Inhalt: Männer bauen eine Stadt. Einer unter ihnen hilft den anderen, bringt aber für sich selber anscheinend nur wenig zu Stande.

Stichwörter: Bauen – Helfen – Selbstlosigkeit – Tür – Umkehr der Werte und Maßstäbe

Bemerkung: Parabel. Anspruchsvoll.

Als sie nun die Stadt gebaut hatten, kamen sie zusammen und führten einander vor ihre Häuser und zeigten einander die Werke ihrer Hände. Und der Freundliche ging mit ihnen, von Haus zu Haus, den ganzen Tag über, und lobte sie alle. Aber er selber sprach nicht vom Werk seiner Hände und zeigte keinem ein Haus.

Und es ging gegen Abend, da, auf dem Marktplatz, trafen sie sich wieder alle, und auf einem erhöhten Brettergerüst trat jeder hervor und erstattete Bericht über die Art und Größe seines Hauses und die Baudauer, damit man ausfinden konnte, welcher von ihnen das größte Haus gebaut hatte oder das schönste und in wie viel Zeit.

Und nach seiner Stelle im Alphabet wurde auch der Freundliche aufgerufen.

Er erschien unten, vor dem Podium, und einen großen Türstock schleppend.

Er erstattete seinen Bericht.

Dies hier, der Türstock, war, was er von seinem Haus gebaut hatte.

Es entstand ein Schweigen.

Dann stand der Versammlungsleiter auf.

„Ich bin erstaunt", sagte er und ein Gelächter wollte sich erheben. Aber der Versammlungsleiter fuhr fort: „Ich bin erstaunt, dass erst jetzt die Rede darauf kommt. Dieser da war während der ganzen Zeit des Bauens überall, über dem ganzen Grund und half überall mit. Für das Haus dort baute er den Giebel, dort setzte er ein Fenster ein, ich weiß nicht mehr, welches, für das Haus gegenüber zeichnete er den Grundplan. Kein Wunder weiter, dass er hier mit einem Türstock erscheint, der übrigens schön ist, dass er aber selber kein Haus besitzt.

In Anbetracht der vielen Zeit, die er für den Bau unserer Häuser aufgewendet hat, ist der Bau dieses schönen Türstocks ein wahres Wunderwerk, und so schlage ich vor, den Preis für gutes Bauen ihm zuzuerteilen."

Impulse zum Nachdenken und für das Gespräch

- Menschen, die vor lauter Stolz auf das, was sie aufgebaut und hingestellt haben, das Naheliegende und das Nächste vergessen.
- Kann *der Freundliche* ein Sinnbild für Christus sein? In welcher Weise?
- Der Türsturz ist nötig für die Tür. Die Tür ermöglicht den Durchgang durch die Mauern und den Weg zueinander, damit nicht jeder hinter seinen Wänden allein bleibt.
- Wer verdient in unserer Welt Ehre und wofür?
- Nicht alles, was gebaut wird, baut auf.

- Welche „Freundlichen" brauchen wir für den Bau des Hauses Europa?
- Bauen, was man nicht sieht. Tun, was nicht zu Buche schlägt. Was aber Türen zueinander öffnet.

Schlüsselsatz

Dies hier, der Türstock, war, was er von seinem Haus gebaut hatte.

Biblische Anschlusstexte

1. Mose 11 und Offenbarung 21 (Zwei Städte – verschieden gebaut); Psalm 90,17 (Fördere das Werk unserer Hände); Psalm 127 (Wenn der Herr nicht das Haus baut); Matthäus 7,24–27 (Auf richtigem Fundament bauen); Matthäus 19,30 (Letzte werden Erste sein); Matthäus 20,26–28 (Der sei euer Diener); Johannes 10,9 (Christus – die Tür); Apostelgeschichte 4,11 (Der Stein, den die Bauleute verworfen haben); 2. Korinther 9,6 (Kärglich und reichlich); Titus 3,4 (Es erschien die Menschenfreundlichkeit Gottes).

40 Beppo, der Straßenkehrer

Michael Ende

Inhalt: Ein Straßenkehrer erklärt einem Mädchen, wie er so arbeitet, dass er nicht außer Puste kommt. Immer an den nächsten Schritt denken und auf einmal hat man die ganze Straße geschafft.

Stichwörter: Ganzes und Teil – Lebensrhythmus – Schritt für Schritt

Beppo, der Straßenkehrer, tat seine Arbeit gern und gründlich. Er wusste, es war eine sehr notwendige Arbeit. Wenn er die Straßen kehrte, tat er es langsam, aber stetig: bei jedem Schritt einen Atemzug und bei jedem Atemzug einen Besenstrich. Schritt – Atemzug – Besenstrich. Schritt – Atemzug – Besenstrich. Dazwischen blieb er manchmal ein Weilchen stehen und blickte nachdenklich vor sich hin. Und dann ging es wieder weiter – Schritt – Atemzug – Besenstrich – …

Während er sich so dahinbewegte, vor sich die schmutzige Straße und hinter sich die saubere, kamen ihm oft große Gedanken. Aber es waren Gedanken ohne Worte, Gedanken, die sich so schwer mitteilen ließen wie ein bestimmter Duft, an den man sich nur gerade eben noch erinnert, oder wie eine Farbe, von der man geträumt hat. Nach der Arbeit, wenn er bei dem Mädchen Momo saß, erklärte er ihr seine großen Gedanken. Und da sie auf besondere Art zuhörte, löste sich seine Zunge und er fand die richtigen Worte.

„Siehst du, Momo", sagte er dann zum Beispiel, „es ist so: Manchmal hat man eine sehr lange Straße vor sich. Man denkt, die ist so schrecklich lang; das kann man niemals schaffen, denkt man."

Er blickte eine Weile schweigend vor sich hin, dann fuhr er fort: „Und dann fängt man an, sich zu eilen. Und man eilt sich immer mehr. Jedes Mal, wenn man aufblickt, sieht man, dass es gar nicht weniger wird, was noch vor einem liegt. Und man strengt sich noch mehr an, kriegt es mit der Angst, und zum Schluss ist man ganz außer Puste und kann nicht mehr. Und die Straße liegt immer noch vor einem. So darf man es nicht machen."

Er dachte einige Zeit nach. Dann sprach er weiter: „Man darf nie an die ganze Straße auf einmal denken, verstehst du? Man muss nur an den nächsten Schritt denken, an den nächsten Atemzug, an den nächsten Besenstrich. Und immer wieder nur an den nächsten."

Wieder hielt er inne und überlegte, ehe er hinzufügte: „Dann macht es Freude, das ist wichtig, dann macht man seine Sache gut. Und so soll es sein."

Und abermals nach einer langen Pause fuhr er fort: „Auf einmal merkt man, dass man Schritt für Schritt die ganze Straße gemacht hat. Man hat gar nicht gemerkt wie, und man ist nicht außer Puste."

Er nickte vor sich hin und sagte abschließend: „Das ist wichtig."

Impulse zum Nachdenken und für das Gespräch

- Wie kann die Geschichte mir helfen, mit meinen Aufgaben besser zurechtzukommen? Was hilft, hat geholfen, wenn ich das Gefühl hatte, die vor mir liegenden Aufgaben nicht bewältigen zu können?
- Was bringt mich in Panik, außer Puste, aus dem Rhythmus, aus dem Gleichgewicht?
- Der Segen, dass ich mein Leben nicht im Voraus planen und übersehen kann. Wüsste ich, was das Leben alles bringt, würde ich denken: Ich schaffe es nicht.

Schlüsselsatz

Eine sehr lange Straße ... man denkt, das kann man niemals schaffen.

Biblische Anschlusstexte

Matthäus 6,33.34 (Jeder Tag hat seine eigene Plage); Psalm 37,23 (Feste Schritte); Jakobus 4,13–15 (Heute und morgen).

Nachts schlafen die Ratten doch 41

Wolfgang Borchert

Inhalt: Ein Junge bewacht in Trümmern die Stelle, an der sein jüngerer Bruder begraben liegt, vor Ratten. Ein Mann hilft ihm, dass er sich wieder dem Leben zuwenden kann.

Stichwörter: Kinder – Krieg – Trauer

Das hohle Fenster in der vereinsamten Mauer gähnte blaurot voll früher Abendsonne. Staubgewölke flimmerte zwischen den steilgereckten Schornsteinresten. Die Schuttwüste döste. Er hatte die Augen zu. Mit einmal wurde es noch dunkler. Er merkte, dass jemand gekommen war und nun vor ihm stand, dunkel, leise. Jetzt haben sie mich!, dachte er. Aber als er ein bisschen blinzelte, sah er nur zwei etwas ärmlich behoste Beine. Die standen ziemlich krumm vor ihm, dass er zwischen ihnen hindurchsehen konnte.

Er riskierte ein kleines Geblinzel an den Hosenbeinen hoch und erkannte einen älteren Mann. Der hatte ein Messer und einen Korb in der Hand. Und etwas Erde an den Fingerspitzen.

Du schläfst hier wohl, was?, fragte der Mann und sah von oben auf das Haargestrüpp herunter. Jürgen blinzelte zwischen den Beinen des Mannes hindurch in die Sonne und sagte: Nein, ich schlafe nicht. Ich muss hier aufpassen. Der Mann nickte: So, dafür hast du wohl den großen Stock da? Ja, antwortete Jürgen mutig und hielt den Stock fest.

Worauf passt du denn auf?

Das kann ich nicht sagen. Er hielt die Hände fest um den Stock.

Wohl auf Geld, was? Der Mann setzte den Korb ab und wischte das Messer an seinem Hosenboden hin und her.

Nein, auf Geld überhaupt nicht, sagte Jürgen verächtlich. Auf ganz etwas anderes.

Na, was denn?

Ich kann es nicht sagen. Was anderes eben.

Na, denn nicht. Dann sage ich dir natürlich auch nicht, was ich hier im Korb habe. Der Mann stieß mit dem Fuß an den Korb und klappte das Messer zu.

Pah, kann mir denken, was in dem Korb ist, meinte Jürgen geringschätzig, Kaninchenfutter.

Donnerwetter, ja!, sagte der Mann verwundert, bist ja ein fixer Kerl. Wie alt bist du denn?

Neun.

Oha, denk mal an, neun also. Dann weißt du ja auch, wieviel drei mal neun sind, wie?

Klar, sagte Jürgen und um Zeit zu gewinnen, sagte er noch: Das ist ja ganz leicht. Und er sah durch die Beine des Mannes hindurch. Dreimal neun, nicht?, fragte er noch mal, siebenundzwanzig. Das wusste ich gleich.

Stimmt, sagte der Mann, und genau soviel Kaninchen habe ich.

Jürgen machte einen runden Mund. Siebenundzwanzig?

Du kannst sie sehen. Viele sind noch ganz jung. Willst du?

Ich kann doch nicht. Ich muss doch aufpassen, sagte Jürgen unsicher.

Immerzu?, fragte der Mann, nachts auch?

Nachts auch. Immerzu. Immer. Jürgen sah an den krummen Beinen hoch. Seit Sonnabend schon, flüsterte er.

Aber gehst du denn gar nicht nach Hause? Du musst doch essen.

Jürgen hob einen Stein hoch. Da lag ein halbes Brot. Und eine Blechschachtel.

Du rauchst?, fragte der Mann, hast du denn eine Pfeife?

Jürgen fasste seinen Stock fest an und sagte zaghaft: Ich drehe. Pfeife mag ich nicht.

Schade, der Mann bückte sich zu seinem Korb, die Kaninchen hättest du ruhig mal ansehen können. Vor allem die Jungen. Vielleicht hättest du dir eines ausgesucht. Aber du kannst hier ja nicht weg.

Nein, sagte Jürgen traurig, nein nein.

Der Mann nahm den Korb hoch und richtete sich auf. Na ja, wenn du hierbleiben musst – schade. Und er drehte sich um. Wenn du mich nicht verrätst, sagte Jürgen da schnell, es ist wegen den Ratten.

Die krummen Beine kamen einen Schritt zurück: Wegen den Ratten?

Ja, die essen doch von Toten. Von Menschen. Da leben sie doch von.

Wer sagt das?

Unser Lehrer.

Und du passt nun auf die Ratten auf?, fragte ihn der Mann.

Auf die doch nicht! Und dann sagte er ganz leise: Mein Bruder, der liegt nämlich da unten. Da. Jürgen zeigte mit dem Stock auf die zusammengesackten Mauern. Unser Haus kriegte eine Bombe. Mit einmal war das Licht weg im Keller. Und er auch. Wir haben noch gerufen. Er war viel kleiner als ich. Erst vier. Er muss hier ja noch sein. Er ist doch viel kleiner als ich.

Der Mann sah von oben auf das Haargestrüpp. Aber dann sagte er plötzlich: Ja, hat euer Lehrer euch denn nicht gesagt, dass die Ratten nachts schlafen?

Nein, flüsterte Jürgen und sah mit einmal ganz müde aus, das hat er nicht gesagt.

Na, sagte der Mann, das ist aber ein Lehrer, wenn er das nicht mal weiß. Nachts schlafen die Ratten doch. Nachts kannst du ruhig nach Hause gehen. Nachts schlafen sie immer. Wenn es dunkel wird, schon.

Jürgen machte mit seinem Stock kleine Kuhlen in den Schutt.

Lauter kleine Betten sind das, dachte er, alles kleine Betten.

Da sagte der Mann (und seine krummen Beine waren ganz unruhig dabei): Weißt du was? Jetzt füttere ich schnell meine Kaninchen und wenn es dunkel wird, hole ich dich ab. Vielleicht kann ich eins mitbringen. Ein kleines oder, was meinst du?

Jürgen machte kleine Kuhlen in den Schutt. Lauter kleine Kaninchen. Weiße, graue, weißgraue. Ich weiß nicht, sagte er leise und sah auf die krummen Beine, wenn sie wirklich nachts schlafen.

Der Mann stieg über die Mauerreste weg auf die Straße. Natürlich, sagte er von da, euer Lehrer soll einpacken, wenn er das nicht mal weiß.

Da stand Jürgen auf und fragte: Wenn ich eins kriegen kann? Ein weißes vielleicht?

Ich will mal versuchen, rief der Mann schon im Weggehen, aber du musst solange warten. Ich gehe dann mit dir nach Hause, weißt du? Ich muss deinem Vater doch sagen, wie so ein Kaninchenstall gebaut wird. Denn das müsst ihr ja wissen.

Ja, rief Jürgen, ich warte. Ich muss ja noch aufpassen, bis es dunkel wird. Ich warte bestimmt. Und er rief: Wir haben auch noch Bretter zu Hause, Kistenbretter!

Aber das hörte der Mann schon nicht mehr. Er lief mit seinen krummen Beinen auf die Sonne zu. Die war schon rot vom Abend und Jürgen konnte sehen, wie sie durch die Beine hindurchschien, so krumm waren sie. Und der Korb schwenkte aufgeregt hin und her. Kaninchenfutter war da drin. Grünes Kaninchenfutter, das war etwas grau vom Schutt.

Impulse zum Nachdenken und für das Gespräch

- Was Krieg in Kinderherzen anrichten und bewegen kann.
- Der Junge im Bann des Todes. Der alte Mann ruft ins Leben.
- Erstarren und auf der Stelle treten durch Bindung an Verlorenes.
- Hat der Mann den Jungen belogen?
- Wofür, für welche Lebensenergien könnten die (Angst vor den) „Ratten" und wofür die (Freude an den) „Kaninchen" Symbole sein?

Schlüsselsatz

Wenn es dunkel wird, hole ich dich ab.

Biblische Anschlusstexte

Psalm 16,11 (Du tust mir kund den Weg zum Leben); Jesaja 38,17 (Siehe, um Trost war mir sehr bange); Psalm 119,176 und Matthäus 18,10–14 (Nicht wie ein verlorenes Schaf).

42 Raum zum Leben

Peter von Campenhausen

Inhalt: Einer vergleicht seinen jetzigen Lebensraum mit seiner früheren Wohnung und macht sich Gedanken, wie er ihn sinnvoll ausfüllen und der neuen Lebenslage entsprechend einrichten kann.

Stichwörter: Anpassen – Stufen des Lebens – Wohnen

Ein Hütte ist das Haus, in dem ich jetzt lebe, im Verhältnis zu dem Haus, in dem ich siebenundzwanzig Jahre gelebt habe, bevor ich in den Ruhestand ging. Das war ein großes Haus mit vielen Zimmern, viel Platz, vielen Möglichkeiten. Man kann gar nicht zu viel Platz haben. Ich würde jedes Haus ausfüllen. Es ist schön, Platz zu haben.

Leben passt sich jedem Hause an. Wenn ich einen Luftballon aufblase, während er sich in einem Gefäß befindet, wird er das Gefäß schnell ausfüllen und in seiner Ausdehnung die Gestalt des Gefäßes annehmen. Ich glaube, dass auch ein menschliches Leben sich bis zu einem gewissen Grade ausdehnen und den äußeren Gegebenheiten anpassen kann. Mehr noch: Ich glaube, dass für ein Leben, das nicht in einer Form erstarrt ist, sondern atmet, ein äußerer Rahmen, dem es sich anpassen kann, notwendig ist. Ein Ballon, der ohne begrenzenden äußeren Rahmen aufgeblasen wird, platzt irgendwann.

Wenn ich einen Ballon ausatmen lasse, sodass er in sich selbst zurückfällt, kann ich ihn aufs Neue aufblasen. In einem neuen, anderen Rahmen wird er eine andere Gestalt und eine andere Größe bekommen.

Ich bin aus meinem alten Haus und aus meinem alten Leben ausgezogen. Ich habe mein Leben mitgenommen wie den zusammengeschnurrten Luftballon und habe es in einem neuen Haus sich wieder ausdehnen lassen. Mein Leben hat sich dem neuen Rahmen angepasst. Es hat das Haus ausgefüllt. Ich habe den Eindruck, dass dies die dem Ballon meines Lebens angemessene Form ist. Ich kann mir gar nicht vorstellen, dass ich mit meinem jetzigen Leben in dem früheren großen Haus leben könnte.

Mein Leben hat sich auch in dem neuen Haus ausgedehnt. Es ist in alle Ecken vorgedrungen und hat alle Lücken und Nischen ausgefüllt. Es hat sich diesem neuen äußeren Rahmen angepasst, als ob es nie einen anderen Rahmen gegeben hätte. Es ist mein Haus und mein Leben. Manchmal gehe ich an dem alten Haus vorbei. Es berührt mich nicht. Natürlich weiß ich noch, wie es drinnen aussieht. Aber hier bin ich nicht mehr zu Hause. Man kann nur an einer Stelle zu Hause sein, denke ich, oder man ist nirgends zu Hause. Man kann das Zuhause wechseln; aber man kann nicht an zwei oder drei Stellen gleichzeitig zu Hause sein.

Zugegeben: Es ist denkbar, dass man, vielleicht im Traum, zurückkehrt an den alten Platz. Und wenn man aus diesem Traum aufwacht, bleibt so etwas wie Wehmut zurück, eine gewisse Trauer. Die Seele spürt für einen Augenblick die Hülle, der sich das Leben einst eingefügt hatte. Die Erinnerung an die frühere Gestalt bleibt wie ein Stachel erhalten. Aber dieser Stachel, um im Bild zu bleiben, darf den Luftballon nicht verletzen. Sonst ist es vorbei mit dem Leben. Dann kann der Ballon des Lebens nicht mehr aufgeblasen werden. Er kann sich neuen Rahmenbedingungen nicht mehr anpassen.

Ich will aber leben.

Impulse zum Nachdenken und für das Gespräch

- Mit einer viel kleineren Wohnung und weniger Platz auskommen müssen: Chancen, Probleme, Erfahrungen.
- Das Leben wird enger.
- Was hilft, das Leben einer neuen engeren, begrenzteren Situation anzupassen?
- Wodurch könnte mir in der jetzigen Situation die Luft ausgehen?
- Was macht meinen jetzigen Lebensraum zu einem Zuhause?
- Was ist mein Stachel, meine Wehmut, dass ich aus meinem alten Zuhause ausziehen musste? Was kann helfen, dass der Stachel den „Ballon" des jetzigen Lebens nicht verletzt und ihm so die Luft ausgeht?

Schlüsselsatz

Man kann nur an einer Stelle zu Hause sein oder man ist nirgends zu Hause.

Biblische Anschlusstexte

1. Mose 12,1ff. (Geh aus deinem Vaterland und aus deines Vaters Haus); 1. Mose 19,26 (Lots Frau sah zurück und erstarrte); Philipper 4,11–13 (Ich habe gelernt, mir genügen zu lassen, ich kann beides).

Woran das Herz hängt

Steine behauen, Schiffe bauen 43

Inhalt: Zwei Kurztexte vom Bauen und Arbeiten: Im ersten Text fragt einer nach dem Sinn des Tuns und erhält drei verschiedene Antworten, drei Motivationen. – Der zweite Text zeigt, wie die Motivation die Art beeinflusst, an eine Aufgabe heranzugehen.

Stichwörter: Arbeit – Begeisterung – Motivation – Pflicht – Sehnsucht – Ziel

Steine behauen

Mündlich überliefert

Auf der Baustelle saßen drei Männer. Sie bearbeiteten Steine.
Ein Fremder kam, schaute ihnen zu und fragte:
Was macht ihr da?

Der Erste sagte: Ich behaue Steine.
Der Zweite antwortete: Ich verdiene Geld, um meine Frau und meine Kinder zu ernähren.

Der Fremde schaute den Dritten fragend an.
Der gab zur Antwort – und Freude und Kraft waren in seinem Gesicht:
Ich baue mit an der Kathedrale.

Schiffe bauen

Antoine de Saint-Exupéry

Wenn du ein Schiff bauen willst,
so trommle nicht Leute zusammen,
um Holz zu beschaffen, Werkzeuge vorzubereiten,
Aufgaben zu vergeben und die Arbeit einzuteilen;
sondern wecke in ihnen die Sehnsucht
nach dem weiten, endlosen Meer.

Impulse zum Nachdenken und für das Gespräch

- Wofür habe ich mich abgeplagt in meinem Leben? Wem hat meine Arbeit gedient? Woran habe ich mitbauen und mitgestalten können?
- Wohin möchte ich gerne segeln auf dem *weiten Meer*, wonach habe ich Sehnsucht? Wo möchte ich landen?
- Leben als banales Sich-Mühen – Leben als Abenteuer und Entdecken von Unbekanntem – Leben als Mitwirken.
- Wofür lebe ich? Wohin geht das Schiff?

Schlüsselsatz

Wecke in ihnen die Sehnsucht.

Biblische Anschlusstexte

Matthäus 4,18–22 (Zweierlei Lebensinhalt); Lukas 5,5 (Gearbeitet und nichts gefangen); 1. Korinther 3,9 (Wir sind Gottes Mitarbeiter); Epheser 2,19–22 (Der Bau wächst zu einem Tempel, durch ihn werdet ihr miterbaut); Kolosser 3,17 (Alles, was ihr tut, das tut im Namen des Herrn).

Anmerkungen

- Die Sehnsucht des Menschen nach Gott ist in Wahrheit die Sehnsucht Gottes nach dem Menschen (Manfred Hausmann).
- Sehnsucht gibt dem Herzen Tiefe (Augustin).

Der Mensch mit dem Karren 44

Marianne Schmidt

Inhalt: Ein Mann zieht mit einem schweren Karren umher. Er begegnet anderen, die es offenbar leichter haben und überlegt, wie er von ihnen lernen könne. Aber es gelingt ihm nicht.

Stichwörter: Last – Loslassen – Neid

Bemerkung: Wichtig, *wie* die Geschichte vorgelesen wird: Darauf achten, dass sie nicht zu moralisch klingt!

Es begab sich zu einer Zeit, dass ein Mensch mit einem Karren durchs Land zog. Er zog von Dorf zu Dorf und von Stadt zu Stadt. Er ließ den Karren kaum für ein paar Minuten stehen, war besorgt, dass er nicht verloren ginge, und hütete ihn so wie ein Kind. Es war ein einfacher Karren. Er hatte zwei Räder und eine mittelgroße Ladefläche und eine Deichsel, daran ein lederner Gürtel befestigt war, den der Mensch sich um die Schultern legen konnte, um den Karren zu ziehen.

Der Gürtel hatte Spuren auf der Schulter hinterlassen, denn der Karren war schwer. Er war mit allerlei verwunderlichen Dingen beladen, die auf den ersten Blick als nutzloser Ballast erschienen, ungeordnetes, unbrauchbares Zeug. Für den Menschen schienen diese Dinge eine wichtige Bedeutung zu haben. Kaum je trennte er sich von dem einen oder anderen verbrauchten Stück.

Aber er war nicht der einzige Mensch dieser Art. Auf seinen Wegen begegneten ihm viele andere Menschen, die ebensolche Karren mit sich zogen und sich, wenn sie die Hand zum kurzen Gruße hoben, müde, aber unendlich verständnisvoll in die Augen sahen. Nie fragte einer den anderen, was er geladen habe, nie wunderte sich einer über des anderen Last. Es war, als wäre für jeden nur der eigene Karren von Bedeutung.

Einmal begegnete dem Menschen auf seinen Wegen ein anderer, der hatte offensichtlich viel weniger auf seinem Karren geladen. Die Neugierde trieb ihn, nun doch anzuhalten und zu fragen. Denn es machte ihn misstrauisch und neidisch, zu sehen, dass da einer auf gleichen Wegen mit so viel weniger Lasten beladen war. Und er fragte: „Wie kommt es, Reisender, dass du auf deinem hölzernen Karren so wenig geladen hast? Kann es nicht sein, dass du unterwegs wichtige Dinge verloren hast?"

Der Reisende überlegte eine Weile und sagte lächelnd: „Es ist nicht zu wenig darauf. Du musst einfach ein paar alte unbrauchbare Stücke herunterwerfen. Lass sie liegen; dreh dich nicht um und trauere ihnen nicht nach. Du wirst sehen, du brauchst sie eigentlich gar nicht. Und es läuft sich viel leichter dann."

Der Mensch blickte den anderen ungläubig an. Er nahm seinen Gürtel wieder auf und zog wortlos weiter mit seinem schweren Karren. Aber die Worte verklangen nicht ungehört. Ob er wollte oder nicht, manchmal erschien ihm die Idee verlockend, die schwere Last hinten etwas zu erleichtern. Eines Tages, nahm er sich vor und setzte diesen Tag in unbestimmte Ferne, werde auch ich ein paar Stücke am Wegesrand lassen.

Ein anderes Mal begegnete der Mensch auf seinen Wegen einem anderen. Der zog einen leeren Karren hinter sich her. Die Neugierde trieb den Menschen wieder anzuhalten. Und er fragte: „Warum, Reisender, hast du nichts geladen auf deinem Karren? Hast du denn all dein Hab und Gut verloren?"

Der Reisende sagte mit freundlichem Lachen: „Was soll ich Ballast auf meinem Karren hinter mir herziehen? Ich brauche ihn nicht. Du musst einfach alles herunterwerfen von deinem Karren. Du wirst sehen, dass du nichts vermisst. Und es geht sich viel leichter so."

Wortlos und noch misstrauischer setzte der Mensch seinen Weg fort. Aber die Worte klangen ihm im Ohr.

Eines Tages, nahm er sich vor und setzte diesen Tag in unbestimmte Ferne, werde auch ich alles von meinem Karren werfen.

Ein weiteres Mal begegnete der Mensch einem anderen, der lief ohne Karren seines Weges. Die Neugierde trieb den Menschen nun so stark, dass er schon von weitem rief: „He, Reisender, wo hast du deinen Karren gelassen? Hast du ihn verloren?"

Der Reisende drehte sich einmal um sich selbst, warf die Arme hoch und sprang in die Luft. Als er sich von seinem Lachen beruhigt hatte, rief er: „Wozu sollte ich einen Karren brauchen? Du musst ihn einfach stehen lassen. Du wirst sehn, es läuft sich viel besser ohne ihn."

Schweigend und mutlos setzte der Mensch seinen Weg fort. Er merkte, wie sein Karren immer schwerer und schwerer wurde und wie ihm der Neid Kräfte raubte.

Eines Tages, nahm er sich vor und setzte diesen Tag in unbestimmte Ferne, werde auch ich meinen Karren stehen lassen.

Aber da merkte er, dass ihm der Gürtel schon zu lange um die Schultern lag und der Karren schon zu schwer nach hinten zog. Er spürte, wie verwachsen er mit dem Gürtel war und dass er den Karren niemals mehr zurücklassen konnte. Und er konnte nicht verhindern, dass ihm noch manches nutzlose Stück aufgeladen wurde.

Impulse zum Nachdenken und für das Gespräch

- Was ist gemeint mit dem Karren, den wir schwer und voll oder leicht und leer durchs Leben ziehen? (Je nachdem, wie die Äußerungen dazu sind, werden die Schwerpunkte des Gesprächs sein: – Lasten im äußerlichen Sinn: Gegenstände, Sachen, „Krust und Kram". – Oder: Belastungen, die unser Leben „schwer-fällig" und „schwer-mütig" machen. – Oder: Lasten, die notwendig sind und das Leben vor „Leichtgewicht" bewahren.)
- Austausch zum Thema Wegwerfen: Kram, der uns belastet, den wir (z. B. von Umzug zu Umzug) mitschleppen. Eine Fülle von Sachen, mit denen wir uns belasten und die Wohnung, den Kopf und das Herz vollstellen.
- Über notwendige und unnötige Lasten und Belastungen. – Die Last auf dem Karren kann einerseits der Ballast sein, den ich unnötig rumschleppe, den ich loslassen und abgeben könnte, also das, was ich nicht brauche, weil mein Leben sonst schwer-fällig und schwer-mütig wird. – Sie kann aber andrerseits auch das sein, was ich notwendig brauche: Die Lebenserfahrung, die zu mir gehört, das Schwere im Leben, das zu mir gehört, die notwendige Last, die zu tragen mir aufgegeben ist, damit mein Leben nicht leicht-sinnig und oberflächlich wird.
- Unbrauchbares vom Karren herunterwerfen? Was soll runter? Geht das überhaupt?
- „Jeder hat sein Päckchen zu tragen", jeder hat seinen Karren zu ziehen. Wie können wir einander dabei helfen?
- Kenne ich Neid auf die, die es leichter haben im Leben?
- Stimmt es, dass eine Zeit kommt, wo ich nicht mehr abladen kann, weil ich es nicht geübt und gelernt habe? Was heißt Loslassen üben?

Schlüsselsatz

Der Karren war mit allerlei verwunderlichen Dingen beladen, die auf den ersten Blick als nutzloser Ballast erschienen. Aber für den Menschen schienen alle diese Dinge eine wichtige Bedeutung zu haben.

Begleittexte

- „Bitte" von Bernhard Kraus, siehe Seite 276.

- „Unsere ‚Schätze' sammeln sich im Lauf des Lebens meist von selber an, und das meiste davon besteht aus Gerümpel und Trödelware. Wer einmal einen Haushalt aufzulösen hatte, weiß ein Lied davon zu singen. Fast alle Güter, die sich bei uns ansammeln und von denen wir uns nicht trennen können, werden schon zu unseren Lebzeiten von Motten und Rost angefressen und sind nichts mehr wert. Warum also belasten wir uns damit? ... Einübung im Sterben fängt an mit dem Entrümpeln, mit dem Wegwerfen und Fortschaffen alles dessen, was doch nur Ballast ist. Es ist eine gute, viel erprobte und nachahmenswerte geistliche Übung, pünktlich alle fünf Jahre eine große Razzia im Hause zu veranstalten und sich von allem zu befreien, was keinen Sinn und Wert mehr hat ... Man schaue sich alle seine ‚Schätze' genau an und stelle sich dabei vor, man wäre jener Verwandte, der nach dem Tod dies alles ordnen und auflösen soll ... Zum Entrümpeln gehört als guter Nachbar das Verschenken als eine andere Form, sich frei zu machen von Dingen, die nur belasten. Manches ist ja wirklich zu wertvoll, als dass man es einfach wegwerfen könnte. So aber kann man dem einen oder anderen damit noch eine Freude machen. ... Alle mittelalterlichen Sterbehilfen empfehlen diese Übung des Wegschenkens als eine besonders wichtige Vorbereitung auf ein friedvolles Sterben. ... Durch Entrümpeln, Wegwerfen, Verschenken und Testamentmachen werden wir frei von den Gütern und Gaben dieser Welt. So lernen wir es herzugeben und loszulassen. Diese Übung ist entscheidend wichtig für das endgültige Hergeben und Loslassen in der Sterbestunde. So werden wir zu Menschen, die ‚haben, als hätten sie nicht' (vgl. 1. Kor 7,30)."

  Aus: Albert Mauder, Kunst des Sterbens, Friedrich Pustet Regensburg, 1973

Biblische Anschlusstexte

Matthäus 6,19–21 (Sammelt euch nicht Schätze); Matthäus 6,33 (Trachtet zuerst); 2. Korinther 12,7–10 (Damit ich mich nicht überhebe); Hebräer 10,35 und 1. Petrus 5,7 (Das Vertrauen nicht wegwerfen; die Sorgen auf IHN werfen).

45 Vater ist da

Sonja Wolff

Inhalt: Die Angst eines Kindes vor einem öffentlichen Auftritt und wie die Anwesenheit des Vaters die Angst überwindet.

Stichwörter: Angst – Grundvertrauen – Vater

Als ich sechs Jahre alt war, ging ich zum ersten Mal zur Schule. Alle Kinder müssen dann zur Schule gehen. Trotzdem war es bei mir etwas Besonderes. Mein erster Lehrer war mein Vater. Ich kam zu meinem Vater in die Schule. Wir liefen morgens gemeinsam los.

Nachmittags nahm Vater mich oft mit. Er leitete eine Theatergruppe. Sie übte gerade ein neues Stück für die Weihnachtsfeier.

„Willst du auch mitspielen?", fragte Vater.

Nein, ich wollte nicht. Die anderen waren alle viel größer als ich. Nein, ich hatte Angst.

„Das kann ich doch gar nicht."

Vater überlegte.

„Bangbüx! Einmal muss man anfangen. Ist alles halb so schlimm. Und Spaß macht es auch."

Meine Angst wurde noch größer. Ich dachte, wenn er mich nur nicht überreden will!

„Weißt du was? Du kannst doch ein Gedicht aufsagen – zur Eröffnung."

Meine Angst wuchs so sehr, dass ich aufs Klo musste.

Aber am nächsten Tag lernte ich doch ein Gedicht, Vater zuliebe. „Von drauß vom Walde komm ich her …"

Wir übten und übten.

„Du kannst es. Du kannst es schon im Schlaf. Dir kann nichts geschehen. Es tut doch nicht weh, oder?"

Nein, es tut nicht weh, ein Gedicht aufzusagen. Ich musste lachen. Die Angst flog weg.

Dann kam der große Theaterabend. Mutter hatte mir ein neues Kleid genäht, blauer Samt mit weißem Häkelkragen. Und neue Schuhe hatten wir gekauft, glänzend schwarze Lackschuhe.

Vater hörte mich noch einmal ab. Alles in Ordnung.

„Wenn du nachher nicht weiter weißt, helfe ich dir. Ich sitze in der ersten Reihe im Saal. Du bist nicht allein. Ich bin da."

Im Saal standen in langen Reihen ein paar hundert Stühle. Wir kletterten auf die Bühne und verschwanden hinterm Vorhang. Die Theaterspieler übten noch. Vater zeigte mir ein Guckloch im Vorhang. Durch das konnte ich in den Saal spitzeln.

Die Stühle standen nicht mehr leer. Von rechts und links schoben sich Menschen zwischen die Reihen und suchten sich einen guten Platz. Unsere Nachbarsleute saßen schon da und die Eltern meiner Freundin und noch viele Bekannte.

Vater zupfte mich am Ärmel.

„Es geht gleich los."

Er schob mich vor den großen Vorhang. Im Saal brannten keine Lampen mehr. Alles dunkel, nur zwei Scheinwerfer beleuchteten mich. Alles war anders als vorher. Die Menschen hatten sich in die Dunkelheit zurückgezogen. Keine bekannten Gesichter mehr. Es war so still. Ein stilles, dickes, gespanntes Warten.

Sie warten, dass es losgeht. Sie warten auf mich, ich muss anfangen.

Hinter dem Vorhang ist alles still. Ich bin allein hier oben.

Was soll ich? Ein Gedicht aufsagen? Ich weiß nichts mehr.

Meine Schuhe drücken. Im Hals kratzt es.

Und jetzt?

Alle warten.

Ich darf nicht warten. Ich muss anfangen.

Wie lange stehe ich hier schon? Eine halbe Minute? Eine halbe Stunde! Mir fällt nichts ein.

Vater! Vater hat gesagt, er hilft mir.

Ich kann sein Gesicht nicht erkennen. Aber ich weiß, er ist da.

„Papa!", rufe ich in die Dunkelheit hinein. „Wie fängt es noch an?"

Dann höre ich seine ruhige, freundliche Stimme: „Von drauß vom Walde komm ich her …"

Ach ja! „Von drauß vom Walde komm ich her …"

Impulse zum Nachdenken und für das Gespräch

- Erinnerungen an eigenes Aufsagen und an Auftritte im Leben, an Lampenfieber, an Black-out-Erlebnisse.
- „Das kann ich doch gar nicht . . . "
- Angst – und was in Angst hilft und was nicht hilft.
- Wenn die Geschichte als Gleichnis interpretiert wird: In Angstsituationen wissen: Der Vater ist da!

Schlüsselsatz

Ich kann sein Gesicht nicht erkennen. Aber ich weiß, er ist da.

Biblische Anschlusstexte

Psalm 27,1 (Wovor sollte ich mich fürchten?); Psalm 56,4 (Wenn ich mich fürchte); Matthäus 6,8 (Der Vater weiß, was ihr bedürft); Römer 8,15 (Abba, lieber Vater).

Die Repräsentiertasse 46

Carlo Manzoni

Inhalt: Eine alte Dame hat ein wertvolles Kaffeeservice. Aber sie benutzt es nie, um es zu schonen; sie führt es nur vor.

Stichwörter: Schatz – Schein und Sein – Täuschung – Wahrheit – Zerbrechlichkeit

Bemerkung: Skurril, heiter. Vorsicht: Im Gespräch die Geschichte nicht „moralisch" betrachten.

Das Kaffeeservice befindet sich in Tante Karolines Haus an einem sicheren Ort.

Wir schauten es uns nur ganz selten an. Wenn Tante Karoline einkaufen ging und es sicher war, dass sie lange genug fortblieb. Auf Zehenspitzen schlichen wir in das dunkle Zimmer, öffneten vorsichtig den Schrank und schlugen die schön zusammengelegten Decken zurück, unter denen die Pappschachtel zum Vorschein kam. Wir betrachteten sie eine Weile und nahmen dann den Deckel ab. Auf Holzwolle gebettet, in Seidenpapier gewickelt, lagen da die Teile des Services. Wir nahmen mit angehaltenem Atem eines heraus, entfernten das Papier und die Tasse erschien in ihrer strahlenden Schönheit. Es waren feinste weiße Porzellantassen mit vielen blauen Blümchen. Äußerst zerbrechlich.

Das Service war ein Hochzeitsgeschenk Tante Karolines. Als sie es erhielt, so erzählte uns Onkel August, sei Tante Karoline vom Anblick ganz entzückt gewesen. Das ganze Service mit allen zwölf Tassen, den zwölf Untertassen und der Zuckerdose sei auf dem großen Tisch im Esszimmer aufgestellt worden. Schließlich hatte sie die

Teile wieder in Seidenpapier gewickelt und sorgfältig in den Karton gelegt. Diesen hatte sie im sichersten Winkel des Schlafzimmerschranks verborgen.

Seit damals hat niemand mehr das vollständige Service gesehen.

Tante Karoline sprach von ihrem Kaffeeservice wie von einer seltenen Kostbarkeit. Und wenn jemand kam, servierte sie den Kaffee in den gewöhnlichen Tassen, armseligen Drei-Groschen-Tassen mit abgestoßenen Rändern.

„Entschuldigt", sagte sie, „aber unser Service ist so fein, dass ich Angst habe, es könnte ein Stück zerbrechen. Und Einzelteile sind nicht mehr erhältlich."

Sie ging ins Schlafzimmer, öffnete den Schrank, nahm eine Tasse und eine Untertasse heraus und kam zurück, um sie den Gästen zu zeigen. Sie stellte Tasse und Untertasse überaus behutsam auf den Tisch und alle betrachteten sie voll Bewunderung. Gelegentlich wagte ein Gast, die Tasse in die Hand zu nehmen und sie umzudrehen, damit er die Marke erkennen konnte. Dann hielt Tante Karoline den Atem an, ergriff schnellstens die Tasse und trug sie wieder in den sicheren Schlupfwinkel.

Es war immer dieselbe Tasse, die den Gästen gezeigt wurde, die oberste, gleich wenn man die Schachtel öffnete. Die Repräsentiertasse. Und vor dieser immer leer bleibenden Tasse saßen die Gäste und schlürften den Kaffee aus den Drei-Groschen-Tassen mit den abgestoßenen Rändern. Dennoch schien das ganze Service dazustehen.

Darum warteten wir, bis das Haus verlassen war, um von Zeit zu Zeit den Schrank zu durchstöbern und dieses Wunder, dieses Meisterwerk, zu betrachten, das Tante Karoline wie eine Reliquie hütete.

Für uns war diese Tasse ein unerreichbarer Traum. Wir durften sie nur aus der Ferne sehen, eigentlich mehr ahnen als sehen. Und jedes Mal verspürten wir den Wunsch, sie in die Hand zu nehmen, sie zu streicheln, ihre Durchsichtigkeit zu bewundern, wie es Tante Karoline immer tat, wenn sie die Tasse vor den Augen der Gäste gegen das Fenster hielt. Aber es war verboten, denn wir waren Vandalen: Wir machten doch nur alles kaputt, was uns in die Hände fiel.

Darum nützten wir die Augenblicke aus, da das Haus leer war, um auf Zehenspitzen in das Schlafzimmer zu schleichen, den Schrank zu öffnen, die Repräsentiertasse aus der Schachtel zu nehmen und sie in die Sonnenstrahlen zu halten, die durch den geschlossenen Fensterladen hereinfielen. Da schillerte die Tasse in blauen und rosa Reflexen und die gemalten Blümchen schienen zu leben. Die Sonnenstrahlen füllten die Tasse mit goldenem Staub.

Eines bösen Tages geschah ein nicht wieder gutzumachendes Unglück. Die Tasse glitt mir aus den Händen, fiel auf den Boden und zersprang in tausend Stücke.

Fassungslos stand ich vor dem Unglück. Dann las ich die Stücke eines nach dem anderen auf und wickelte sie in Seidenpapier. Das Scherbenpäckchen steckte ich ganz unten in die Schachtel, holte von dort eine neue Tasse herauf und legte sie oben auf die Holzwolle. Nun war alles in Ordnung. Tante Karoline würde nichts merken.

Schließlich kam eine Verwandte und Tante Karoline begann von dem Kaffeeservice zu reden. Mein Herz schlug mir zum Zerspringen. Tante Karoline huschte ins Schlafzimmer und ich wartete auf ihre Rückkehr wie auf das Jüngste Gericht.

Endlich erschien Tante Karoline, über das ganze Gesicht lächelnd, mit der Tasse. Ich stieß einen Seufzer der Erleichterung aus. Sie hatte nichts bemerkt. Von da an stöberte ich nie mehr im Schrank. Tante Karolines Kaffeeservice blieb ungestört in seinem sicheren Versteck.

Ich hatte das Unglück vergessen. Die Tasse, die meine Tante den Gästen zeigte, war immer diejenige, welche ihr als erste in die Hände fiel.

Aber lange Zeit danach vertraute sich mir meine Kusine an. Sie war ganz außer sich vor Entsetzen.

„Ich habe eine Tasse zerbrochen", sagte sie, „eine Tasse von Tante Karolines Service. Von dem im Schlafzimmer. Ich habe der Versuchung nicht widerstehen können, es anzuschauen. Sie ist mir, ich weiß nicht wie, aus den Händen geglitten. Die Scherben habe ich in das Seidenpapier gewickelt und ganz zuunterst in die Schachtel gelegt. Wenn Tante nicht das vollständige Service herausnimmt, wird sie es nicht merken."

Wir baten Gott, dass die Tante nie das vollständige Service herausnehmen möge, und tatsächlich schien er uns erhört zu haben.

Lange Zeit danach wurde ich von meinem Bruder und von meinem Vetter ins Vertrauen gezogen. Eine Tasse hatte mein Bruder zerbrochen, mein Vetter deren zwei. Wir rechneten zusammen. Fünf Tassen waren zerschlagen; aber waren es wirklich nur fünf?

Im Garten hielten wir Kriegsrat. Alle waren wir anwesend, das heißt zu acht: Geschwister, Vettern und Kusinen. Wir zählten die zerschlagenen Tassen zusammen. Waren es neun oder zehn? Wir wussten es nicht genau. Wie konnten wir es nach so vielen Jahren noch genau wissen?

Darum schickten wir einen von uns eines Tages, als die Tante nicht zu Hause war, zur Kontrolle hin. Er kam zurück und meldete, dass an heilen Tassen nur noch zwei vorhanden gewesen seien, vor kurzem wenigstens. Eine jedoch habe er, mit der Hand im Dunkeln tastend, zerbrochen.

Nun besitzt das kostbare Porzellanservice nur noch eine einzige Tasse; aber Tante Karoline weiß es nicht. Sie glaubt, dass in der Schachtel noch alle zwölf Tassen unversehrt seien.

Wenn Gäste kommen, geht sie ins Schlafzimmer und kehrt mit der kostbaren Reliquie in der Hand zurück, hält sie gegen das Licht und ist glücklich, wenn sie die bewundernden Ausrufe und Komplimente der Besucher hört.

„Es ist zu fein zum Gebrauch. Wenn ein Stück von diesem Service zerbräche, wäre es ruiniert."

Man trinkt Kaffee aus alten abgestoßenen Drei-Groschen-Tassen und die Repräsentiertasse steht wegen des schönen Anblicks auf dem Tisch.

Inzwischen sind wir ein gutes Stück gewachsen. Aber wenn wir sehen, wie Tante Karoline ins Schlafzimmer geht, um die Repräsentiertasse zu holen, schlägt uns das Herz zum Zerspringen, wir beten inständig, dass ihr die Tasse nicht aus der Hand fallen möge.

Wir gehen mit ihr. Das Herz steht uns fast still. Wir mahnen sie zu größter Vorsicht. Ja, wir sind bereit vorzuschnellen, falls die Tasse schwanken sollte, um sie zu ergreifen und vor dem Zerbrechen zu bewahren. Und Tante Karoline ist uns für diese Aufmerksamkeit dankbar. Sie wünscht sich, dass wir ihrem Kaffeeservice auch nach ihrem Tode solche Sorgfalt angedeihen lassen.

Impulse zum Nachdenken und für das Gespräch

- Was ist wichtig: Schönes schonen oder benutzen?
- Scherben, Glas, Zerbrechliches im Leben.
- Vieles, was heil scheint, ist in Wahrheit schon längst kaputt. Heiles vortäuschen, das in Wirklichkeit nicht mehr vorhanden ist.
- Sein Herz an Dinge hängen, die zu Scherben werden.
- Wenn wir Kostbares nicht benutzen, zerbricht es.
- Wie weit ist es fair, vor alten Menschen etwas zu verheimlichen, was sie belasten könnte?
- Hat die Tante nicht mehr alle Tassen im Schrank?

Schlüsselsatz

. . . dass ich Angst habe, es könnte zerbrechen.

47 Lieber Hoppelpoppel – wo bist du?

Hans Fallada

Inhalt: Das geliebte Spielzeug des Jungen geht verloren. Der Vater sucht es. Dabei gibt es überraschende Erkenntnisse und Erfahrungen.

Stichwörter: Geben und Nehmen – Kinder – Verlieren – Verschenken

Es war einmal ein kleiner Junge, der hieß Thomas. Dem hatten seine Großeltern zum ersten Weihnachtsfest einen kleinen Hund aus schwarzem Plüsch geschenkt, mit Hängeohren und frechen braunen Augen, eine Art Dackeltier, aber auf Rädern. Und da die Achsen dieser Räder nicht im Mittelpunkt saßen, sondern seitlich, hoppelte und wogte das schwarze Stoffgeschöpf auf und nieder, als haste es wild und über alle Kraft imaginären Hasen nach. Darum taufte der Vater den Hund „Hoppelpoppel", und als Thomas etwas älter geworden war und sprechen konnte, genehmigte auch er diesen Namen.

Er liebte den Hund sehr, immer musste er bei ihm sein. Auch im Schlaf durfte er ihn nicht verlassen, und er wachte sehr genau darüber, dass die Eltern nicht nur ihrem Sohn, sondern auch dem Hoppelpoppel gute Nacht sagten. Es war eben eine richtige Liebe.

Nun geschah es, dass Toms Eltern an einen neuen Wohnsitz verzogen, weit, weit weg. Der kleine Thomas blieb während der Umzugstage bei der guten Tante Kunjä, und mit ihm natürlich Hoppelpoppel – wie hätte Tom sonst bei Tante Kunjä schlafen können?

Nach einer Weile war es dann soweit: Tante Kunjä fuhr mit Tom und Hund nach dem neuen Häuserchen. Auf dem Bahnhof erwartete sie der Vater und der kleine Tom war so selig und verlegen über dies Wiedersehen, dass er schnurstracks seinen Kopf durch des Vaters Beine steckte und so den abfahrenden Zug betrachtete. Dann gingen die drei Hand in Hand durch den Wald zur Mummi ins neue Häuserchen und da kam plötzlich ein Augenblick, da Tante Kunjä angedonnert stehen blieb. „O Gott, habe ich nun doch den Hoppelpoppel in der Bahn liegen gelassen!"

Der Vater machte rasch eine Kopfbewegung und sagte: „Still! Still! Hier hat der 'Herr' so viele neue Eindrücke, dass er 'ihn' einfach vergisst."

Tom sagte noch gar nichts. Er marschierte stramm auf seinen Beinchen zwischen den beiden Großen und sah die herrlich hohen Bäume mit den Pieksenadeln an. Dann kam ein Zwinger mit einem Hund und nun stand Mummi unten auf einer Treppe und hielt die Arme weit auf. Sie gingen durch eine große Tür auf einen weiten Balkon und plötzlich war da unten ein langes, langes Wasser und ein Dampfer kam um die Waldecke, und ein Kahn, zwei Kähne, viele Kähne …

Es wurde Abend und der kleine Junge musste ins Bett. Er war müde und selig aufgeregt, aber als ihn die Mutter über die Bettleiter hob, sagte er: „Hoppelpoppel!"

Der Vater sagte ernst: „Hoppelpoppel fährt mit der Puffbahn, Thomas. Hoppelpoppel kommt morgen."

Das Kind sah seine Eltern fragend an. Erst sagte es nichts, als aber dann das Licht ausgemacht wurde, bat es wieder, dringend: „Hoppelpoppel!"

„Thomas muss jetzt schlafen", sagte die Mutter streng und machte die Tür von außen zu. Die Eltern standen atemlos und lauschten. Nein, kein Gebrüll, kein Weinen, sondern Stille.

„Er wird sich beruhigen", sagte Mummi. „Aber besser ist es doch, du gehst morgen zur Bahn und machst eine Verlustanzeige."

„Schön", sagte der Mann. „Obgleich es keinen Zweck hat. Denn der Zug fährt weiter nach Polen, und die werden uns grade einen Hoppelpoppel zurückschicken!"

Am nächsten Morgen machte der Vater seine Verlustanzeige, dann kam der Nachmittagsschlaf – aber nein, es kam kein Nachmittagsschlaf.

„Hoppelpoppel!"

„Hoppelpoppel kommt bald."

„Nun! Gleich!"

„Thomas muss schlafen!"

Gebrüll, Wut, Trostlosigkeit, Jammer, nur kein Schlaf. Und am Abend dasselbe. Das neue Häuserchen und das viele Wasser und der Garten und der Hund im Zwinger und die vielen Dampfer – alles nichts! Hoppelpoppel, lieber Hoppelpoppel – wo bist du? Hoppelpoppel, ein alberner Stoffhund, war eine finstere Wolke am Himmel, nach drei Tagen überhing sie alles!

„Also, ich fahre morgen nach Berlin und kaufe einen neuen Hoppelpoppel", sagte der Vater zur Mummi.

„Vielleicht kriegst du solch einen gar nicht?"

„Soll das, bitte, hier so weitergehen?"

Der Vater fuhr also. Und schließlich fand er auch seinen Stoffhund, er fand genau den Hoppelpoppel. Er war lange umhergelaufen, er hatte viel Fahrgeld ausgegeben, aber: Heute Nacht wird Tom endlich wieder ruhig schlafen.

Der Vater war so glücklich über den kleinen Hund, am liebsten hätte er aller Welt Gutes getan.

Da war im Abteil ein Kind, es war natürlich kein Kind wie der Thomas, nein, sondern ein dunkles, blasses Kind, es war ein meckriges Kind, es war ein schwieriges, störendes Kind, aber es war ein Kind ... Es saßen noch zwei Herren im Abteil, das hielt den Vater nicht ab, er machte Kuckuck mit dem Kind, er lenkte es ab, er half der Mutter, so gut er konnte, aber es verschlug nichts, es blieb ein schwieriges Kind.

Der Vater nahm aus dem Netz das kleine braune Paket, das Kind sah zu. Er schnürte langsam das Paket auf, das Kind sah genau hin.

Was da wohl drin ist?

Er faltete das Papier auf, ließ ein bisschen sehen, mehr ...

„Hoppelpoppel", sagte der Vater ernst.

„Wauwau", antwortete das Kind selig.

Es wurde nun doch eine sehr gute Bahnfahrt. Siehe, der dicke, brummige Herr in der Ecke war ein rechter Großvater, er zog den Hoppelpoppel auf der leeren Bank zu sich hin. Hoppelpoppel hoppelte. Der Vater zog ihn am Schwanz zurück. Das Kind jauchzte. Manchmal ging eine kleine Sorgenwolke über des Vaters Herz.

„Wie weit fahren Sie?", fragte er die Mutter des Kindes.

„Bis Neu-Bentschen. Und Sie ... ?"

„Oh, ich muss viel früher raus. Ihr Junge wird ja den Hund bis dahin über haben."

„Das weiß ich nicht", sagte die Frau. „Wenn er was liebt, dann liebt er es auch richtig."

„Na, eine Weile fahren wir ja auch noch", sagte der Vater nachdenklich und ließ den Hund bellen.

Der Vater kramte das braune Papier wieder vor und den Bindfaden. „Nun pass auf, jetzt geht Hoppelpoppel schlafen."

Das Kind sah aufmerksam zu, aber dann, als der Hund im Papier verschwand, fing es an zu weinen. „Hoppäpoppä", sagte es klagend.

Alle redeten auf das Kind ein, das Kind weinte stärker, der Vater sagte: „Ich brauche ihn ja schließlich nicht eingepackt mitzunehmen, er kann ihn ja noch den Augenblick halten ... "

Das Kind nahm den Hoppelpoppel in den Arm, es lächelte, es lächelte – lieber Himmel! Es war doch ein sehr ähnliches Kind ...

Der Zug fuhr langsamer, der Zug hielt.

„Nun gib dem Onkel den Hoppelpoppel."

Das Kind hielt den Hund fest.

„Willst du wohl artig sein, gibst du ... !"

„Aussteigen ... !"

„Du sollst den Hund loslassen!"

„Gib mir doch den Wauwau, bitte, bitte! Ich habe auch einen kleinen Jungen ..."

„Sie wollen noch raus? Bitte beeilen!" (*)

Alles ging durcheinander, das Kind weinte schmerzlich, der Schaffner schimpfte. Eine Hand (es war die Hand der Mutter) riss an der klammernden Kinderhand, das Weinen wurde lauter. Der Vater stand draußen mit seinem Hoppelpoppel, er dachte verwirrt: Wenn er was liebt, dann liebt er es auch richtig ...

Der Zug fuhr an, der Vater riss die Tür wieder auf, warf den Hund ins Abteil. Der Zug fuhr schneller, am Fenster waren Mutter und Kind zu sehen, das Kind hielt den Hoppelpoppel ...

Der Mann ging langsam durch den dunklen Wald nach Haus, er hatte es nicht eilig. Wenn er zu Hause ankommen würde, würde sein Junge grade ins Bett gebracht werden, er würde sehnsüchtig betteln: Hoppelpoppel! Der Mann bereute nicht, der Mann schalt sich nicht, er war nur traurig. Irgendetwas war nicht in Ordnung auf dieser Welt, irgendetwas stimmte nicht: Dem einen geben, dass der andere weint ...?

Der Mann schloss die Tür auf, oben krähte der Tom. Der Mann ging langsam und leise die Treppe hinauf, er hängte leise den Mantel fort, er zog seine Hausschuhe an ... schließlich musste er doch die Tür aufmachen ... Da aß sein kleiner Sohn am Tischchen den Haferbrei, und auf dem Tisch stand der Hoppelpoppel! Der Hoppelpoppel mit einem langen, langen Zettel am Hals.

„Sieh nur, Mann", sagte die Mummi.

Auf dem Zettel standen viele bahnamtliche Vermerke, aber da stand auch: Zbaszyn (Bentschen). Kleine schwazze Hund, särr biese. Beißt …

„Kleine schwazze Hund, särr biese …“, sagte der Vater langsam.

Komisch: Plötzlich war die Welt wieder in Ordnung.

Impulse zum Nachdenken und für das Gespräch

- Wie erlebe ich den Vater in der Geschichte?
- Gegenstände sind mehr als Sachen, weil sich oft etwas mit ihnen verbindet. Meine Erinnerungen an mein „Hoppelpoppel“ oder das meiner Kinder.
- Woran mein Herz hängt.
- Man kann beim Lesen der Geschichte beim Stern (*) unterbrechen und den Zuhörenden die Frage stellen: Wie geht es wohl weiter? Danach weiterlesen.
- Nicht immer gehen solche Geschichten mit Happy End aus. Was ist *dann* wichtig? Verlorenes Glück kann man nicht immer wiederherstellen. Was dann?

Schlüsselsatz

Dem einen geben, dass der andere weint?

Biblische Anschlusstexte

Matthäus 6,19–21 (Wo dein Schatz, da dein Herz). Wenn Geschichte eher als Gleichnis verstanden wird: Matthäus 16,25 (Wer sein Leben verliert …); Lukas 18,29.30 (Etwas geben und anderes, mehr dafür empfangen); Philipper 4,11–13 (Ich kann haben und nicht haben).

Kein Teddy

48

Klaus Dieter L.

Inhalt: Ein siebenjähriger Sinti-Junge erlebt an Weihnachten eine grausame Enttäuschung und Demütigung. – Ein paar Jahrzehnte später liest eine Schulklasse seinen Bericht darüber in einem Buch und schreibt ihm einen Brief.

Stichwörter: Enttäuschung – Schenken – Weihnachten

Ich erinnere mich als Kind an ein Weihnachtsfest, das alles andere als schön war. Es war im Waisenhaus St. Anna in Neuß. Ich war gerade sieben Jahre; die letzte Woche vor Weihnachten war für uns die erwartungsvollste. Wir waren mit fünfundzwanzig Kindern aus allen Schichten in einer Gruppe zusammengefasst. Jedes einzelne Kind war Schicksal. Es gab lustige, traurige und aggressive Kinder. Die Weihnachtsbescherung fand immer am ersten Weihnachtstag statt und bestand aus öffentlichen Spenden. Die Geschenke waren rar. Da wir anspruchslos waren, war für uns ein kleines Spielauto so viel wert wie eine Elektroorgel, die man heute einem Kind schenkt.

Fünf Tage vor Weihnachten hatte ich eine Stunde Nachsitzen in der Schule, knapp eine Stunde war der Nachhauseweg.

Nun stand ich da. Ich wusste, was mir blühte, wenn ich verspätet ins Waisenhaus zurückkam. Ich muss wohl sehr traurig und verlassen ausgesehen haben, denn plötzlich stoppte ein Auto neben mir und eine freundliche Männerstimme fragte, ob ich mich verlaufen hätte. Ich schüttelte den Kopf, mir kamen darauf die Tränen.

„Nun, jetzt weine mal nicht, komm steig ein und dann erzähl mal."

Da die Stimme sehr vertrauenswürdig klang, stieg ich ins Auto ein. Und dann sprudelte es aus mir raus: „Ich habe Nachsitzen gehabt und wenn ich jetzt ins Waisenhaus zurückkomme, bekomme ich Schläge."

Der Mann fragte mich, ob ich noch Eltern habe. Ich bejahte dieses, räumte aber ein, dass ich sie nicht kenne, sie kümmern sich nicht um mich.

Er strich mir über das Haar und sagte: „Ich fahre dich zum Waisenhaus." Auf der Fahrt fragte er weiter, was ich denn vom Christkind bekomme oder mir gewünscht habe.

Ich sagte: „Wir dürfen uns nichts wünschen."

„Nun, was hättest du denn gerne vom Christkind?"

Ich sagte: „Ich möchte gerne einen großen Wasserfarbenmalkasten und einen Teddybär, den ich lieb haben kann."

Mittlerweile waren wir am Waisenhaus angekommen. Er nahm einen Block und fragte mich nach meinem Namen. Als ich mich verabschiedete, sagte er lächelnd: „Diesmal gehen deine Wünsche in Erfüllung. Du wirst vom Christkind ein Paket bekommen."

Es fiel nicht auf, dass ich Nachsitzen hatte. Die paar Minuten, die ich zu spät kam, entschuldigte ich mit Bummelei.

Bis zum ersten Weihnachtstag verging die Zeit langsam, dann endlich war es soweit. Morgens gingen wir in die Christmette, danach sollte Bescherung sein. Meine Gedanken waren beim Teddybär und dem Wasserfarbenmalkasten. Von einer inneren Spannung besessen, sang ich mit den anderen Kindern das „Stille Nacht, Heilige Nacht".

Dann mussten wir uns hintereinander aufstellen und mit dem Lied „Süßer die Glocken nie klingen" begann der Marsch ins Bescherungszimmer. Wir waren alle einheitlich gekleidet. Unsere blassen Gesichter, gemischt mit Resignation und Hoffnungsschimmer, angestrahlt von hellen, nackten Lampen, wirkten wie Totengesichter. Zaghaft erklangen unsere Stimmen.

Endlich waren wir im Bescherungszimmer. Lange Tische waren zusammengestellt und überall standen Kärtchen mit Namen. Mein Blick irrte durchs Bescherungszimmer – ich hielt Ausschau nach einem Teddybär. Ich sah keinen. Ein anderer Junge sagte: „Klaus, hier ist dein Platz!" Ein Teller mit Süßigkeiten, ein Ball und ein Malbuch lagen auf dem Tisch. Freudlos betrachtete ich die Geschenke. Bittere Enttäuschung machte sich in mir breit – es wäre ja auch zu schön gewesen. So dachte ich.

Nachdem der erste Trubel sich gelegt hatte, sagte die Nonne: „Jetzt kommt die Paketausgabe!"

Ein neuer Hoffnungsschimmer kam in mir auf. Eine Reihe von Namen wurde aufgerufen. „Klaus Dieter L.!"

Wie ein Traumwandler ging ich zur Nonne. „So, Klaus, du hast ein Paket, aber nicht von deinen Eltern. Wer ist dieser Mann, der dir das große Paket schickt?"

Ich schwieg. „Na, kannst du nicht antworten? Wenn du nicht weißt, wer der Mann ist, dann ist das Paket nicht für dich gedacht." Tränen stiegen mir in die Augen. Doch dann sagte ich die Wahrheit. Die Nonne öffnete in der Zwischenzeit das Paket: Ein großer Teddybär kam zum Vorschein und ein Wasserfarbenmalkasten und verschiedene andere Kleinigkeiten. Erwartungsvoll starrte ich die Nonne an. War das ein herrlicher Teddybär, ganz in Blau mit einer roten Schleife! Nach einiger Zeit sagte die Nonne: „Strafe muss sein. Du hast Nachsitzen gehabt, bist zu einem fremden Mann ins Auto gestiegen, deswegen wirst du von dem gesamten Paketinhalt nichts bekommen. Es gibt andere Kinder, die sich darüber freuen."

Laut schluchzend lief ich aus dem Bescherungszimmer. Es war das traurigste Weihnachtsfest für mich. Ich habe nie mehr einen Teddybär geschenkt bekommen.

Nach der Lektüre dieses Berichtes im Religionsunterricht einer 10. Klasse beschlossen die Schülerinnen und Schüler spontan: Dem Mann kaufen wir einen Teddy! Vor den Weihnachtsfeiern schickten sie das Paket ab – Jahrzehnte nach dem erzählten Erlebnis.

Im Januar kam der folgende Dankbrief:

Hallo liebe Mädels und Jungs,

ich war sehr erstaunt und freudig überrascht, als ich das Paket ausgehändigt bekam.

Ich möchte mich bei euch allen herzlich bedanken.

Dem Teddy habe ich auch einen Namen gegeben. Er heißt: „Little Clemy".

Es freut mich, dass meine Geschichte euch gefallen hat, nur wünschte ich, sie wäre Fantasie, aber leider entspricht sie den vollen Tatsachen.

Es war eines von vielen traurigen Weihnachten, erlebt in Waisenhäusern, Erziehungsanstalten, Jugendvollzugsanstalten und Gefängnissen.

Ich kann euch nur wünschen, dass keiner von euch in dieser oder ähnlicher Weise Weihnachten erleben muss.

In diesem Sinne wünsche ich euch alles Gute und nochmals vielen Dank.

Impulse zum Nachdenken und für das Gespräch

- Der Junge – der Chauffeur – die Nonne – die Schulklasse – der erwachsene Klaus Dieter: Sich jeweils in die Personen hineinzuversetzen suchen: Was mag in ihnen vorgegangen sein?
- Die andere Seite des Festes. Was weiß „unser" Fest von den Ausgesonderten mitten unter uns?
- Strenge, die vernichtet, und Strenge, die hilft.
- Erinnerungen: Mein schönstes und mein traurigstes Fest.

Schlüsselsatz

Einen Teddybär, den ich liebhaben kann.

Begleittexte

Erwachsen sein heißt:
vergessen,
wie untröstlich
wir als Kinder oft gewesen sind.

Heinrich Böll

Ein Kind, dessen Individualität von klein auf respektiert wird, wird einmal größere innere Reserven haben, von denen es als Erwachsener zehren kann.

Vance Packard

Biblische Anschlusstexte

Matthäus 18,1–6 (Besser ein Mühlstein); Matthäus 25,41ff. (Das habt ihr mir auch nicht getan); Lukas 10,25ff. (Priester und Levit gingen vorbei); Römer 2,21–24 (Euretwegen der Name Gottes gelästert); 1. Johannes 2,7–10 (Wer sagt, er sei im Licht).

Anmerkung

Klaus Dieter L. nennt den Teddy, den er sehr spät doch noch bekommt, *Little Clemy*. Im Englischen gibt es das Wort *Clemy* nicht; nur *clement* und *clemency*, d. h. Milde, Nachsicht, Gnade; davon abgeleitet der englische Vorname *Clement* (von lat. *clemens*, milde, nachsichtig).

Geschenke – Wünsche – Überraschungen

49 Drei Wünsche

Johann Peter Hebel

Inhalt: Ein junges Paar hat drei Wünsche frei und verschenkt seine Chancen.

Stichwort: Verpasste Chancen – Wünsche

Ein junges Ehepaar lebte recht vergnügt und glücklich beisammen und hatte den einzigen Fehler, der in jeder menschlichen Brust daheim ist: Wenn man's gut hat, hätt' man's gerne besser. Aus diesem Fehler entstehen so viele törichte Wünsche, woran es unserm Hans und seiner Liese auch nicht fehlte. Bald wünschten sie des Schulzen Acker, bald des Löwenwirts Geld, bald des Meyers Haus und Hof und Vieh, bald einmal hunderttausend Millionen bayerische Taler kurzweg.

Eines Abends aber, als sie friedlich am Ofen saßen und Nüsse aufklopften und schon ein tiefes Loch in den Stein hineingeklopft hatten, kam durch die Kammertür ein weißes Weiblein herein, nicht mehr als eine Elle lang, aber wunderschön von Gestalt und Angesicht, und die ganze Stube war voll Rosenduft. Das Licht löschte aus, aber ein Schimmer wie Morgenrot, wenn die Sonne nicht mehr fern ist, strahlte von dem Weiblein aus und überzog alle Wände.

Über so etwas kann man nun doch ein wenig erschrecken, so schön es aussehen mag. Aber unser gutes Ehepaar erholte sich bald wieder, als das Fräulein mit wundersüßer, silberreiner Stimme sprach: „Ich bin eure Freundin, die Bergfee, Anna Fritze, die im kristallenen Schloss mitten in den Bergen wohnt, mit unsichtbarer Hand Gold in den Rheinsand streut und über siebenhundert dienstbare Geister gebietet. Drei Wünsche dürft ihr tun; drei Wünsche sollen erfüllt werden."

Hans drückte den Ellenbogen an den Arm seiner Frau, als ob er sagen wollte: Das lautet nicht übel. Die Frau aber war schon im Begriff, den Mund zu öffnen und etwas von ein paar Dutzend goldgestickten Kappen, seidenen Halstüchern und dergleichen zur Sprache zu bringen, als die Bergfee sie mit aufgehobenem Zeigefinger warnte: „Acht Tage lang", sagte sie, „habt ihr Zeit. Bedenkt euch wohl und übereilt euch nicht."

Das ist kein Fehler, dachte der Mann und legte seiner Frau die Hand auf den Mund. Das Bergfräulein aber verschwand. Die Lampe brannte wie vorher und statt des Rosendufts zog wieder wie eine Wolke am Himmel der Öldampf durch die Stube.

So glücklich nun unsere guten Leute in der Hoffnung schon zum Voraus waren und keinen Stern mehr am Himmel sahen, sondern lauter Bassgeigen; so waren sie jetzt doch recht übel daran, weil sie vor lauter Wunsch nicht wussten, was sie wünschen wollten, und nicht einmal das Herz hatten, recht daran zu denken oder davon zu sprechen, aus Furcht, es möchte für gewünscht passieren, ehe sie es genug überlegt hätten.

„Nun", sagte die Frau, „wir haben ja noch Zeit bis am Freitag."

Des andern Abends, während die Kartoffeln zum Nachtessen in der Pfanne prasselten, standen beide, Mann und Frau, vergnügt an dem Feuer beisammen, sahen zu, wie die kleinen Feuerfünklein an der rußigen Pfanne hin und her züngelten, bald angingen, bald auslöschten, und waren ohne ein Wort zu reden, vertieft in ihrem künftigen Glück. Als sie aber die gerösteten Kartoffeln aus der Pfanne auf das Plättlein anrichtete und ihr der Geruch lieblich in die Nase stieg, sagte sie in aller Unschuld und ohne an etwas anderes zu denken: „Wenn wir jetzt nur ein gebratenes Würstlein dazu hätten!"

Und, – oh weh, da war der erste Wunsch getan.

Schnell, wie ein Blitz kommt und vergeht, kam es wieder wie Morgenrot und Rosenduft untereinander durch den Kamin herab und auf den Kartoffeln lag die schönste Bratwurst. – Wie gewünscht, so geschehen. – Wer sollte sich über einen solchen Wunsch und seine Erfüllung nicht ärgern? Welcher Mann über solche Unvorsichtigkeit seiner Frau nicht unwillig werden?

„Wenn dir doch die Wurst an der Nase angewachsen wäre", sprach er in der ersten Überraschung, auch in aller Unschuld und ohne an etwas anderes zu denken – und wie gewünscht, so geschehen. Kaum war das letzte Wort gesprochen, da saß die Wurst auf der Nase des guten Weibes fest, wie angewachsen im Mutterleib, und hing zu beiden Seiten herab wie ein Husaren-Schnauzbart.

Nun war die Not der armen Eheleute erst recht groß. Zwei Wünsche waren getan und vorüber, und noch waren sie um keinen Heller und um kein Weizenkorn, sondern nur um eine böse Bratwurst reicher. Noch war ein Wunsch übrig. Aber was half nun aller Reichtum und alles Glück zu einer solchen Nasenzierrat der Hausfrau?

Wollten sie wohl oder übel, so mussten sie die Bergfee bitten, mit unsichtbarer Hand Barbiersdienste zu leisten und Frau Liese wieder von der vermaledeiten Wurst zu befreien. Wie gebeten, so geschehen, und so war der dritte Wunsch auch vorüber, und die armen Eheleute sahen einander an, waren der nämliche Hans und die nämliche Liese nachher wie vorher und die schöne Bergfee kam niemals wieder.

Merke: Wenn zu dir einmal die Bergfee kommen sollte, so sei nicht geizig, sondern wünsche:

Numero eins: Verstand, dass du wissen mögest, was du

Numero zwei: wünschen solltest, um glücklich zu werden. Und weil es leicht möglich wäre, dass du alsdann etwas wähltest, was ein törichter Mensch nicht hoch anschlägt, so bitte noch

Numero drei: um beständige Zufriedenheit und keine Reue.

Oder so:

Alle Gelegenheit glücklich zu werden, hilft nichts, wer den Verstand nicht hat, sie zu benutzen.

Impulse zum Nachdenken und für das Gespräch

- Törichte Wünsche.
- Wenn ich drei Wünsche frei hätte ...
- Kann man wunschlos glücklich sein?
- Woher kommen Unzufriedenheit und Zufriedenheit?
- Gespräch über das Hebel'sche „Merke!"

Schlüsselsatz

Wenn man es gut hat, hätte man es gerne besser.

Begleittexte

Was ich mir wünsche

Die Unermüdlichkeit der Drossel, da es
dunkelt, den Gesang zu erneuern.
Den Mut des Grases, nach so viel
Wintern zu grünen.
Die Geduld der Spinne, die ihrer Netze
Zerstörung nicht zählt.
Die Kraft im Nacken des Kleibers.
Das unveränderliche Wort der Krähen.
Das Schweigen der Fische gestern.
Den Fleiß der Holzwespen, die Leichtigkeit
ihrer Waben.
Die Unbestechlichkeit des Spiegels.
Die Wachheit der Uhr.
Den Schlaf der Larve im Acker.
Die Lust des Salamanders am Feuer.
Die Härte des Eises, das der Kälte
trotzt, doch schmilzt im Märzlicht der Liebe.
Die Glut des Holzes, wenn es verbrennt.
Die Armut des Winds.
Die Reinheit der Asche, die bleibt.

R. O. Wiemer

Mein Wunsch für dich ist vielmehr dieser:
Mögst dankbar du und allezeit bewahren nur in deinem Herzen
die kostbare Erinnerung der guten Ding' in deinem Leben.

Nicht dass von jedem Leid verschont du mögest bleiben:
noch dass dein künft'ger Weg stets Rosen für dich trage
noch keine bitt're Träne über deine Wange komme
und niemals du den Schmerz erfahren sollst:

Dies alles, nein, das wünsche ich dir nicht.
Denn: kann das Herz in Tränen nicht geläutert,
kann's nicht im Leid geadelt werden –

wenn nämlich Schmerz und Not
dich aufnimmt in die Gemeinschaft mit Maria und dem Kind,
sodass ihr Lächeln Zuversicht und Trost gewährt?

Mein Wunsch für dich ist vielmehr dieser:
Mögst dankbar du und allezeit bewahren nur in deinem Herzen
die kostbare Erinnerung der guten Ding' in deinem Leben:
Dass mutig stehest du in deiner Prüfung,
wenn hart das Kreuz auf deinen Schultern liegt,
und wenn der Gipfel, den es zu ersteigen gilt,
schier unerreichbar scheint,
ja selbst das Licht der Hoffnung zu entschwinden droht;

dass jede Gottesgabe in dir wachse und mit den Jahren sie dir helfe,
die Herzen jener froh zu machen, die du liebst;
dass immer einen wahren Freund du hast, der Freundschaft wert,
der dir Vertrauen gibt, wenn's dir an Licht gebricht und Kraft,

dass du dank ihm den Stürmen standhältst
und so die Höhen doch erreichst,
und dass dein Freud' und Leid das Lächeln voller Huld
des menschgeword'nen Gottessohnes mit dir sei
und du allzeit so innig ihm verbunden, wie er's für dich ersehnt.

Irischer Weihnachtsgruß

Biblische Anschlusstexte

1. Könige 3,5–15 (Salomos Wünsche); Psalm 27,4 (Eins hätte ich gerne); Sprüche 8,11 (Weisheit ist besser als Perlen); Sprüche 21,25 (Stirbt über seinen Wünschen); Matthäus 20,20–28 (Jesus korrigiert Wünsche); Markus 8,36.37 (Was hülfe es . . .).

50 Das Geschenk

Joe Lederer

Inhalt: Ein Europäer, in China als Fremder vereinsamt, erhält ein merkwürdiges Weihnachtsgeschenk.

Stichwörter: Glück – Schenken – Teilen – Weihnachten

Bemerkung: Geeignet als Einstieg für ein Gespräch über weihnachtliches Schenken.

Einmal hatte ich eine Zeit lang in China gelebt.

Ich war im Frühling in Shanghai angekommen und die Hitze war mörderisch. Die Kanäle stanken zum Himmel, und immer war der ranzige, üble Geruch von Sojabohnenöl in der Luft. Ich konnte mich nicht eingewöhnen. Neben Wolkenkratzern lagen Lehmhütten, vor denen nackte Kinder im Schmutz spielten. Nachts zirpten die Zikaden im Garten und ließen mich nicht schlafen.

Im Herbst kam der Taifun und der Regen stand wie eine gläserne Wand vor den Fenstern. Ich hatte Heimweh nach Europa. Da war niemand, mit dem ich befreundet war. Ich kam mir verloren vor in diesem Meer von fremden gelben Gesichtern. Dann kam Weihnachten. Ich wohnte bei Europäern, die chinesische Diener hatten.

Der oberste von ihnen war der Koch, Ta-tse-fu, der große Herr der Küche. Er sprach gebrochen Deutsch und war der Dolmetscher zwischen mir und dem Zimmer-Kuli, dem Ofen-Kuli, dem Wäsche-Kuli und was es da eben sonst noch an Dienerschaft im Haus gab.

Am Heiligen Abend, und ich saß wieder einmal verheult in meinem Zimmer, überreichte mir der Ta-tse-fu ein Geschenk. Es war eine chinesische Kupfermünze mit einem Loch in der Mitte, und durch das Loch waren viele bunte Wollfäden gezogen und dann zu einem Zopf zusammengeflochten. „Ein sehr altes Münze", sagte der Koch feierlich. „Und die Wollfäden gehört auch dir. Wollfäden sind von mir und mein Frau und Brüder von Ofen-Kuli – von uns allen sind die Wollfäden."

Ich bedankte mich sehr. Es war ein merkwürdiges Geschenk – und noch viel merkwürdiger, als ich zuerst dachte. Denn als ich die Münze mit ihrem bunten Wollzopf einem Bekannten zeigte, der seit Jahrzehnten in China lebte, erklärte er mir, was es damit für eine Bewandtnis hatte: Jeder Wollfaden war eine Stunde des Glücks.

Der Koch war zu seinen Freunden gegangen und hatte sie gefragt: „Willst du von dem Glück, das dir für dein Leben vorausbestimmt ist, eine Stunde abtreten?" Und Ofen-Kuli und Zimmer-Kuli und Wäsche-Kuli und ihre Verwandten hatten für mich, für die fremde Europäerin, einen Wollfaden gegeben, als Zeichen, dass sie mir von ihrem eigenen Glück eine Stunde des Glücks schenken. Es war ein großes Opfer, das sie brachten. Denn wenn sie auch bereit waren, auf eine Stunde des Glücks zu verzichten – es lag nicht in ihrer Macht zu bestimmen, welche Stunde aus ihrem Leben es sein würde.

Das Schicksal würde entscheiden, ob sie die Glücksstunde abtraten, in der ihnen ein reicher Verwandter sein Hab und Gut verschrieben hätte, oder ob es nur eine der vielen Stunden sein würde, in der sie glücklich beim Reiswein saßen; ob sie die Glücksstunden wegschenkten, in der das Auto, das sie sonst überfahren hätte, noch rechtzeitig bremste – oder die Stunde, in der das junge Mädchen vermählt worden wäre. Blindlings und doch mit weit offenen Augen machten sie mir, der Fremden, einen Teil ihres Lebens zum Geschenk.

Nun ja – die Chinesen sind abergläubisch. Aber ich habe nie wieder ein Weihnachtsgeschenk bekommen, das sich mit diesem hätte vergleichen lassen. Von diesem Tag an habe ich mich in China wohl gefühlt. Und die Münze mit dem bunten Wollzopf hat mich jahrelang begleitete. Ich habe sie nicht mehr. Eines Tages lernte ich jemanden kennen, der war noch übler dran als ich damals in Shanghai. Und da habe ich einen Wollfaden genommen, ihn zu den anderen Fäden dazugeknüpft – und habe die Münze weitergegeben.

Impulse zum Nachdenken und für das Gespräch

- Welche Geschenke machen Freude, welche sind Routine? Nachdenken über Geschenke, deren Wert nicht in Mark und Pfennig liegt und über sinnvolles Schenken.
- Weihnachtliche Geschenksitten.
- Wenn zwei fremde Kulturen sich begegnen.
- Weihnachten: Gott schenkt nicht „etwas", sondern Jesus als „Kuli", d. h. als Diener, der von seinem eigenen Glück abgibt.
- Wie mich andere Menschen überraschend beschenkt haben.
- Erfahrungen zusammentragen: Wie mir Menschen geholfen haben, die mir fremd sind, von denen ich es eigentlich nicht erwartet hätte (vgl. Lukas 10,25ff.: der Samariter).

Schlüsselsatz

Von diesem Tag an habe ich mich wohl gefühlt.

Biblische Anschlusstexte

Matthäus 20,28 (Nicht um sich dienen zu lassen, sondern um zu dienen); Johannes 3,16 (Dass er seinen Sohn gab); Philipper 4,4–7 (Eure Güte lasset kund sein allen Menschen).

Anmerkung

Kuli = Diener

Die geschälte Apfelsine

51

S. Caroll

Inhalt: In einem Waisenhaus zeigen Jungen einem aus ihrer Mitte Ausgegrenzten durch ein Geschenk, dass er dazugehört.

Stichwörter: Ausgrenzung – Demütigung – Schenken – Solidarität – Teilen – Weihnachten

Schon als kleiner Junge hatte ich meine Eltern verloren und kam mit neun Jahren in ein Waisenhaus in der Nähe von London. Es war mehr ein Gefängnis. Wir mussten 14 Stunden am Tage arbeiten – im Garten, in der Küche, im Stall, auf dem Felde. Kein Tag brachte eine Abwechslung und im ganzen Jahr gab es für uns nur einen einzigen Ruhetag: Das war der Weihnachtstag. Dann bekam jeder Junge eine Apfelsine zum Christfest. Das war alles. Keine Süßigkeiten. Kein Spielzeug. Aber auch diese eine Apfelsine bekam nur derjenige, der sich im Laufe des ganzen Jahres nichts hatte zuschulden kommen lassen und immer folgsam gewesen war. Diese Apfelsine an Weihnachten verkörperte die Sehnsucht eines ganzen Jahres.

So war wieder einmal das Christfest herangekommen. Aber es bedeutete für mein Knabenherz fast das Ende der Welt. Während die anderen Jungen am Waisenhausvater vorbeischritten und jeder seine Apfelsine in Empfang nahm, musste ich in einer Zimmerecke stehen und – zusehen. Das war meine Strafe dafür, dass ich eines Tages im Sommer aus dem Waisenhaus hatte weglaufen wollen.

Als die Geschenkeverteilung vorüber war, durften die anderen Buben auf dem Hofe spielen. Ich aber musste in den Schlafraum gehen und dort den ganzen Tag über im Bett liegen bleiben. Ich war tief traurig und beschämt. Ich weinte und wollte nicht länger leben.

Nach einer Weile hörte ich Schritte im Zimmer. Eine Hand zog die Bettdecke weg, unter die ich mich verkrochen hatte. Ich blickte auf. Ein kleiner Junge namens William stand vor meinem Bett, hatte eine Apfelsine in der rechten Hand und hielt sie mir entgegen. Ich wusste nicht, wie mir geschah. Wo sollte eine überzählige Apfelsine hergekommen sein?

Ich sah abwechselnd auf William und auf die Frucht und fühlte dumpf in mir, dass es mit der Apfelsine eine besondere Bewandtnis haben müsste. Auf einmal erkannte ich, dass die Apfelsine bereits geschält war. Ich blickte näher hin und mir wurde alles klar. Tränen kamen in meine Augen. Als ich die Hand ausstreckte, um die Frucht entgegenzunehmen, da wusste ich, dass ich fest zupacken musste, damit sie nicht auseinanderfiel.

Was war geschehen? Zehn Jungen hatten sich auf dem Hofe zusammengetan und beschlossen, dass auch ich zu Weihnachten meine Apfelsine haben müsse. So hatte jeder die seine geschält und eine Scheibe abgetrennt, und die zehn abgetrennten Scheiben hatten sie sorgfältig zu einer neuen, schönen und runden Apfelsine zusammengesetzt.

Diese Apfelsine war das schönste Weihnachtsgeschenk in meinem Leben. Sie lehrte mich, wie trostvoll echte Kameradschaft sein kann.

Impulse zum Nachdenken und für das Gespräch

- Wie kann jemand, der „draußen" ist, hereingeholt werden? Wie hat Jesus die „draußen" reingeholt?
- Eine Verbindung zwischen dieser Geschichte und Jesu Gleichnis vom verlorenen Schaf suchen.
- Was bedeutet diese Begebenheit für den, der sie erzählt? Was für die zehn Jungen? Was war die Freude eines jeden?
- Das Ganze ist mehr als die Teile. Bei dieser Apfelsine und im Zusammenleben.

Schlüsselsatz

So hatte jeder eine Scheibe abgetrennt und sie hatten sie zu einer neuen Apfelsine zusammengesetzt.

Biblische Anschlusstexte

Lukas 15,1–7 (Er sucht, was fehlt); 1. Petrus 4,10 (Jeder mit seiner Gabe); Hebräer 13,16 (Zu teilen vergesst nicht).

Das Paket des lieben Gottes 52

Bertolt Brecht

Inhalt: Arbeitslose feiern an Weihnachten 1908 in Chicago in einer Kneipe. Sie machen sich über einen Gast lustig. Das führt zu einer unerwarteten Überraschung, die alle mit Freude ansteckt.

Stichwörter: Befreiung – Fügung – Geschenk – Schuld – Weihnachten – Zufall

Nehmt eure Stühle und eure Teegläser mit hier hinten an den Ofen und vergesst den Rum nicht. Es ist gut, es warm zu haben, wenn man von der Kälte erzählt.

Manche Leute, vor allem eine gewisse Sorte Männer, die etwas gegen Sentimentalität hat, haben eine starke Aversion gegen Weihnachten. Aber zumindest ein Weihnachten in meinem Leben ist bei mir wirklich in bester Erinnerung. Das war der Weihnachtsabend 1908 in Chicago.

Ich war anfangs November nach Chicago gekommen und man sagte mir sofort, als ich mich nach der allgemeinen Lage erkundigte, es würde der härteste Winter werden, den diese ohnehin genügend unangenehme Stadt zustande bringen könnte. Als ich fragte, wie es mit den Chancen für einen Kesselschmied stünde, sagte man mir, Kesselschmiede hätten keine Chancen, und als ich eine halbwegs mögliche Schlafstelle suchte, war alles zu teuer für mich. Und das erfuhren in diesem Winter 1908 viele in Chicago, aus allen Berufen.

Und der Wind wehte scheußlich vom Michigan-See herüber durch den ganzen Dezember, und gegen Ende des Monats schlossen auch noch eine Reihe großer Fleischpackereien ihren Betrieb und warfen eine ganze Flut von Arbeitslosen auf die kalten Straßen.

Wir trabten die ganzen Tage durch sämtliche Stadtviertel und suchten verzweifelt nach etwas Arbeit und waren froh, wenn wir am Abend in einem winzigen, mit erschöpften Leuten angefüllten Lokal im Schlachthofviertel unterkommen konnten. Dort hatten wir es wenigstens warm und konnten ruhig sitzen. Und wir saßen, so lange es irgend ging, mit einem Glas Whisky, und wir sparten alles den Tag über auf für dieses eine Glas Whisky, in das noch Wärme, Lärm und Kameraden mit einbegriffen waren, all das, was es an Hoffnung für uns noch gab.

Dort saßen wir auch am Weihnachtsabend dieses Jahres, und das Lokal war noch überfüllter als gewöhnlich und der Whisky noch wässriger und das Publikum noch verzweifelter. Es ist einleuchtend, dass weder das Publikum noch der Wirt in Feststimmung geraten, wenn das ganze Problem der Gäste darin besteht, mit einem Glas eine ganze Nacht auszureichen, und das ganze Problem des Wirtes, diejenigen hinauszubringen, die leere Gläser vor sich stehen hatten.

Aber gegen zehn Uhr kamen zwei, drei Burschen herein, die, der Teufel mochte wissen woher, ein paar Dollars in der Tasche hatten, und die luden, weil es doch eben Weihnachten war und Sentimentalität in der Luft lag, das ganze Publikum ein, ein paar Extragläser zu leeren. Fünf Minuten darauf war das ganze Lokal nicht wiederzuerkennen.

Alle holten sich frischen Whisky (und passten nun ungeheuer genau darauf auf, dass ganz korrekt eingeschenkt wurde), die Tische wurden zusammengerückt, und ein verfroren aussehendes Mädchen wurde gebeten, einen Cakewalk zu tanzen, wobei sämtliche Festteilnehmer mit den Händen den Takt klatschten. Aber was soll ich sagen, der Teufel mochte seine schwarze Hand im Spiel haben, es kam keine rechte Stimmung auf.

Ja, geradezu von Anfang an nahm die Veranstaltung einen direkt bösartigen Charakter an. Ich denke, es war der Zwang, sich beschenken lassen zu müssen, der alle so aufreizte. Die Spender dieser Weihnachtsstimmung wurden nicht mit freundlichen Augen betrachtet. Schon nach den ersten Gläsern des gestifteten Whiskys wurde der Plan gefasst, eine regelrechte Weihnachtsbescherung – ein Unternehmen größeren Stiles – vorzunehmen.

Da ein Überfluss an Geschenkartikeln nicht vorhanden war, wollte man sich weniger an direkt wertvolle und mehr an solche Geschenke halten, die für die zu Beschenkenden passend waren und vielleicht sogar einen tieferen Sinn hatten.

So schenkten wir dem Wirt einen Kübel mit schmutzigem Schneewasser von draußen, wo es davon gerade genug gab, *damit er mit seinem alten Whisky noch ins neue Jahr hinein ausreichte.* Dem Kellner schenkten wir eine alte, erbrochene Konservenbüchse, *damit er wenigstens ein anständiges Servicestück hätte,* und einem zum Lokal gehörigen Mädchen ein schartiges Taschenmesser, *damit sie wenigstens die Schicht Puder vom vergangenen Jahr abkratzen könnte.*

Alle diese Geschenke wurden von den Anwesenden, vielleicht nur die Beschenkten ausgenommen, mit herausforderndem Beifall bedacht. Und dann kam der Hauptspaß.

Es war nämlich unter uns ein Mann, der musste einen schwachen Punkt haben. Er saß jeden Abend da, und Leute, die sich auf dergleichen verstanden, glaubten mit Sicherheit behaupten zu können, dass er, so gleichgültig er sich auch geben mochte, eine gewisse unüberwindliche Scheu vor allem, was mit der Polizei zusammenhing, haben musste. Aber jeder Mensch konnte sehen, dass er in keiner guten Haut steckte.

Für diesen Mann dachten wir uns etwas ganz Besonderes aus.

Aus einem alten Adressbuch rissen wir mit Erlaubnis des Wirtes drei Seiten aus, auf denen lauter Polizeiwachen standen, schlugen sie sorgfältig in eine Zeitung und überreichten das Paket unserm Mann.

Es trat eine große Stille ein, als wir es überreichten. Der Mann nahm das Paket zögernd in die Hand und sah uns mit einem etwas kalkigen Lächeln von unten herauf an. Ich merkte, wie er mit den Fingern das Paket anfühlte, um schon vor dem Öffnen festzustellen, was darin sein könnte. Aber dann machte er es rasch auf.

Und nun geschah etwas sehr Merkwürdiges. Der Mann nestelte eben an der Schnur, mit der das „Geschenk“ verschnürt war, als sein Blick, scheinbar abwesend, auf das Zeitungsblatt fiel, in das die interessanten Adressbuchblätter geschlagen waren. Aber da war sein Blick schon nicht mehr abwesend. Sein ganzer dünner Körper (er war sehr lang) krümmte sich sozusagen um das Zeitungsblatt zusammen, er bückte sein Gesicht tief hinunter und las.

Niemals, weder vor- noch nachher, habe ich je einen Menschen so lesen sehen. Er verschlang das, was er las, einfach. Und dann schaute er auf. Und wieder habe ich niemals, weder vor- noch nachher, einen Mann so strahlend schauen sehen wie diesen Mann.

„Da lese ich eben in der Zeitung“, sagte er mit einer verrosteten, mühsam ruhigen Stimme, die in lächerlichem Gegensatz zu seinem strahlenden Gesicht stand, „dass die ganze Sache einfach schon lang aufgeklärt ist. Jedermann in Ohio weiß, dass ich mit der ganzen Sache nicht das Geringste zu tun hatte.“ Und dann lachte er.

Und wir alle, die erstaunt dabei standen und etwas ganz anderes erwartet hatten und fast nur begriffen, dass der Mann unter irgendeiner Beschuldigung gestanden und inzwischen, wie er eben aus dem Zeitungsblatt erfahren hatte, rehabilitiert worden war, fingen plötzlich an, aus vollem Halse und fast aus dem Herzen mitzulachen.

Und dadurch kam ein großer Schwung in unsere Veranstaltung, die gewisse Bitterkeit war überhaupt vergessen, und es wurde ein ausgezeichnetes Weihnachten, das bis zum Morgen dauerte und alle befriedigte.

Und bei dieser allgemeinen Befriedigung spielte es natürlich gar keine Rolle mehr, dass dieses Zeitungsblatt nicht wir ausgesucht hatten, sondern Gott.

Impulse zum Nachdenken und für das Gespräch

- Wenn ich vor Heiligabend Angst habe und mich beim Feiern hilflos fühle. Wenn die Verhältnisse nicht weihnachtlich sind.
- Was wäre mein größter Weihnachtswunsch, mein schönstes, befreiendstes Weihnachtsgeschenk?
- Werkzeug Gottes für andere sein, ohne es zu merken.
- Zufall und Fügung im Leben.
- Das „Paket" des Weihnachtsevangeliums auspacken.
- Weihnachten ist ansteckend: Mehrfach erzählt die Geschichte von dem, was ansteckt: Resignation; sich auf Kosten andrer lustig machen; strahlen, lachen, befreit sich freuen.
- Der Zwang, sich beschenken zu müssen. Sich Gedanken über den Sinn des Schenkens machen.

Schlüsselsätze

Niemals habe ich einen Mann so strahlend schauen sehen wie diesen Mann.
Oder:
Dass das Zeitungsblatt nicht wir ausgesucht hatten, sondern Gott.

Biblische Anschlusstexte

1 Mose 50,20 (Ihr gedachtet es böse zu machen); Johannes 3,16 (Dass er seinen Sohn schenkte); Römer 5,1 (Nun wir sind gerecht geworden); Römer 8,31ff. (Ist Gott für uns); Kolosser 2,14 (Der Schuldbrief ist zerrissen).

Elisas schönstes Osterei — 53

Tilde Michels

Inhalt: Ein Junge bereitet seiner adoptierten blinden Schwester, die noch nie im Leben Ostereier gesucht hat, eine besondere und persönliche Osterfreude.

Stichwörter: Adoption – Blind – Ostern – Schenken

Seit drei Monaten lebte Elisa in ihrer neuen Familie, aber richtig zu Hause war sie noch nicht. Sie redete kaum. Meist stand sie abseits, die Arme auf dem Rücken verschränkt. Nur an dem gespannten Ausdruck ihres kleinen runden Gesichts war zu erkennen, dass sie auf alles genau lauschte.

Die neuen Eltern hatten natürlich gewusst, dass es nicht leicht war, zu ihren beiden eigenen Kindern ein blindes kleines Mädchen zu adoptieren. Aber sie hatten gehofft, dass Elisa schneller zu ihnen finden würde. Sie hatten gedacht: Wenn sie erst einmal heraus ist aus dem Heim, wenn wir ihr zeigen, dass wir sie lieb haben, dann wird sie bald fröhlich werden.

Aber Elisa brauchte Zeit.

In der Wohnung hatte sie sich schnell zurechtgefunden. Mit ihren kleinen Händen, an denen sich die Finger wie Fühler bewegten, hatte sie alles ertastet, was ihre Augen nicht sehen konnten.

Mit drei Jahren hatte sie eine schwere Krankheit durchgemacht. Fast wäre sie damals gestorben.

„Es war eine Hirnhautentzündung“, erklärte die Heimleiterin den neuen Eltern. „Wir haben getan, was wir konnten. Aber es ist auf die Augen geschlagen. Da war nichts mehr zu machen.“

Jetzt war Elisa sechs und sie erfuhr zum ersten Mal in ihrem Leben, wie es ist, zu einer Familie zu gehören. Sie hatte noch nie zu jemandem „Mutter" oder „Vater" gesagt.

Mit Bärbel und Peter ging alles leichter. Bärbel war acht, Peter fünfzehn. Bei Peter fühlte sich Elisa am wohlsten. Wenn er am Tisch saß und bastelte, stellte sie sich neben ihn. Sie befühlte das Werkzeug und die dünnen Platten aus Balsaholz, aus denen er ein Schiff baute. Es kam vor, dass er sagte: „Reich mir mal den Kleber!" Das war dann ein glücklicher Augenblick für Elisa. Sie merkte sich nämlich immer genau, wo alles lag. Und wenn Peter zum Beispiel die Schere benutzt hatte und sie auf den Tisch zurücklegte, hörte sie am Klang, an welcher Stelle sie jetzt war.

Einmal sagte Peter: „Du, Elisa, übermorgen kommt der Osterhase. Wünschst du dir etwas?"

Elisa zögerte lange mit der Antwort.

Dann sagte sie: „Vom Osterhasen kann man sich nichts wünschen."

Peter stellte die verleimten Holzteile vorsichtig auf den Tisch.

„Stimmt", sagte er. „Zu Ostern wünscht man sich nichts. Da bekommt man nur Eier und Schokoladenhasen. – Suchst du gern Ostereier?"

Elisas Finger malten auf der Tischplatte herum. Ihre Antwort war so leise, dass Peter sie kaum verstand: „Ich hab noch nie."

„Was sagst du?", rief Peter. „Du hast noch nie Ostereier gesucht? Habt ihr das im Heim nicht gemacht?"

„Die andern Kinder schon. Ich nicht. – Mir haben sie ein Körbchen mit Eiern neben mein Bett gestellt."

Jetzt war es Peter, der nicht gleich etwas darauf sagen konnte. Es war ihm, als müsse er sich für die andern schämen.

Aber bei Peter hielt so ein Gefühl nie lange an. Er fasste Elisas Hände, patschte sie aneinander und sang:

„Patsche, patsche Kuchen,
zu Ostern musst du suchen.
Elisa kriegt ein Osterei
und vielleicht noch was dabei,
patsche, patsche, bum."

Über Elisas Gesicht huschte ein heller Schimmer. Und als Peter ihre Hände losließ, stupste sie ihn an und sagte: „Noch mal!"

An diesem Abend, nachdem Elisa und Bärbel ins Bett gegangen waren, verschwand Peter mit der Mutter in die Küche, um Ostereier zu färben. Peter setzte die Farbbrühe an, die Mutter ließ die Eier darin kochen und fischte sie dann mit einem Sieblöffel heraus.

Als die meisten Eier zum Trocknen auf einem Fließpapier lagen, sagte Peter zu seiner Mutter: „Wenn du mich jetzt nicht mehr brauchst, würde ich gern noch etwas anderes machen."

Er holte eine kleine rot lackierte Dose und Deckfarben aus seiner Schultasche. Die Dose war aus Holz und hatte die Form von einem Ei.

„Ein Holzei? Was wird das?", wollte die Mutter wissen.

„Eine Überraschung", antwortete Peter, und er begann, die Dose zu bemalen.

Grüne Ranken, bunte Blumen und Schmetterlinge setzte er auf den roten Grund.

„Für Bärbel?", fragte die Mutter.

„Für Elisa", sagte Peter.

„Für Elisa? – Wozu denn Blumen und Schmetterlinge? Sie kann's doch gar nicht sehen."

„Aber vorstellen kann sie sich's", sagte Peter. „Wenn ich ihr beschreibe, was drauf ist ... Bestimmt, sie kann sich alles genau vorstellen."

Er hatte auf dem Ei eine ovale rote Stelle ausgespart. Dahinein schrieb er jetzt mit hellblauer Farbe *Elisa*.

In diesem Augenblick steckte der Vater den Kopf zur Tür herein. „Aha, Osterhasenwerkstatt!", sagte er. Dann entdeckte er das Ei für Elisa und nickte Peter zu.

„Schön, wirklich sehr schön."

„Ist ja noch gar nicht fertig", sagte Peter. „Die Überraschung kommt erst noch."

Er ließ die Dose eine Weile trocknen und zog dann mit ihr ab in sein Zimmer.

Am Ostermorgen waren Elisa und Bärbel schon ganz früh wach. Sie hörten es in den anderen Zimmern wispern; sie hörten, dass jemand auf leisen Sohlen durch die Wohnung schlich – und dann wurde an ihre Tür geklopft. Der Vater stand davor und rief: „Kommt schnell, der Osterhase war da!"

Bärbel hüpfte aus dem Bett, fasste Elisa bei der Hand und zog sie mit fort ins Wohnzimmer.

„Und Peter?", fragte Elisa. Sie spürte, dass er nicht dabei war.

„Richtig!", sagte der Vater. „Diese Schlafmütze müssen wir sofort aus dem Bett werfen!"

Da stolperte Peter auch schon über die Schwelle, reckte sich und gähnte. „Was soll denn der Tumult?"

„Der Osterhase war da", erklärte ihm Bärbel.

„Los, suchen!"

Und dann ging die Sucherei los.

Bärbel hatte sofort zwei Eierverstecke aufgestöbert. Jetzt stand sie auf einem Stuhl und suchte das Büchergestell ab.

Peter lag auf dem Boden und angelte ein Nest unter dem Schrank hervor.

„Und du, Elisa, willst du nicht auch suchen?", fragte der Vater.

„Soll ich?"

„Natürlich."

„Überall?", fragte Elisa.

„Überall", bestätigte der Vater.

Da fing auch Elisa an zu suchen. Ganz sicher bewegte sie sich durch die Wohnung. Sie suchte in der Spielzeugkiste, fasste in die hohe Bodenvase und tastete hinter den Fernsehsessel. Auf einer Fensterbank hinter dem Vorhang fand sie das erste Versteck.

„Ich hab was, ich hab was!", rief sie. Neben drei gefärbten Eiern saß ein großer Hase in dem Nest. Zuerst befühlte ihn Elisa, dann lutschte sie an seinen Ohren.

„Ein Zuckerhase, das ist ein Zuckerhase!"

„Weiter!", feuerte Peter sie an. „Bärbel hat schon drei Nester gefunden, ich zwei."

Elisa suchte im Kleiderschrank und kroch unter die Eckbank in der Küche – aber da war nichts. Als sie in die große Teigschüssel griff, fühlte sie ein Nest aus Holzwolle und Moos. Viele kleine Schokoladeneier lagen darin und in der Mitte saß ein wolliges Küken.

Elisa rieb ihre Wange an dem Küken. „Es fühlt sich an wie echt!", sagte sie.

Jetzt wollte sie aber nicht mehr weitersuchen. Sie kauerte sich auf den Boden vor ihre Ostersachen und fing an, damit zu spielen. Sie ließ den Zuckerhasen von einem Nest ins andere hüpfen. Sie hielt dem Küken ihre hohle Hand hin und sagte: „Da, Küken, friss!" Und sie ließ die Eier auf dem Boden herumkullern.

Peter setzte sich neben sie und fragte: „Wie viel Eier hast du eigentlich?"

„Neun und drei", sagte Elisa. „Neun kleine Schokoladeneier und drei richtige, die sind größer."

„Nur drei größere?", fragte Peter. „Bist du sicher, dass es nicht vier sind?"

Elisa war ganz sicher. Zählen konnte sie schon sehr gut.

Aber Peter gab nicht auf. „Ich glaub, da hast du dich verzählt. Ich sehe nämlich vier."

„Es waren aber bestimmt nur drei!", rief Elisa.

„Wenn das so ist", sagte Peter, „du, Elisa, dann muss der Osterhase noch mal heimlich in dein Nest gekommen sein!"

Elisa tastete nach ihren Ostersachen. Sie legte die kleinen Schokoladeneier, den Zuckerhasen und das Küken in das eine Nest, die größeren Eier in das andere – und tatsächlich! – es waren jetzt vier gleich große. Aber ganz gleich waren sie nicht. Elisa merkte sofort, dass das eine Ei nicht zum Essen war und dass aus seiner Spitze eine kleine Kurbel herausragte.

„Was ist das, Peter?"

„Probier's doch aus!", sagte Peter.

Da nahm Elisa das Ei in die linke Hand und drehte mit der rechten vorsichtig an der Kurbel. „Kling kling klingelingeling kling kling", klimperte es aus dem Osterei. Eine kleine Melodie, acht Takte, und dann fing sie wieder von vorn an.

Alle wurden still und schauten auf Elisa, die ganz versunken dasaß. Sie hielt den Kopf zur Seite geneigt und lauschte. Dann aber sprang sie auf. Sie hüpfte im Zimmer herum; ihr Gesicht leuchtete.

„Ich hab das schönste Osterei, das allerschönste Osterei!" Sie hielt es Peter hin. „Was hat es für eine Farbe?"

„Es ist bunt, Elisa, richtig bunt." Peter führte ihren rechten Zeigefinger über die Blumen und Schmetterlinge und fuhr die Buchstaben nach, die da standen: *Elisa.*

„Steht das wirklich dort?", fragte Elisa. „Und Schmetterlinge sind auch darauf?"

Sie streichelte über die kleine Spieldose, schmiegte sich an Peter und flüsterte: „Du, Peter, ich weiß was! – Der Osterhase … gell, Peter … der Osterhase warst du!"

Impulse zum Nachdenken und für das Gespräch

- Einander von liebevoll ausgedachten Überraschungen und Geschenken erzählen.
- Erfahrungen mit behinderten Kindern. Erinnerungen, wie liebevolle Fantasie Außenseiter in den Kreis holte.
- Erinnerungen an Ostersitten und Osterbräuche zusammentragen.
- Das Österliche an der Geschichte: Die Überraschung, das Unerwartete.
- Überlegen Sie eine Melodie, die aus der kleinen Osterspieluhr geklungen haben könnte.
- Einander Freude machen, auch wenn die Aufnahmefähigkeiten reduziert sind.
- In dieser Geschichte „Ostereier" entdecken, d. h. kleine Zeichen, aus denen sich Liebe und Leben entwickeln.

Schlüsselsatz

Wozu die Blumen und Schmetterlinge? Sie kann doch gar nicht sehen.

Statt biblischer Anschlusstexte ein Gebet:

Herr, schicke mir eine Überraschung.
Eine Überraschung, die mich das Staunen lehrt.
Schicke mir ein Wunder wie Ostern.

Schicke mir eine Auferstehung,
wenn mir alles wie tot erscheint.
Schicke mir ein Licht,
wenn mir die Nacht zu lang wird.
Schicke mir den Frühling,
wenn die kalte und froststarre Zeit nicht enden will.

Schicke mir eine neue Idee,
wenn mein Geist wie ausgeleert ist.
Schicke mir etwas, das ich erledigen kann,
wenn ich nur mit Worten beschäftigt bin.

Schicke mir einen neuen Freund,
wenn ich allein bin.
Schicke mir Frieden,
wenn ich voller Angst und Schrecken bin.
Schicke mir die Zukunft,
wenn alles hoffnungslos ist.
Schicke mir deine Auferstehung,
wenn ich sterben muss, Jesus.

Herbert F. Brokering

Anmerkung

Balsaholz = sehr leichtes Holz aus Südamerika.

Das Versprechen von damals 54

Edith Preuß-Morsay

Inhalt: Ein altes Ehepaar bekommt eine Rentennachzahlung: Für die Kinder verwenden oder sich selber etwas leisten? Der Mann überrascht seine Frau mit einem Geschenk, das an die junge Liebe erinnert.

Stichwörter: Geld – Liebe – Schenken – sich etwas gönnen – Versprechen

Vater Lehmann stopfte sich vergnügt sein Pfeifchen.

„Was machen wir nun mit dem vielen Geld, Mutter?"

Die alte Frau schob ihre Nickelbrille auf die Nasenspitze, blinzelte darüber hinweg, ließ ihre Zeitung in den Schoß sinken und lächelte ihrem Mann zu.

„Ach, Vater, die Kinder, du weißt doch – sie haben allerlei Wünsche."

Am Morgen war der Geldbriefträger bei Lehmanns eingekehrt und hatte eine Rentennachzahlung gebracht. Fünfhundertdreiundsechzig Mark und vierundvierzig Pfennige. Er hatte über das ganze Gesicht geschmunzelt, als er die beiden in ihrer Überraschung sah, und er hatte sich das Schnäpschen schmecken lassen, das ihm Vater Lehmann in seiner Freude spendierte.

„Rolfs Kleiner kommt in diesem Jahr zur Schule und da könnten wir ihm den Tornister schenken – und Erni erwartet im Januar das Baby", ließ sich nun Frau Lehmann wieder vernehmen. „Was meinst du, Vater, wie sie sich über eine Baby-Ausstattung freuen würde! Und Klaus – wo er jetzt die Autoreparaturwerkstatt eingerichtet hat – könnte etliche Berufskleidung gebrauchen."

„Papperlapapp!“, antwortete Vater Lehmann unwirsch. „Immer die Kinder! Das ganze Leben immer die Kinder! – Diesmal schaffen wir etwas für uns selber an. Ich dachte an ein silbernes Tafelbesteck.“

„Aber Vater! – Ein silbernes Tafelbesteck? Bist du noch ganz gescheit? Wir alten Leute – was sollen wir denn damit?“

„Ich möchte ein silbernes Tafelbesteck und damit basta! Mein ganzes Leben habe ich mit Blechlöffeln gegessen, zu meinem 70. Geburtstag werde ich mit silbernen essen.“

Die Mutter schüttelte stumm den Kopf und nahm die Zeitung wieder auf.

„Kann man sich mit dir nicht einmal vernünftig unterhalten?“, polterte der Mann los. „Nun leg die Zeitung weg, zieh den Mantel an und komm mit mir zu Brenner. Wir suchen ein schönes aus.“

„Du bist nicht bei Sinnen, Mann! Das viele Geld ist dir zu Kopfe gestiegen. Ich geh nicht mit und kaufe auch kein silbernes Tafelbesteck!“

„So? Na gut! Dann gehe ich eben allein!“

Er holte umständlich seinen guten Mantel vom Kleiderbügel, setzte seinen besten Hut auf und ging. Bums – flog die Tür hinter ihm ins Schloss.

Mutter Lehmann stand betrübt auf, ging zum Fenster und schaute ihrem Mann nach, der, ohne sich umzublicken, um die nächste Ecke verschwand.

„Ja, ja – das Geld macht die Menschen verrückt!“, murmelte sie vor sich hin.

Sie schlüpfte in eine bunte Kittelschürze, holte den Kartoffeleimer und begann die Kartoffeln für das Mittagessen zu schälen.

Die Suppe stand schon fertig auf dem Herd, der Tisch war gedeckt, aber Vater Lehmann war noch nicht zurück. Frau Lehmann setzte sich in den Lehnstuhl, um an dem rosa Babyjäckchen für das jüngste Enkelkind zu stricken. Die alte Wanduhr tickte monoton und laut. Es wurde zwei Uhr – drei Uhr – sie fing an zu beten: „Lieber Gott, lass ihn jetzt wiederkommen, bitte, lass ihm nichts geschehen sein, soll er meinetwegen sein silbernes Tafelbesteck kaufen –."

Vater Lehmann kam nicht. Es wurde vier Uhr. Wo mochte er nur stecken? Er hatte ja außer dem Frühstück noch nichts gegessen. Die Mittagssuppe hatte Mutter Lehmann nach hinten auf den Ofen geschoben, selbst unfähig, auch nur einen Bissen herunterzubringen. Ob er im Wirtshaus war? Das tat er doch am Tage nie! Ach, das Geld macht die Menschen schlecht. Wäre sie doch nur mitgegangen!

Als die Uhr fünf schlug, hielt sie es nicht mehr aus. Sie warf ihren Mantel über und rannte mehr als sie ging zu ihrem Sohn Klaus, der in der Nähe wohnte.

„Aber Muttchen, du bist ja ganz aufgeregt", empfing er sie und nahm sie in die Arme. Da stürzten der alten Frau die Tränen aus den Augen, die ganze angestaute Sorge der vergangenen Stunden. Es bedurfte vieler Worte des Trostes, bis sich Mutter Lehmann wieder beruhigt hatte und Klaus sie zu ihrer Wohnung zurückbringen konnte. Oben in der Küche brannte Licht.

„Siehst du, Muttchen, kein Grund zur Aufregung! Der Vater ist reumütig heimgekehrt. Soll ich dich nach oben begleiten?"

„Nein, nein, geh nur gleich zurück, sonst macht Erni sich deinetwegen Sorgen."

Als Frau Lehmann die Küchentür öffnete, saß ihr Mann gemütlich vor seinem Teller und löffelte seine Suppe.

„Bei dir schmeckt's doch immer noch am besten, Mutter!", sagte er wohlwollend.

„Wo bist du denn den ganzen Tag geblieben, Karl?"

„Das ist eine lange Geschichte. Setz dich erst mal her aufs Sofa."

„Ich habe mir Sorgen gemacht um dich, Vater."

„Dafür habe ich dir auch was Schönes mitgebracht, Klärchen."

Klärchen, dachte sie. Wie lange hatte er sie nicht mehr bei ihrem Vornamen genannt! Sie hieß seit langen Jahren immer nur „Mutter" und dann später „Oma".

„Weißt du", begann Lehmann nun wieder mit einem spitzbübischen Augenzwinkern, „als ich fortging, da habe ich einen alten Kollegen getroffen, der jetzt auch pensioniert ist. Mit ihm habe ich einen getrunken. Aber nur einen ganz kleinen – und dann haben wir von der Vergangenheit gesprochen. Ich habe ihm erzählt, wie ich dich damals kennen gelernt habe, Klärchen, vor fast fünfzig Jahren. Du trugst zu einem weißen Kleid eine glutrote Korallenkette und die gefiel mir damals so gut. Als die Kinder klein waren, hast du sie dann mal auf einem Waldspaziergang verloren."

„Ja, Karl, es war im Stadtwald. Wir suchten bis zum Abend, aber wir fanden sie nicht wieder."

„Weißt du noch, wie traurig du warst und abends im Bett weintest. Und ich versprach dir, eine neue zu kaufen – und dabei ist es dann geblieben."

„Wir konnten aber doch auch keine neue kaufen, Karl. Die Kinder wurden größer und wir hatten immer mehr Ausgaben."

„Sieh, Klärchen, über das alles habe ich heute Nachmittag nachgedacht. Immer warst du nur für uns da, für die Kinder und für mich. Selbst hast du immer auf alles verzichtet. Und da kam mir der Gedanke. Endlich wollte ich mein Versprechen von damals einlösen. Hier sieh!"

Aus seiner Rocktasche holte er umständlich ein in Seidenpapier gewickeltes Kästchen hervor. Darin leuchtete auf rosa Watte eine glutrote Korallenkette, die der verlorenen täuschend ähnlich sah. Tollpatschig legte er sie ihr um den welkenden Hals.

Gerührt fragte sie: „Aber Karl, bin ich denn nicht zu alt dafür?"

„Für mich bist und bleibst du das Klärchen von damals, so jung und so lieb, wenn auch schon etliche Jahre darüber vergangen sind." Und er gab ihr einen Kuss. Das hatte er lange nicht getan.

Über das restliche Geld berieten sie wieder gemeinsam.

Impulse zum Nachdenken und für das Gespräch

- Jeder der beiden Ehepartner entwickelt und verändert sich im Lauf der Erzählung. Das kann herausgearbeitet werden.
- Alte Versprechen melden sich in einem immer wieder. Austausch über eingelöste und uneingelöste Versprechen.
- Geld im Alter.
- Sich im Alter noch etwas leisten? Wie stehen Sie dazu?
- „Das Geld macht die Menschen verrückt." Was stimmt daran? Geld als Streitpunkt in der Familie. *Ich* habe es oder *es* hat mich . . .
- Wenn ich viel Geld bekäme: Was würde ich damit anfangen? Mir selber etwas gönnen oder für andere hergeben?

Schlüsselsatz

Bin ich denn nicht zu alt dafür?

Begleittext

Bitte

Bitte kauft mir keine vergänglichen Geschenke mehr. Verschont mich mit allem, was ich anstandshalber an die Wand hängen oder ins Regal stellen sollte.
Was nötig ist, habe ich längst und noch vieles Überflüssige dazu.
Bitte sucht mir keine Bücher mit schönen Bildern und sinnigen Sprüchen aus – oder meint ihr, ich wäre schon auf der Flucht vor den Schattenseiten des Lebens?
Da ziehe ich eine Blume vor, die auch im Verblühen noch ihre ganze Schönheit entfaltet. Oder wie wäre es, wenn wir zusammen ausgehen, ins Theater oder ins Kino. Wir könnten doch mal wieder beim Chinesen essen, oder wie wäre es mit einem alten italienischen Rotwein, mit dem Geschmack voll von Erinnerungen . . .
Versteht ihr, was ich meine? Jetzt will ich mich freuen an der Lust erfüllter Augenblicke, ohne sie festhalten zu wollen. Anteil will ich nehmen und nicht eingedeckt werden mit lieb gemeinten Geschenken.

Bernhard Kraus

Biblische Anschlusstexte

Lukas 12,15–21 (Der reiche Kornbauer); Sirach 14,11–17 (Schenke und lass dich beschenken); 1. Timotheus 6,6–12 (Lasset euch genügen).

Glauben und zweifeln

Der betende Gaukler 55

Französische Legende

Inhalt: Ein Gaukler wird Mönch. Aber er weiß nicht zu beten. Er dient stattdessen Gott mit dem, was er kann: Er tanzt in der Kirche.

Stichwörter: Begabung – Gott dienen – Gott loben

Es war einmal ein Gaukler, der tanzend und springend von Ort zu Ort zog, bis er des unsteten Lebens müde war. Da gab er alle seine Habe hin und trat in das Kloster zu Clairveaux ein. Aber weil er sein Leben bis dahin mit Springen, Tanzen und Radschlagen zugebracht hatte, war ihm das Leben der Mönche fremd. Er wusste weder ein Gebet zu sprechen noch einen Psalter zu singen.

So ging er stumm umher und wenn er sah, wie jedermann des Gebetes kundig schien, stand er beschämt dabei: Ach, er allein, er konnte nichts.

„Was tu ich hier?", sprach er zu sich. „Ich weiß nicht zu beten und kann mein Wort nicht machen. Ich bin unnütz und der Kutte nicht wert, in die man mich kleidete."

In seinem Gram flüchtete er eines Tages, als die Glocke zum Chorgebet rief, in eine abgelegene Kapelle.

„Wenn ich schon nicht mitbeten kann im Konvent der Mönche", sagte er vor sich hin, „so will ich doch tun, was ich kann."

Rasch streifte er das Mönchgewand ab und stand da in seinem bunten Röckchen, in dem er als Gaukler umhergezogen war. Mit Leib und Seele zu tanzen, vorwärts und rückwärts, links herum und rechts herum. Mal geht er auf seinen Händen durch die Kapelle, mal überschlägt er sich in der Luft und springt die kühnsten Tänze, um Gott zu loben.

Ein Mönch war ihm aber gefolgt und hatte durch ein Fenster seine Tanzsprünge mit angesehen und heimlich den Abt geholt. Am anderen Tag ließ dieser den Bruder zu sich rufen. Der Arme erschrak zutiefst und glaubte, er solle des verpassten Gebetes wegen gestraft werden.

Also fiel er vor dem Abt nieder und sprach: „Ich weiß, Herr, dass hier meines Bleibens nicht ist. So will ich aus freien Stücken ausziehen und in Geduld die Unrast der Straße wieder ertragen."

Doch der Abt neigte sich vor ihm, küsste ihn und bat ihn, für ihn und alle Mönche bei Gott einzustehen: „In deinem Tanze hast du Gott mit Leib und Seele geehrt. Uns aber möge er alle wohlfeilen Worte verzeihen, die über die Lippen kommen, ohne dass unser Herz sie sendet."

Impulse zum Nachdenken und für das Gespräch

- Erfahrungen und Schwierigkeiten mit dem Beten austauschen und aus der Geschichte Mut holen, zu dem zu stehen, was ich kann.
- Die eigene Stärke erkennen, zum Eigenen stehen, über die eigene Hemmung „Das kann ich nicht" hinweg meine Gaben entdecken, mir nicht von anderen vorschreiben lassen, was richtig und was falsch sei. Wie können andere mir helfen, meine Gaben zu entdecken?
- In meiner Lage jetzt, in meinem Alter, mit meinen Möglichkeiten Gott dienen und Gott danken.
- Auch auf ungewohnte und ungewöhnliche Weise kann ich Gott loben und Gott dienen.

Schlüsselsatz

Wenn ich schon nicht mitbeten kann, so will ich doch tun, was ich kann.

Biblische Anschlusstexte

Psalm 84,3 (Mein Leib und Seele); Markus 14,3–9 (Sie hat getan, was sie konnte); 1. Korinther 12,21–27 und 1. Petrus 4,10 (Jeder mit seiner Gabe).

Anmerkung

In alter Symbolik bedeutet der Gaukler den Menschen, der das Gleichgewicht in sich gefunden hat und mühelos in der Mitte seiner Welt steht; der die göttliche Einheit hinter allen scheinbar entgegengesetzten und miteinander streitenden Kräften erkannt hat.

Der K.d.R. – Kongress der Regenwürmer 56

Manfred Kyber

Inhalt: In einer Tierfabel ironisch verfremdet, erzählt die Geschichte vom Wunder der Auferstehung und der Beschränktheit derer, die nur „Erde" sehen und „irdisch" denken: Eine sterbensmüde Raupe verwandelt sich in einen wunderschönen bunten Schmetterling, und die Regenwürmer können das nicht verstehen.

Stichwörter: Auferstehen – Erde – Ostern – Sterben – Verwandlung – Zweifel

Die Regenwürmer hatten einen Kongress einberufen.

Es war ein moderner Kongress. Darum hieß er nicht der Kongress der Regenwürmer, sondern der K.d.R.

Der K.d.R. tagte im Garten an einer recht staubigen Stelle. Es wurden nur Fragen der Bodenkultur erörtert.

Weiter geht der Horizont der Regenwürmer nicht. Sie kriechen auf der Erde und essen Erde. Es sind arme bescheidene Leute, aber sie sind nützlich und notwendig. Die Erde würde ohne sie nicht gedeihen. Ihre Arbeit muss verrichtet werden.

Es war Abend. Die Dämmerung lag auf den Wegen, auf denen der K.d.R. zusammengekrochen war.

Ein langer alter Regenwurm hatte den Vorsitz übernommen. Er besprach Fragen lokaler Natur, die Bodenverhältnisse des Gartens, in dem man arbeitete. Es waren erfreuliche Resultate.

„Wir sind schon recht tief in die Erde eingedrungen", sagte der Präsident des K.d.R. „Wir haben viele Erdschichten an die Oberfläche befördert, von denen niemand vorher etwas wusste. Wir haben sie zerlegt und zerkleinert. Aber die Erde scheint noch tiefer zu sein, als wir dachten. Sie scheint noch mehr zu bergen, als wir heraufgeschafft haben. Wir müssen fleißig weiter überall herumkriechen und Erde essen. Es ist eine große Aufgabe. Damit schließe ich den K.d.R."

Er ringelte sich verbindlich. Der offizielle Teil des K.d.R. war erledigt.

Man bildete zwanglose Gruppen mit Nachbarn und Freunden und sprach über die Praxis der Gliederbildung. Man wollte allerseits lang werden. Darin sah man den Fortschritt. Neue Methoden hierfür waren stets von Interesse.

„Die allerneueste Methode lang zu werden", sagte ein junger Regenwurm, „heißt 'Ringle dich mit dem Strohhalm'. Das stärkt die Muskeln und zieht die Glieder auseinander. Sehen Sie – so!"

Er tastete nach einem Strohhalm und demonstrierte die neue Methode energisch und mit Überzeugung. Dabei stieß er an etwas an. Er fühlte, dass es rauh und haarig war.

„Nanu, was ist denn das? Das hat ja Haare und bewegt sich!"

Er ringelte sich ängstlich vom Strohhalm los.

„Verzeihen Sie, ich war so müde. Da hab ich mich auf den Strohhalm gesetzt", sagte das Etwas mit Haaren.

„Wer sind Sie denn?", fragte der Regenwurm und kroch vorsichtig wieder näher.

„Ich bin Raupe von Beruf. Ich hätte mich gewiss nicht auf den Strohhalm gesetzt, aber ich bin so sehr müde. Ich habe einen so langen Weg hinter mir. Ich bin immer im Staub gekrochen. Nur selten fand ich etwas Grünes. Ich bin ein bisschen schwächlich, schon von Kind an. Es ist auch so angreifend, bei jedem Schritt den Rücken zu krümmen. Jetzt kann ich nicht mehr. Ich bin zu müde. Sterbensmüde."

Die Raupe war ganz verstaubt und erschöpft. Ihre Beinstummel zitterten.

Der gesamte K.d.R. kroch teilnahmsvoll heran.

„Sie müssen sich stärken", sagte der Regenwurm freundlich. „Sie müssen etwas Erde zu sich nehmen."

„Nein danke", sagte die Raupe, „ich bin zum Essen zu müde. Mir ist überhaupt so sonderbar. Ich will nicht mehr auf der Erde kriechen."

„Aber ich bitte Sie", sagte der Präsident des K.d.R. „Das ist das Leben, dass man auf der Erde kriecht und Erde isst. Wenn man das nicht mehr kann, stirbt man. Man soll aber leben und recht lang werden. Ich kann Ihnen verschiedene Methoden empfehen. Es ist Makrobiotik."

„Ich glaube, dass man nicht stirbt", sagte die Raupe. „Wenn man zu müde ist und nicht mehr auf der Erde kriechen kann, verpuppt man sich. Und nachher wird man ein bunter Falter. Man fliegt im Sonnenlicht und hört die Glockenblumen läuten. Ich weiß nur nicht, wie man es macht. Ich bin auch viel zu müde, um darüber nachzudenken."

Die Regenwürmer ringelten sich aufgeregt und ratlos durcheinander.

„Fliegen? – Sonnenlicht? – Was heißt das? – So was gibt's doch gar nicht! – Sie sind wohl krank?"

„Sie gebrauchen solche kuriosen Fremdworte", sagte der Präsident des K.d.R. „Ich glaube, Ihnen ist einfach nicht wohl!"

Die Raupe antwortete nicht mehr. Sie war zu müde. Sterbensmüde. Sie klammerte sich an den Strohhalm. Dann wurde es dunkel um sie.

Aus ihr heraus aber spannen sich feine Fäden und spannen den verstaubten sterbensmüden Körper ein.

„Das ist ja eine schreckliche Krankheit", sagten die Regenwürmer.

„Es ist ein Phänomen", sagte der Präsident des K.d.R. „Wir wollen es beobachten."

Einige Kapazitäten nickten zustimmend.

Es vergingen Wochen. Der Präsident des K.d.R. und die Kapazitäten krochen täglich an das Phänomen heran und betasteten es. Das Phänomen sah weiß aus. Es war ganz versponnen und lag regungslos am Boden.

Endlich, in der Frühe eines Morgens, regte sich das versponnene Ding. Ein kleiner bunter Falter kam heraus und sah mit erstaunten Augen um sich. Er hielt die Flügel gefaltet und verstand nicht, was er damit sollte. Denn er hatte vergessen, was er als Raupe geglaubt und gehofft hatte – und wie müde er gewesen war, sterbensmüde ...

Die Flügel aber wuchsen im Sonnenlicht. Sie wurden stark und farbenfroh.

Da breitete der Falter die Schwingen aus und flog weit über die Erde ins Sonnenlicht hinein.

Die Glockenblumen läuteten.

Unten im Staube tagte der K.d.R.

Man hatte die leere Hülle gefunden und alle Kapazitäten waren zusammengekrochen.

„Es ist nur ein Mantel", sagte die erste Kapazität enttäuscht.

„Die Krankheit ist allein zurückgeblieben", sagte die zweite Kapazität.

„Der Mantel ist eben die Krankheit", sagte die dritte Kapazität.

Hoch über ihren blinden Köpfen gaukelte der Falter in der blauen sonnigen Luft.

„Nun ist es ganz tot", sagten die Regenwürmer.

„Resurrexit!", sangen tausend Stimmen im Licht.

Impulse zum Nachdenken und für das Gespräch

- Die Regenwürmer leben nur von Erde, also dem Irdischen; sie haben keine Fähigkeit, sich von der Erde zu lösen und sich zu erheben. Der Mensch ist aus Erde gemacht und Gott hauchte ihm den Odem des Lebens ein: Von Erde genommen und mit Gottes Leben beschenkt.
- Was ich nicht kenne und mir nicht vorstellen kann, gibt es nicht, sagen die Regenwürmer. Die Raupe spürt ein Geheimnis in sich, das sie noch nicht versteht.
- Sterbensmüde sein heißt noch nicht: zum Untergang bestimmt sein.
- Ohne Sterben kein neues Leben.

Schlüsselsätze

Die Erde scheint noch tiefer zu sein als wir dachten.
Oder:
Weiter geht der Horizont der Regenwürmer nicht.
Oder:
„Resurrexit" sangen tausend Stimmen im Licht.

Biblische Anschlusstexte

1 Mose 2,7 (Erde und Odem des Lebens); Psalm 126 (Wie die Träumenden); Jesaja 40,29–31 (Auffahren mit Flügeln); Johannes 12,24 (Das Weizenkorn muss erst sterben); 1. Korinther 13,9–12 (Jetzt durch einen Spiegel ein dunkles Bild); 1. Korinther 15 (Es wird gesät verweslich); 1. Johannes 3,2 (Noch nicht offenbar, was wir sein werden).

Anmerkungen

- Ressurexit = Er ist auferstanden.
- Die Regenwürmer untersuchen „das Phänomen". *Phänomen* kommt aus dem Griechischen und bedeutet das, „was sich sehen lässt". Es kommt im Neuen Testament einige Male vor, z. B. Hebräer 11,3: „Das, was man sieht" oder Jakobus 4,14: „Das, was eine kleine Zeit da ist." Das *Phänomen* ist nicht die ganze Wirklichkeit.

Die Nacht im Dom

57

Dino Buzzati

Inhalt: Ein Priester sucht an Weihnachten Gott. Der verschwindet immer dort, wo Menschen ihn nur für sich haben wollen.

Stichwörter: Egoismus – Gotteserfahrung – Weihnachten

Bemerkung: Die traumartige Erzählung von der Weihnachtsnacht „im Dom" ist schwer in Raum und Zeit zu fassen. Es bleibt in der Schwebe, was inneres und was äußeres Geschehen ist, ob der Weg Don Valentinos in die Kälte und Nacht in der Realität oder im Traum geschieht. Auch der Schluss löst die Frage nicht. Auch wenn man die Erzählung nicht „erklären" kann, enthält sie Wichtiges darüber, was Gotteserfahrung verhindern kann. Natürlich ist Gott keine verfügbare „Sache", von der man in Quantitäten reden kann („viel von Gott", „wenig von Gott", „ein bisschen davon"). Es wäre schön, wenn sich das Augenzwinkern des Erzählers auf die Art des Vorlesens übertragen könnte.

Wer klopft am Weihnachtsabend an die Domtür?, fragte sich Don Valentino. Haben die Leute noch nicht genug gebetet? Was für eine Sucht hat sie ergriffen?

Mit diesen Worten ging er öffnen und mit einem Windstoß trat ein zerlumpter Mann herein.

„Wie viel von Gott ist hier!", rief er lächelnd aus und sah sich um. „Wie viel Schönheit! Man spürt es sogar von draußen. Hochwürden, könnten Sie mir nicht ein wenig davon abgeben? Denken Sie, es ist der Heilige Abend."

„Das gehört Seiner Exzellenz, dem Erzbischof", antwortete der Priester. „Er braucht es in wenigen Stunden."

„Und auch nicht ein kleines bisschen könnten Sie mir geben, Hochwürden? Es ist so viel davon da! Seine Exzellenz würde es gar nicht einmal merken!"

„Nein, habe ich gesagt! Du kannst gehen! Der Dom ist für die Allgemeinheit geschlossen!" Und er geleitete den Armen mit einem Fünf-Lire-Schein hinaus.

Aber als der Unglückliche aus der Kirche hinausging, verschwand im gleichen Augenblick auch Gott. Bestürzt schaute sich Don Valentino um und forschte in den dunklen Gewölben: Selbst da oben war Gott nicht mehr. Und in ein paar Stunden sollte der Erzbischof kommen!

In höchster Erregung öffnete Don Valentino eine der äußeren Pforten und blickte auf den Platz. Nichts. Auch draußen keine Spur von Gott, wiewohl es Weihnachten war. Aus den tausend erleuchteten Fenstern kam das Echo von Gelächter, zerbrochenen Gläsern, Musik und sogar von Flüchen. Keine Glocken, keine Lieder.

Don Valentino ging in die Nacht hinaus, schritt durch die unheiligen Straßen. Er wusste die rechte Anschrift. Als er in das Haus trat, setzte sich die befreundete Familie gerade zu Tisch. Alle sahen einander wohlwollend an, und um sie herum war ein wenig von Gott.

„Frohe Weihnachten, Hochwürden", sagte der Vater. „Wollen Sie nicht unser Gast sein?"

„Ich habe Eile, ihr Freunde", antwortete er. „Durch eine Unachtsamkeit meinerseits hat Gott den Dom verlassen, und Seine Exzellenz kommt gleich zum Gebet. Könnt ihr mir nicht euern Herrgott geben? Ihr seid ja in Gesellschaft und braucht ihn nicht so unbedingt."

„Mein lieber Don Valentino", sagte der Vater. „Sie vergessen, dass heute Weihnachten ist. Gerade heute sollten meine Kinder ohne Gott auskommen? Ich wundere mich, Don Valentino."

Und in dem gleichen Augenblick, in dem der Mann so sprach, schlüpfte Gott aus dem Hause. Das freundliche

Lächeln erlosch und der Truthahnbraten war wie Sand zwischen den Zähnen.

Und wieder hinaus in die Nacht und durch die verlassenen Straßen! Don Valentino lief und lief und erblickte Gott schließlich von neuem. Er war bis an die Tore der Stadt gekommen, und vor ihm breitete sich, licht im Schneegewande schimmernd, das weite Land. Über den Wiesen und den Zeilen der Maulbeerbäume schwebte Gott, als wartete er.

Don Valentino sank in die Knie.

„Aber was machen Sie, Hochwürden?", fragte ihn ein Bauer. „Wollen Sie sich in dieser Kälte eine Krankheit holen?"

„Schau da unten, mein Sohn! Siehst du nicht?"

Der Bauer blickte ohne Erstaunen da hin.

„Das ist unser", sagte er. „Jede Weihnacht kommt er, um unsere Felder zu segnen."

„Höre", sagte der Priester, „könntest du mir nicht ein wenig davon geben? Wir sind in der Stadt ohne Gott geblieben, sogar die Kirchen sind leer. Gib mir ein wenig davon ab, damit wenigstens der Erzbischof ein anständiges Weihnachten feiern kann."

„Fällt mir nicht im Traume ein, Ihr lieben Hochwürden! Wer weiß, was für ekelhafte Sünde ihr in der Stadt begangen habt. Das ist eure Schuld. Seht allein zu."

„Gewiss, es ist gesündigt worden. Und wer sündigt nicht? Aber du kannst viele Seelen retten, mein Sohn, wenn du mir nur ja sagst."

„Ich habe genug mit der Rettung meiner eigenen zu tun!", sagte der Bauer mit höhnischem Lachen. Und im gleichen Augenblick hob sich Gott von seinen Feldern und verschwand im Dunkel.

Und Don Valentino ging weiter und suchte. Gott schien seltener zu werden, und wer ein bisschen davon besaß, wollte nichts hergeben (aber im gleichen Augenblick, da er mit „nein" antwortete, verschwand Gott und entfernte sich immer weiter).

Endlich stand Don Valentino am Rande einer grenzenlosen Heide und in der Ferne am Horizont leuchtete Gott sanft wie eine längliche Wolke. Der Priester warf sich in den Schnee auf die Knie.

„Warte auf mich, o Herr", bat er, „durch meine Schuld ist der Erzbischof heute allein geblieben."

Seine Füße waren zu Eis erstarrt. Er lief im Schnee weiter und sank bis ans Knie ein. Alle Augenblicke fiel er der Länge nach hin. Wie lange konnte er es noch aushalten?

Endlich vernahm er einen großen, leidenschaftlichen Chor von Engelstimmen, ein Lichtstrahl brach durch den Nebel. Er öffnete ein hölzernes Türchen, es war eine riesige Kirche, und in ihrer Mitte betete ein Priester zwischen einigen Lichtern. Und die Kirche war voll des Paradieses.

„Bruder", seufzte Don Valentino, am Ende seiner Kräfte und mit Eisnadeln bedeckt, „habe Mitleid mit mir. Mein Erzbischof ist durch meine Schuld allein geblieben und braucht Gott. Gib mir ein bisschen von ihm, ich bitte dich." Langsam wandte sich der Betende um. Und Don Valentino wurde, als er ihn erkannte, fast noch bleicher, als er ohnedies war.

„Ein gesegnetes Weihnachten dir, Don Valentino", rief der Erzbischof aus und kam ihm entgegen, ganz von Gott umgeben. „Aber Junge, wo bist du nur hingelaufen? Was hast du um Himmels willen in dieser bärenkalten Nacht draußen gesucht?"

Impulse zum Nachdenken und für das Gespräch

- Was verbindet Don Valentino mit Gottes Gegenwart und mit Gottes Abwesenheit? Wie fühlt es sich an, wie sieht es für ihn aus, wenn Gott da ist? Wie, wenn er nicht da ist?
- Hergeben oder Für-sich-haben an Weihnachten: Die Geschichte bezieht das nicht auf materielle Dinge, sondern auf Gott selber.
- Gott verschwindet, entzieht sich, wo Menschen hartherzig und egoistisch sind, nicht bereit, ihn mit anderen zu teilen.
- Die Geschichte verbindet Gottes Gegenwart mit Wärme und Licht, Glanz und Paradies. Aber ist er auch gerade da, wo Kälte, Dunkel, Ohnmacht ist? Gott außerhalb des Paradieses?

Schlüsselsatz

Gott schien seltener zu werden, und wer ein bisschen davon besaß, wollte nichts hergeben.

Biblische Anschlusstexte

Matthäus 25,41ff. (Herr, wann haben wir dir nicht gedient?); Lukas 9,24 (Wer sein Leben erhalten will); Johannes 1,5 (... hat es nicht ergriffen).

Schaufel und Besen **58**

Luise Rinser

Inhalt: Das Christkind erfüllt nicht den sehnlichen Wunsch eines Kindes. Dieses erstarrt vor Enttäuschung. Dann wächst es über den Schmerz hinaus.

Stichwörter: Enttäuschung – Kinderglaube – Musik – Weihnachten – Wünsche

Wenn ich mich recht erinnere, war ich acht Jahre alt, also in dem Alter, in dem Kinder meiner Generation noch fest daran glaubten, dass Weihnachtsgeschenke ohne Umweg vom Christkind kämen. Und wenn der kleine, halbwache Verstand anfing zu bemerken, dass auch die Eltern nicht unbeteiligt waren, so half er sich noch eine Weile mit der Unterscheidung zwischen ganz richtigen Christkindgeschenken und solchen von Eltern und aus Geschäften.

Ich wollte ein ganz richtiges Geschenk. Da ich nicht wie andere Kinder das Christkind für eine Art Zauber hielt, sondern durchaus richtig für die zweite göttliche Person, in Kindgestalt freilich, und da ich also füglich und richtig dieser Kindgestalt die gleiche göttliche Allwissenheit zuschrieb wie Gott dem Vater, so schien es mir überflüssig, sinnlos, ja häretisch (wenn ich auch dieses Wort noch nicht kannte, so doch die Sache), es erschien mir, wollte ich sagen, häretisch, diesem göttlich allwissenden Kinde meine Wünsche in einem Brief mitzuteilen, wie es üblich war.

Ich, ganz spirituell, ich *dachte* meinen Wunsch. Ich dachte ihn neunmal hintereinander heftig, dann ließ ich's darauf ankommen. Neunmal dachte ich ihn, weil die Zahl neun, drei mal drei, bei mir schon von je eine Rolle spielte.

Aber was wünschte ich mir denn so heftig? Nichts weiter als eine kleine Kehrschaufel und einen Besen. Warum gerade das? Wer kann es wissen. Mir jedenfalls erschienen Schaufel und Besen für mein weiteres Leben unentbehrlich.

Der Heiligabend kam, Schaufel und Besen lagen nicht unter dem Christbaum. Ich gab nicht sofort auf, ich suchte und suchte, suchte unter dem Tisch, dem Sofa, im Nebenzimmer, vor dem Fenster. Die Eltern waren ratlos, dann ärgerlich, dann böse, denn ich schwieg und meine Suche muss etwas Besessenes gehabt haben. Schließlich setzte ich mich auf einen Stuhl und blieb da sitzen, die Hände im Schoß, kerzengerade und stumm. Ich war gestorben, Weihnachten war gestorben.

Die Eltern bedrängten mich immer stärker, und da dies mir lästig war und da mir ja nun ohnehin alles gleichgültig war, stand ich auf und begann mit ihren Geschenken zu spielen. Ich wahrte Haltung, war stolz und spielte Stunde um Stunde mit den Spielsachen für ein richtiges Kind. Ein steinernes Kind tat, als spielte es, und täuschte die Eltern.

Endlich war es Zeit, in die Mitternachtsmesse zu gehen. Ich wurde warm verpuppt, bekam zwei runde, in der Ofenröhre erhitzte Bachkiesel in die Manteltaschen und eine kleine Sturmlaterne in die Hand und wir gingen zur Kirche.

Wir lebten auf dem Land, zwischen Chiemsee und Gebirge. Es lag Schnee, sicherlich lag Schnee, damals lag an Weihnachten immer Schnee, schön funkelnder, knirschender Schnee. Von überall her, von weit her kamen die Bauern mit Stalllaternen, schweigend, dampfend, mit großen Schritten, die Kinder voraus oder nebenher im Schnee, in den Taschen die Knallfrösche und bengalischen Zündhölzer für den Heimweg.

Wer ist auf dem Dorf aufgewachsen und sehnt sich nicht sein Leben lang danach, noch einmal Kind zu sein, dort und für diese eine Nacht? Aber das Kind, das ich damals war, das war aus Stein. Es hatte Haltung, es ging brav zur Kirche, um pflichtgemäß jenes Kind anzubeten, dessen Allwissenheit oder Allmacht anzuzweifeln es allen Grund zu haben glaubte.

In der Kirche war es schön wie immer an Weihnachten, das Schiff im Dunkel, die Krippe am Altar im Licht, und mein Vater spielte die Orgel zum Hochamt, es war eine sehr große und schöne Orgel, sie ist es heute noch, die Orgel in Übersee am Chiemsee. Aber all das zählte nicht. Ich kniete, steinern, ein Steinengel auf einem Kindergrab, eine gefährliche Stunde lang, die entscheiden konnte über ein ganzes Menschenleben. Wer konnte wissen, wie tief dieser erste echte Glaubenszweifel reichte?

Das Amt ging zu Ende und wie immer spielte mein Vater zum Auszug etwas von Bach. Damals war es eine große Fuge, das kannte die musikalische Kleine, denn sie spielte ja selber längst Klavier und Harmonium. Sie horchte auf. Diese Musik stieß hart an den harten Stein. Der Stein aber wollte nicht aufgesprengt werden, er hielt sich trotzig. Aber die Musik ließ nicht nach, sie bohrte den Stein von allen Seiten an, drang zuletzt vor bis ins Herz des steinernen Engels. Er weinte nicht, so leicht weinte der nicht, aber er ergab sich, anders ist es nicht zu sagen.

Und da, unerwartet einbrechend durch alle Schmerzkanäle, kam Weihnachten. Alles war plötzlich da: Kerzen, die Krippe, das Kind im Stall, Sterne groß und hart funkelnd vor den Spitzbogenfenstern, und „Stille Nacht, heilige Nacht", alle Süßigkeit, Weihnacht unverletzt, und mitten darin, zu einem Nichts aus Licht geworden, der Schmerz um Schaufel und Besen, der kein Schmerz mehr war, nur mehr eine flüchtige Erinnerung und der ebenso flüchtige Einfall, dass ich ja Tante Fanny bitten konnte, mir Schaufel und Besen zu kaufen, wenn, ja wenn mir der Sinn noch danach stehen sollte nach dieser Nacht, in der ich Schaufel und Besen überwachsen hatte.

Impulse zum Nachdenken und für das Gespräch

- Austausch über das Wünschen, über Enttäuschungen, über erfüllte und unerfüllte Wünsche. Was ich mir als kleines Kind gewünscht habe.
- Unterscheiden von wünschen, beten, träumen. Wenn Gebete nicht erfüllt werden und Zweifel an Gott kommen.
- Wenn man sich auf eine Sache fixiert hat und darum alles andere vergisst und verpasst.
- Wenn Erfahrungen im Leben einen Menschen versteinern lassen.
- Wenn die große Erfahrung die kleine „überwächst".
- Lernen, bestimmte Wünsche loszulassen. „Abschiednehmen ist immer ein Stück Sterben."
- Von der Kraft der Musik, besonders an Weihnachten.
- Kinderglaube und Erwachsenenglaube. Nachdenken über die eigene Glaubensentwicklung.
- Warum beten, wenn Gott doch alles weiß?

Schlüsselsatz

Die Musik stieß hart an den harten Stein ... sie bohrte den Stein von allen Seiten an ... da, unerwartet einbrechend durch alle Schmerzkanäle, kam Weihnachten.

Biblische Anschlusstexte

Hesekiel 11,19 (Die steinernen Herzen wegnehmen); Matthäus 6,8 (Der Vater weiß, was ihr bedürft); Johannes 1,9–12 (Die ihn aber aufnahmen); Epheser 3,20.21 (Über Bitten und Verstehen).

59 Lieber Gott der Reichen

Gudrun Pausewang

Inhalt: In einer südamerikanischen Stadt kommen zwei Jungen aus dem Armenviertel in den Gottesdienst der reichen Leute. Die aber möchten unter sich bleiben.

Stichwörter: Arm/Reich – Kinder – Kirche

In Südamerika gibt es viele Arme und nur wenige Reiche. So ist es auch in der Stadt San Vicente. Die Reichen wohnen im Viertel El Sol, das heißt: die Sonne. In diesem Viertel stehen die herrlichsten Villen und jede Villa steht in einem Garten voller gepflegter Blumenbeete. Die Arbeit in den Villen tun Dienstmädchen, die Gärten werden von Gärtnern gepflegt, Kindermädchen führen die Kinder der Reichen aus, Köchinnen kochen den Reichen das Essen und manche Reiche halten sich sogar einen Chauffeur.

Die Köchinnen, Dienstmädchen, Kindermädchen, Gärtner und Chauffeure sind in den Vierteln der Armen daheim. Dort gibt es weder Villen noch Blumengärten. Dort hausen Familien mit vielen Kindern zusammen mit den Großeltern und noch anderen Verwandten in winzigen Häusern ohne fließendes Wasser und ohne Toiletten. Dort sind die Wege nicht asphaltiert: Die Kinder spielen in den Pfützen der Abwässer und im Schlamm des letzten Regens. Die Kleineren laufen nackt herum. Die Eltern haben kaum Geld genug, um den Größeren Kleider zu kaufen. Bei vielen langt es nicht einmal, um die Familie satt zu machen. Und die meisten Armen, egal ob Kinder oder Erwachsene, haben keine Schule besuchen können, weil es nicht genug Schulen in den Armenvierteln gibt und weil man die Bücher und Hefte und den Unterricht bezahlen muss.

Es gibt auch Kirchen in den Armenvierteln – kleine, ärmliche Kirchen, in denen die vielen Armen kaum Platz finden. Und der Pfarrer kann ihnen in ihrem Elend auch nicht helfen. Wenn wenigstens jede Familie ein Stückchen Land besäße, um sich selbst Mais und Kartoffeln und Gemüse zu ziehen und ein paar Hühner zu halten! Aber das meiste Land gehört den Reichen. Und es gibt nicht genug Arbeitsstellen für all die vielen Armen, die Geld verdienen möchten, um ihre Familien vor diesem Elend zu bewahren.

Die Kirche von El Sol dagegen ist ein mächtiges Gebäude, das die Villen überragt und schon von weitem zu sehen ist. Sie hat einen Marmorboden und Marmorsäulen und riesige bunte Glasfenster mit Bildern darauf, und der Turm ist der höchste in der ganzen Stadt San Vicente. Viele Touristen schauen sich die Kirche an, weil sie so gerühmt wird. Dann gehen sie auch durch das Viertel El Sol und sagen zueinander: „Wie wunderschön, wie sauber und reich ist diese Stadt!" Aber niemand sagt ihnen, dass sie auch die Armenviertel anschauen müssen, wenn sie die Stadt kennen lernen wollen. Vielen würde grausen vor dem Elend, das sie dort sähen. Nein, damit wollen die meisten Touristen nichts zu tun haben.

„Die Armut macht so traurig", sagen sie. „Gott sei Dank sind wir nicht arm. Und wenn wir verreisen, wollen wir fröhlich sein."

Sonntags strömen die Reichen aus dem Viertel El Sol in ihre Kirche. Sie fahren in ihren großen Autos vor und tragen kostbaren Schmuck und teure Kleidung, um zu zeigen, wie reich sie sind.

Die Armen gehen nicht in diese Kirche. Sie wissen, dass sie hier nicht gern gesehen werden und fühlen sich unter den Reichen auch nicht wohl. Aber auf den Kirchenstufen warten die Allerärmsten, die Bettler, die nicht einmal eine Hütte im Armenviertel haben, sondern irgendwo in Treppenhäusern oder auf Parkbänken schlafen. Wenn der Gottesdienst zu Ende ist, strecken sie ihre Hände aus und betteln die Reichen an. Dann bekommen sie ein paar Münzen geschenkt und laufen zufrieden fort, um sich etwas zu essen zu kaufen. Sie haben alle Hoffnung verloren, dass es je anders werden könnte. Sie können sich nicht vorstellen, jemals ein kleines Haus zu besitzen und so viel Geld zu verdienen, dass sie sich sauber kleiden und drei Mahlzeiten am Tag leisten können.

Aber die Kinder haben noch nicht verlernt zu hoffen und zu träumen.

Und so kommen eines Sonntags zwei kleine Jungen mitten im Gottesdienst in die Kirche der Reichen: Das Portal stand ja auf, und da sind sie andächtig hereingeschlichen, auf Zehenspitzen natürlich. Aber man hätte ihre Schritte sowieso nicht gehört, denn sie sind ja barfuß. Sie sind entsetzlich schmutzig und struppig und haben nichts an als zerlumpte Hosen. Der ältere von ihnen trägt auf dem Rücken einen alten Plastiksack. Darin sind ein verschimmeltes Brötchen, ein paar vertrocknete Weißbrotscheiben, drei kalte Pellkartoffeln und ein Stückchen Käse, das von Mäusen angenagt worden ist. Das alles haben die beiden Jungen aus den Mülleimern von El Sol gewühlt: ihr Sonntagsessen.

Der Kirchendiener kommt gelaufen und will die Jungen hinausscheuchen, die gerade durch den Mittelgang auf den Altar zuwandern.

Sie stinken. Ein paar Damen werfen ihnen entrüstete Blicke zu und rümpfen die Nase.

„Fort mit euch", flüstert der Kirchendiener. „Was habt ihr hier zu suchen? Geht in eure Kirche, dort, wo ihr hingehört!"

„Aber wir wollen euren Gott um etwas bitten", flüstert der Ältere, der etwa neun Jahre alt ist. Genau weiß er sein Alter selber nicht. „Wir waren schon mal da, vor ein paar Tagen, als die Kirche leer war, aber da war wohl euer Gott nicht hier. Jedenfalls hat er uns nicht gehört, denn es ist nichts geschehen bis heute. Deshalb kommen wir nochmal, wo ihr alle hier versammelt seid. Denn jetzt ist er sicher da, wegen euch, und muss uns hören."

„Schluss mit dem Gefasel", zischt der Kirchendiener, stellt sich mit ausgebreiteten Armen vor sie hin und schneidet ihnen den Weg zum Altar ab. Aber sie sind wendig, sie haben gelernt, an Polizisten vorüberzuhuschen und an Dienstmädchen, die den Auftrag haben, Mülltonnenwühler zu verjagen. Sie lassen sich los und schlüpfen rechts und links am Kirchendiener vorbei, rennen hin zum Altar, wo sie sich wieder finden und an den Händen fassen. Und noch ehe sich der Kirchendiener von seiner Verblüffung erholt hat, ruft der Ältere zum Kreuz über dem Altar hinauf: „Lieber Gott der Reichen, schenk uns reiche Eltern, solche, die in El Sol wohnen! Denn wir hatten nur eine Mutter, die ist tot. Bitte! Wir schenken dir dafür alles, was wir hier im Sack haben. Es war ein guter Tag, wir haben heute Morgen viel gefunden. Wir haben noch nichts davon gegessen, damit du siehst, dass es uns ernst ist."

Und er läuft die Stufen empor, reckt sich und schwingt seinen Sack vom Rücken auf den Altar.

„Dass du's nur weißt", fügt er hinzu, „wir haben heute überhaupt noch nichts gegessen –"

Ein paar Damen in den ersten Reihen schreien erschrocken auf. Die Ministranten weichen zurück, der Priester hört auf vorzulesen und starrt verstört den schmutzigen Sack an, der vor ihm auf dem Altar liegt, auf der schneeweißen gestickten Decke, zwischen Liliensträußen und Kerzen.

In diesem Augenblick hat der Kirchendiener den Jungen erreicht, hält ihm den Mund zu, zerrt ihn von den Stufen herunter und schiebt ihn vor sich her durch den langen Mittelgang bis zum Portal. Der kleine Bruder stolpert den beiden nach und schluchzt: „Lieber Gott der Reichen, hilf uns doch!"

Er schreit es immer lauter, je näher sie dem Portal kommen. Der Ältere wehrt sich, er beißt den Kirchendiener sogar in die Finger. Aber es hilft alles nichts, der Kirchendiener ist stärker. Der Jüngere schreit und schreit. Seine Tränen fließen ihm über die schmutzigen Wangen, seine Nase läuft. Aber er hat ja kein Taschentuch.

Kurz vor dem Portal reißt der Ältere die Hand des Kirchendieners von seinem Mund und ruft: „Er ist ja heute wieder nicht da! Pablito, hör auf zu schreien!"

Die Leute auf den Bänken starren die Kinder an. Sie sind zornig. Was für ein Spektakel in der Kirche, was für eine lästige und peinliche Störung der Heiligen Messe! Der Priester schweigt noch immer und wartet. Er runzelt die Stirn.

Aber nun ist es dem Kirchendiener endlich gelungen, die beiden Störenfriede hinauszuschieben und die Kirchenstufen hinunterzuscheuchen, Gott sei Dank. Er schließt das Portal.

Jetzt sind sie wieder unter sich, die Reichen. Nach dem Gottesdienst beschließen sie, dass künftig ein Wächter am Portal stehen soll, der Bettelkinder gar nicht erst hereinlässt. Überhaupt keine Armen.

Impulse zum Nachdenken und für das Gespräch

- Verstehen Arme und Reiche Gott unterschiedlich?
- Südamerika ist fern. Aber wo gibt es bei uns Ausgrenzung und Not, die wir übersehen?
- Wie würden Straßenkinder in unsrer Stadt (oder andere auf der Schattenseite) unsere Gruppe beschreiben?
- Unter sich bleiben wollen: Was steht dahinter?
- Was und wer stört den Gottesdienst?
- Was ist Gottes Sache und was ist meine Sache?
- Wie soll Kirche bei uns sein? Kirche für alle? Kinder mahnen Gottes Zumutungen an.

Schlüsselsätze

Die Kinder haben noch nicht verlernt zu hoffen und zu träumen.
Oder:
Jetzt sind sie wieder unter sich.

Biblische Anschlusstexte

Jesaja 58,6–9 (Dann wird dein Licht hervorbrechen); Matthäus 19,16ff. (Reicher Jüngling); Lukas 6,24–26 (Weh euch Reichen); Lukas 16,19ff. (Reicher Mann und armer Lazarus).

60 Das schwarze Kleid

Anneliese Probst

Inhalt: Erinnerungen und Erlebnisse einer Frau bei der Goldenen Konfirmation in der Kirche und beim Wiedersehen mit den Mitkonfirmanden.

Stichwörter: Konfirmation – Goldene Konfirmation – Veränderung

Ich hätte das schwarze Kleid nicht anziehen sollen, es kneift unter den Armen. Paul hat es mir zur silbernen Hochzeit geschenkt. Du wolltest doch immer mal ein „kleines Schwarzes" haben, sagte er, und er lachte und ich fand mich sehr schön.

Nach seinem Tod habe ich das Kleid ein halbes Jahr lang getragen, danach konnte ich es nicht mehr sehen und ich habe es weggehängt. Aber zur Konfirmation vor fünfzig Jahren habe ich auch ein schwarzes Kleid getragen, Taft, schmales Oberteil, schmaler Rock – was bin ich damals schlank gewesen! Hübsch auch, zugegeben. Von der Schönheit ist nicht viel geblieben und von der Schlankheit auch nicht, deswegen habe ich das schwarze Kleid wieder hervorgeholt. Wenigstens etwas soll an früher erinnern!

Um die Taille passt es noch einigermaßen. Wir sind schließlich alle aus dem Alter heraus, wo man Wert legt auf Äußerlichkeiten. Das Leben hat uns andere Maßstäbe und Gewichte gelehrt, nach denen wir die Dinge messen und abwägen.

Goldene Konfirmation – nochmalige Einsegnung nach fünfzig Jahren – anfangs habe ich nicht daran teilnehmen wollen. Wozu? Eine Feier mehr! Und Feiern hat es in meinem Leben genug gegeben. Hochzeiten, meine eigene und die der Kinder, Kindtaufen, Geburtstage, Weihnachtsfeste. Aber dann habe ich gedacht: Mal sehen, wer alles so kommt, und vielleicht triffst du einige wieder, mit denen du die Schulbank gedrückt hast, mit denen du gespielt, gelacht und getanzt hast, in die du vielleicht einmal verliebt gewesen bist! In den Wilhelm sind wir alle verliebt gewesen, unser ganzer Jahrgang: ein Bild von einem Jungen, groß, gut gewachsen, dunkles Haar, blaue Augen, ein kluger Schüler und uns allen an Wissen und Können voraus. Er ist im Krieg gefallen, als einer der ersten aus dem Dorf. Viele sind ihm gefolgt, der Karl, der Otto, der Fritz, ich kann die Namen nicht alle aufzählen.

Aber nicht nur die Männer hat der Krieg fortgerafft, auch von uns Frauen sind einige am und im Krieg gestorben: Die Margarethe kam bei einem Bombenangriff in Leipzig ums Leben, die Gertrud starb in Berlin. Der Krieg ist der große Einschnitt unseres Lebens gewesen, dieser verfluchte Krieg. Jeder, der hier sitzt, hat dabei draufzahlen müssen! Niemand ist vom Leid und vom Kummer verschont geblieben! Wenn es wenigstens der letzte Krieg gewesen wäre! Aber die Menschen werden nicht klug, sie rüsten auf, seit vielen Jahren rüsten sie auf. Und wenn sie nicht noch in letzter Stunde zur Vernunft kommen, löschen sie alles Leben auf der Erde endgültig aus.

Unsere Kirche damals vor fünfzig Jahren sah anders aus. Der Altar stand weiter hinten, er trug ein Altarbild. Es waren überhaupt viel mehr Bilder in der Kirche! Jetzt ist der Altar weit in den Kirchenraum hineingerückt worden, der Pfarrer ist dadurch der Gemeinde näher gekommen und er steht hinter dem Altar und sieht die Gemeinde an. Das gefällt mir. Ich fühle mich persönlich angesprochen, ich kann ein Gesicht betrachten und brauche nicht auf einen schwarzen Rücken zu starren. Sonst ist alles nüchterner geworden, heller auch und schlichter. Die Altarfenster sind freilich geblieben, sie haben nichts von ihren satten, warmen Farben verloren: die Geburt des Herrn, die Kreuzigung, die Auferstehung. Ach, wenn man das doch nur glauben könnte! Auferstehung von den Toten! Wir sprechen es im Glaubensbekenntnis, aber wer *glaubt* es?

Auferstehung von den Toten, das heißt doch: Irgendwie und irgendwann sieht man sich wieder, ich sehe Paul wieder und unsere Tochter Elsa. Sie ist mit zehn Jahren gestorben, an Diphtherie. Das war damals eine schlimme Zeit, ich habe gemeint, ich könnte es nicht überwinden. Aber die Jahre sind vergangen und der Schmerz ist kleiner geworden. Jetzt denke ich manchmal: Sie hat es überstanden, es ist ihr viel erspart geblieben. Aber natürlich habe ich Sehnsucht nach ihr, nach ihrem lieben Gesicht, ihrem fröhlichen Lachen und ihren kleinen, ewig schmutzigen Händen.

Neben mir sitzt Hanni. Ganz schön aus dem Leim gegangen, ich muss schon sagen! Wir haben uns lange nicht gesehen, sie wohnt nicht mehr in unserem Dorf. Aber vorhin, als wir vor der Kirche zusammentrafen, haben wir uns gleich wiedererkannt. Sie hat mich umarmt und an ihren wuchtigen Busen gedrückt. Meine Alte, hat sie gesagt, da sieht man sich endlich wieder, weißt du noch, wie wir den dünnen Schlümpfel immer geärgert haben? Du hast ihn angehimmelt und ich habe gelacht. Und dann haben wir so lange auf seinen schlecht gebundenen Schlips gestarrt, bis er uns vor die Tür schickte. Das waren noch Zeiten, wohin sind sie verflogen?

Eine Antwort habe ich nicht geben müssen, weil die Glocke in dem Augenblick zu läuten begonnen hat. Zusammen sind wir in die Kirche gegangen und haben uns neugierig umgesehen, haben Hände gedrückt, Grüße ausgetauscht, einander zugewinkt. Außer Hanni sind noch ein paar andere gekommen, die nicht mehr hier wohnen. Ich muss nachher fragen, wie sie heißen, habe die Gesichter und die Namen vergessen. Die meisten freilich kenne ich gut, man sieht sich ja fast jeden Tag, spricht miteinander, wie geht es – ach, eben so, es ist nicht mehr viel los. Die Charlotte wäre heute sicher auch dabeigewesen, aber sie ist vor einigen Wochen gestorben, sehr plötzlich. Ihr Tod hat mich sehr getroffen. An manchen Menschen hängt man, ohne es zu wissen. Erst, wenn sie nicht mehr da sind, spürt man, was man mit ihnen verloren hat.

Anna lächelt mir zu. Umsiedlerin, so hieß es einmal. Heimat verloren, hier hängen geblieben. Sie gehört schon lange zu uns. Nur an solchen Tagen denkt man: Wie mag es bei ihr damals gewesen sein?

Die Erinnerung an jenen Tag hat man nicht gemeinsam, aber die Jahre, die man inzwischen verbracht hat, in einem Dorf, Haus neben Haus, haben längst jede Fremdheit ausgelöscht. Anna gehört hierher! Aber was sie jetzt denkt, weiß ich nicht. Ich weiß auch nicht, was Hanni denkt! Vielleicht sieht sie, wie ich, den Zug von schwarz gekleideten Konfirmanden und Konfirmandinnen, die unter Glockengeläut hinter dem Pfarrer in die Kirche einziehen. Die Kirche ist bis auf den letzten Platz gefüllt, und vor Feierlichkeit kann man kaum einen Schritt wagen, weil man ständig Angst hat, sich selbst auf die Füße zu treten!

Heute geht alles freier zu, kein Einzug mehr in die Kirche, dafür nachmittags fröhliches Kaffeetrinken im Pfarrhaus. Das steht uns besser zu Gesicht. Ein wenig Heiterkeit und Lachen und Freude können wir alle gebrauchen! Fünfzig Jahre, was ist da erlebt und erlitten worden! Von jedem, der hier sitzt! Von den Frauen und von den Männern. Aber die Frauen sind in der Überzahl. Sie leben wohl länger, und sie haben dem Krieg nicht so viel Blutzoll entrichten müssen, nicht ganz so viel.

Ich muss auf die Orgel achten. Früher fiepte sie immer beim F, daran ist Wilhelm schuld gewesen. Er hat einmal Erbsen in die Orgelpfeifen gesteckt, aus Jux, mal sehen, was der Kantor dazu sagt! Der Kantor hat es zum Glück erst später bemerkt, so um die Weihnachtszeit herum. Da wimmerte plötzlich die Orgel bei einem Adventslied auf, dass die gesamte Gemeinde vor Schreck zusammenfuhr – aber wir haben Wilhelm natürlich nicht verraten. Wir haben unseren Spaß gehabt, obwohl uns der Kantor gleichzeitig leid tat. Ein lieber, verträglicher Mann, der nie ein böses Wort zu uns Kindern sagte. Der Pfarrer war da schon anders. Wenn man bei ihm nicht aufpasste, spürte man schnell seine Hand im Gesicht!

Tatsächlich, ein bisschen wimmert die Orgel in den oberen Tönen immer noch. Oder bilde ich es mir nur ein? Es liegt vielleicht nicht an den Erbsen, sondern an allgemeiner Altersschwäche. Warum soll es einer Orgel anders ergehen als den Menschen? Ich habe Rheuma in den Knien und kann schlecht gehen, die Anna hat es mit den Nieren, der Karl dort hinten kann kaum noch gehen. So trägt jeder die Last seiner Jahre, und alle bringen wir diese Lasten heute wie Geschenke mit in die Kirche: Da siehst du, Herr, was uns gegeben worden ist! Müdigkeit, Trauer,

Schmerzen und Wehmut – aber zwischenhin ist es auch hell und schön in uns und um uns herum gewesen. Die Sonne hat gelacht und uns gewärmt, die Liebe hat uns erfüllt, das Glück hat uns mit seinem Zaubermantel berührt – da gibt es ein Wort, das habe ich seltsamerweise nicht vergessen. Vor fünfzig Jahren im Konfirmandenunterricht haben wir es besprochen. Damals habe ich es nicht verstanden, heute dagegen, in dieser Stunde, in der so viel gegenwärtig ist, was längst vergessen zu sein schien, Erlebtes, Erlittenes, Beglückendes, erinnere ich mich daran. Es heißt wohl so: Da sagte der alte Simeon, als er das Jesuskind in seinen Armen hält: Herr, nun lässest du deinen Diener in Frieden fahren, wie du gesagt hast; denn meine Augen haben deine Seligkeit gesehen.

Das ist ein Wort, das man erst im Alter begreift. Ein junger Mensch zuckt die Schultern und geht seiner Wege. Die Seligkeit des Herrn. Man will die eigene Seligkeit erleben, das ist drängender und wichtiger. Der Herr mag es verstehen und verzeihen, er versteht und verzeiht so viel.

Aber heute, wo ich das Ende meines Weges schon zu erkennen meine, wacht dieses Wort in mir auf. Das ist eigenartig. Vielleicht hat es die Orgel in mir aufgeweckt, Orgelmusik hat mich schon immer auf besondere Weise berührt. Zu „deine Seligkeit" gehört wohl auch der Schmerz, den ich erfahren habe, die Lustlosigkeit, die Gereiztheit, die Müdigkeit. Ich habe mich gegen alles zur Wehr gesetzt, aber meistens haben mich diese Gefühle doch überwunden. Und besiegt. Sie sind in mich eingedrungen, wie die Freude und das Glück in mich eingedrungen sind. Seligkeit heißt doch wohl: Es ist nichts verloren gegangen, der Herr hat alles aufgefangen. Nun lehrt er mich, es mit anderen Augen zu betrachten. Gelassener, mit Abstand und Weisheit.

Anna weint. Sicher denkt sie an die Heimat, aus der sie vor mehr als fünfunddreißig Jahren auszog, um in diesem Dorf hier Fuß zu fassen. Und Hilde hinter mir kichert. Die ist noch immer das gleiche lächerliche Huhn wie früher. Es konnte sein, was wollte: Hilde musste lachen! Einmal kam Herr Schlümpfel, der junge Hilfslehrer, mit einem schwarzen Regenschirm, der wie ein Spazierstock getragen wurde, zur Schule. Hilde hat den ganzen Vormittag gelacht und immer wieder leise vor sich hingesungen … Ein Männlein steht im Walde … Schlümpfel hat ihr schließlich einen Tadel eingeschrieben, aber das hat sie nur zu weiteren Lachanfällen gereizt.

Gleich werde ich aufgerufen zur Einsegnung. Hanni und Erika sind schon nach vorn gegangen und knien jetzt nieder. Erika hat Mühe mit dem Hinknien, ihr rechtes Knie ist nach einem Sturz vom Fahrrad steif geblieben. Klein und grau ist Erika heute. Früher hat sie jedem Burschen den Kopf verdreht, ach ja, früher.

Noch einmal den Segen empfangen und dann entlassen werden auf die letzte Wegstrecke. *Denn meine Augen haben deine Seligkeit gesehen …*

Nun bin ich doch froh, dass ich hier sitze, nicht allein, sondern inmitten der anderen. Gemeinsamkeit tröstet. Vor allem die Gemeinsamkeit mit ihm, an den wir alle viel zu selten denken und der im Grunde das Wichtigste in unserem Leben ist. Es ist gut, dass wir in dieser Stunde daran erinnert werden. Darüber kann man sogar ein schwarzes Kleid vergessen, das unter den Armen kneift.

Impulse zum Nachdenken und für das Gespräch

- Konfirmationssprüche und -erinnerungen zusammentragen.
- Worte und Lieder aus dem Konfirmandenunterricht, die ich nicht vergessen habe.
- Erinnerungen an die Kirche, in der ich konfirmiert wurde.
- Wie kann ich mit den Veränderungen seitdem zurechtkommen? Was muss bleiben und was muss sich verändern?
- Was sich in meinem Glauben seitdem verändert hat.
- Glaubensbekenntnis und Schwierigkeiten mit einzelnen Aussagen.
- Worte, die „man erst im Alter begreift".

Schlüsselsatz

Wir bringen die Lasten wie ein Geschenk mit in die Kirche.

Biblische Anschlusstexte

1. Mose 32,27 (Ich lasse dich nicht, du segnest mich denn); Lukas 2,29–30 (Meine Augen haben gesehen); 2. Timotheus 3,14–17 (Bleibe bei dem, was du gelernt hast).

Anmerkung

Die Erzählerin erinnert sich an das Bibelwort „Meine Augen haben deine *Seligkeit* gesehen." Im Luthertext steht: „Meine Augen haben deinen *Heiland* gesehen." – Im griechischen Text des Neuen Testaments steht ein Wort, das die Gabe bedeutet, aber auch den Geber bezeichnen kann: rettend, heilbringend, heilsam.

Saat und Ernte, Korn und Brot

61 Wir verkaufen nur den Samen

Unbekannt

Inhalt: Ein Engel verkauft „alles, was Sie wollen" – aber nicht als fertiges Produkt, sondern den Samen dazu.

Stichwörter: Eigeninitiative – Ernte – Saat – Wünsche

Er betrat einen Laden.

Hinter der Ladentheke sah er einen Engel. Hastig fragte er ihn:

„Was verkaufen Sie, mein Herr?"
Der Engel gab ihm freundlich Antwort:
„Alles, was Sie wollen."
Der junge Mann sagte:
„Dann hätte ich gerne:
– das Ende der Kriege in aller Welt,
– immer mehr Bereitschaft, um miteinander zu reden,
– Beseitigung der Elendsviertel in Lateinamerika,
– Ausbildungsplätze für Jugendliche,
– mehr Zeit der Eltern, um mit ihren Kindern zu spielen,
– und, und …"
Da fiel ihm der Engel ins Wort und sagte:
„Entschuldigen Sie, junger Mann,
Sie haben mich verkehrt verstanden.
Wir verkaufen keine Früchte, hier,
wir verkaufen nur den Samen."

Impulse zum Nachdenken und für das Gespräch

- Worum bitte ich in meinem Beten?
- Gott nimmt mir nicht ab, was meine Sache ist.
- Wozu sind Wünsche gut? Was bewirkt die Sehnsucht nach einer fertigen Welt? Von der Neigung zur Bequemlichkeit.
- Was liegt zwischen Saat und Ernte?
- Ziele zusammentragen: *„Ich hätte gerne"*; nach dem Samen suchen, den das Evangelium dazu schenkt. Was kann ich tun, damit der Same aufgeht?

Schlüsselsatz

... dann hätte ich gerne ...

Biblische Anschlusstexte

Markus 4,3–9 (Das vierfache Ackerfeld); 2. Korinther 9,10 (Der dem Sämann den Samen gibt).

Das Rindenmehl 62

Elisabeth Achtnich

Inhalt: Eine Bauernfamilie erlebt Notzeiten. Das Saatgut ist kostbar und teuer. Als eine gute Ernte kommt, bleibt die Familie bescheiden: So reicht es auch für die Nachbarn am anderen Ufer.

Stichwörter: Armut – Dank – Ernte – Notzeit – Teilen

In Russland lebte eine arme Bauernfamilie. Die Felder waren klein, der Boden steinig, das Wetter rau. Die Leute mussten sich hart mühen, um genug zu ernten für die lange Winterzeit. In der Kälte tat Hunger besonders weh.

In einem Jahr hatte der Bauer genug Körner über den Winter gerettet. Im Frühjahr warf er sie mit Segenswünschen als Samen in die braune Erde. Aber dann kam der Frost zurück. Ein großer Teil der frischen Saat erfror auf dem Acker.

„Frau", sagte der Bauer, „wir müssen Baumrinde reiben und unter das Mehl mischen. Es wird eine kleine Ernte und einen hungrigen Winter geben."

Im nächsten Frühjahr war nichts übrig für die neue Saat. Die Frau holte die alte Tasse vom Schrank, in der sie ein wenig Geld gespart hatte. Der Bauer musste Saatgetreide kaufen.

Als die Sonne den Schnee schmelzen ließ und die Erde braun wurde, warf der Bauer mit Segenswünschen die kostbaren Körner in die Furchen. Die Saat ging auf.

Aber am Ende des Sommers vernichtete ein furchtbares Hagelwetter fast die ganze Ernte.

Im dritten Jahr verkauften sie das letzte, das ihnen geblieben war, ihre Ziege. Der Bauer kaufte Saatgetreide dafür.

Mit Segenswünschen warf er die Körner in die Erde.

Die Saat ging auf. Der Frost zerstörte nichts, Sonne und Wind kamen zur rechten Zeit, das Hagelwetter ging gnädig vorüber. Die Ähren wurden groß und schwer. Der Bauer brachte eine gute Ernte ein.

„Frau", sagte er, „es wird kein hungriger Winter werden. Und für die neue Saat kann ich genug auf die Seite legen." Sie riefen ihre Kinder zusammen und lachten und tanzten und dankten Gott.

Dann sagte der Bauer: „Frau, jetzt richte ein Essen, wie wir lange keines hatten!"

Nach einer Weile kam er in die Küche. Da saß die Frau auf dem Hocker und rieb sorgsam Baumrinde in das Mehl.

„Aber Frau", rief der Bauer, „was tust du? Wir haben doch so viel! Wir brauchen keine Rinde mehr im Mehl!"

Die Frau sah auf.

„Nein", sagte sie, „nicht so viel wie im vorigen Jahr. Aber du weißt doch, der Nachbar am anderen Ufer des Flusses! Ihn hat der Frost nicht verschont. Lass uns ihm ein paar Kornsäcke bringen."

Als die Familie am Abend um die dampfende Schüssel saß und der Duft des Essens die Küche erfüllte, sagte der Vater: „Mutter, es wird reichen für uns und für den Nachbarn drüben."

Sie dankten Gott und aßen und lachten miteinander.

Impulse zum Nachdenken und für das Gespräch

- Welche Erinnerungen kommen beim Hören?
- Dank zu Gott hat verschiedene Formen. Welche zeigt diese Geschichte?
- Wie haben Jahre der Not und des Mangels das Miteinander der Menschen beeinflusst? (Not macht barmherzig – Not macht hartherzig).
- Der Nachbar am anderen Ufer: Was heißt das heute?

Schlüsselsatz

Es wird reichen für uns und für unsre Nachbarn drüben.

Biblische Anschlusstexte

Prediger 11,1 ff. (Lass dein Brot über das Wasser fahren); Matthäus 6,11 (Unser täglich Brot); Lukas 12,16–21 (Reicher Kornbauer); 2. Korinther 9,6–10 (Reich zu jedem guten Werk).

63 Brot in deiner Hand

H. A. Mertens

Inhalt: Ein Bäcker *verkauft* nicht nur Brot, er *isst* davon auch mit Menschen, die in seinen Laden kommen – als Zeichen des Teilnehmens.

Stichwörter: Abendmahl – Brot – Gemeinschaft – Versöhnung

An der Jakobstraße in Paris liegt ein Bäckerladen; da kaufen viele hundert Menschen ihr Brot. Der Besitzer ist ein guter Bäcker. Aber nicht nur deshalb kaufen die Leute des Viertels dort gern ihr Brot. Noch mehr zieht sie der alte Bäcker an: Der Vater des jungen Bäckers. Meistens ist nämlich der alte Bäcker im Laden und verkauft.

Dieser alte Bäcker ist ein spaßiger Kerl. Manche sagen: Er hat einen Tick. Aber nur manche; die meisten sagen: Er ist weise, er ist menschenfreundlich. Einige sagen sogar: Er ist ein Prophet. Aber als ihm das erzählt wurde, knurrte er vor sich hin: „Dummerei …"

Der alte Bäcker weiß, dass man Brot nicht nur zum Sattessen brauchen kann, und gerade das gefällt den Leuten. Manche erfahren das erst beim Bäcker in der Jakobstraße, zum Beispiel der Autobusfahrer Gerard, der einmal zufällig in den Brotladen an der Jakobstraße kam.

„Sie sehen bedrückt aus", sagte der alte Bäcker zum Omnibusfahrer.

„Ich habe Angst um meine kleine Tochter", antwortete der Busfahrer Gerard. „Sie ist gestern aus dem Fenster gefallen, vom zweiten Stock."

„Wie alt?", fragte der alte Bäcker.

„Vier Jahre", antwortete Gerard.

Da nahm der alte Bäcker ein Stück vom Brot, das auf dem Ladentisch lag, brach zwei Bissen ab und gab das eine Stück dem Busfahrer Gerard. „Essen Sie mit mir", sagte der alte Bäcker zu Gerard, „ich will an Sie und Ihre kleine Tochter denken."

Der Busfahrer Gerard hatte so etwas noch nie erlebt, aber er verstand sofort, was der alte Bäcker meinte, als er ihm das Brot in die Hand gab. Und sie aßen beide ihr Brotstück und schwiegen und dachten an das Kind im Krankenhaus.

Zuerst war der Busfahrer Gerard mit dem alten Bäcker allein. Dann kam eine Frau herein. Sie hatte auf dem nahen Markt zwei Tüten Milch geholt und wollte nun eben noch Brot kaufen. Bevor sie ihren Wunsch sagen konnte, gab ihr der alte Bäcker ein kleines Stück Weißbrot in die Hand und sagte: „Kommen Sie, essen Sie mit uns: Die Tochter dieses Herrn liegt schwer verletzt im Krankenhaus – sie ist aus dem Fenster gestürzt. Vier Jahre ist das Kind. Der Vater soll wissen, dass wir ihn nicht allein lassen." Und die Frau nahm das Stückchen Brot und aß mit den beiden.

So war das oft in dem Brotladen, in dem der alte Bäcker die Kunden bediente. Aber es passierte auch anderes, über das sich die Leute noch mehr wunderten. Da gab es zum Beispiel einmal die Geschichte mit Gaston:

An einem frühen Morgen wurde die Ladentür aufgerissen und ein großer Kerl stürzte herein. Er lief vor jemandem fort; das sah man sofort. Und da kam ihm der offene Bäckerladen gerade recht. Er stürzte also herein, schlug die Tür hastig hinter sich zu und schob von innen den Riegel vor.

„Was tun Sie denn da?", fragte der alte Bäcker. „Die Kunden wollen zu mir herein, um Brot zu kaufen. Machen Sie die Tür sofort wieder auf."

Der junge Mann war ganz außer Atem. Und da erschien vor dem Laden auch schon ein Mann wie ein Schwergewichtsboxer, in der Hand eine Eisenstange. Als er im Laden den jungen Kerl sah, wollte er auch hinein. Aber die Tür war verriegelt.

„Er will mich erschlagen", keuchte der junge Mann.

„Wer? Der?", fragte der Bäcker.

„Mein Vater", schrie der Junge, und zitterte am ganzen Leib. „Er will mich erschlagen. Er ist jähzornig. Er ist auf neunzig!"

„Das lass mich nur machen", antwortete der alte Bäcker, ging zur Tür, schob den Riegel zurück und rief dem schweren Mann zu: „Guten Morgen, Gaston! Am frühen Morgen regst du dich schon so auf? Das ist ungesund. So kannst du nicht lange leben. Komm herein, Gaston. Aber benimm dich. Lass den Jungen in Ruh! In meinem Laden wird kein Mensch umgebracht."

Der Mann mit der Eisenstange trat herein. Seinen Sohn schaute er gar nicht an. Und er war viel zu erregt, um dem Bäcker antworten zu können. Er wischte sich mit der Hand über die feuchte Stirn und schloss die Augen. Da hörte er den Bäcker sagen: „Komm, Gaston, iss ein Stück Brot; das beruhigt. Und iss es zusammen mit deinem Sohn; das versöhnt. Ich will auch ein Stück Brot essen, um euch bei der Versöhnung zu helfen." Dabei gab er jedem ein Stück Weißbrot. Und Gaston nahm das Brot, auch sein Sohn nahm das Brot. Und als sie davon aßen, sahen sie einander an, und der alte Bäcker lächelte den beiden zu. Als sie das Brot gegessen hatten, sagte Gaston: „Komm, Junge, wir müssen an die Arbeit."

Impulse zum Nachdenken und für das Gespräch

- Erinnerungen über das Brotessen.
- Erfahrungen, wie jemand nicht nur Kunden und Geldbringer sieht, sondern Menschen, an deren Leben er teilnimmt.
- Was man alles miteinander teilen kann.
- Gespräch über den ersten Absatz: Was heißt *weise* sein?
- Gesten, Zeichen, Symbole, die mehr helfen als Worte. Auch Besinnung über Essrituale und was sie bewirken.

Schlüsselsatz

Kommen Sie, essen Sie ein Stück Brot mit uns!

Biblische Anschlusstexte

Lukas 22,19 und 24,30 (Er brach's und gab es ihnen); Lukas 15,1.2.23 (Lasst uns essen und fröhlich sein); 1. Korinther 10,16.17 (Ein Leib, weil wir an einem Brot teilhaben).

Das vertrocknete Brot 64

Günther Schulze-Wegener

Inhalt: Der Weg eines vertrockneten Stück Brotes, das nie gegessen, sondern immer weiterverschenkt wurde.

Stichwörter: Brot – Erntedank – Hilfsbereitschaft – Liebe – Schenken – Teilen

Als nach dem Tod eines alten Mannes, eines Arztes, seine Söhne daran gingen, den Nachlass zu ordnen, fanden sie in einer Vitrine mit allerhand wertvollen Erinnerungsstücken einen grauen knochenharten Klumpen. Beim genauen Hinsehen merkten sie, es war ein Stück vertrocknetes Brot. Sie wunderten sich, waren ratlos, aber ahnten auch, dass der

Vater nichts aufbewahrt hatte, was nicht von besonderem Wert für ihn war. Die alte Haushälterin konnte das Rätsel lösen. Sie erzählte:

In den Hungerjahren nach dem Weltkrieg hatte der alte Herr einmal schwer krank daniedergelegen. Zu der akuten Erkrankung war ein allgemeiner Erschöpfungszustand getreten, sodass die Ärzte bedenklich die Stirn runzelten, etwas von kräftiger Kost murmelten und dann resigniert die Achsel zuckten.

Damals hatte ein Bekannter ein halbes Brot geschickt mit dem Wunsche, der Medizinalrat möge es getrost essen, damit er ein wenig zu Kräften komme. Es sei gutes, vollwertiges Schrotbrot, das er selbst von einem Ausländer erhalten habe.

Zu dieser Zeit aber habe gerade im Nachbarhaus die kleine Tochter des Lehrers krank gelegen und der Medizinalrat hatte es sich versagt, das Brot selbst zu essen, sondern es den Lehrersleuten hinübergeschickt: „Was liegt an mir altem Manne", habe er dazu gesagt, „das junge Leben dort braucht es nötiger!"

Wie sich aber später herausstellte, hatte auch die Lehrersfrau das Brot nicht behalten wollen, sondern an die alte Witwe weitergegeben, die in ihrem Dachstübchen ein Notquartier gefunden hatte.

Aber auch damit war die seltsame Reise des Brotes nicht zu Ende. Die Alte mochte ebenfalls nicht davon essen und trug es zu ihrer Tochter, die nicht weit von ihr mit ihren beiden Kindern in einer kümmerlichen Kellerwohnung Zuflucht gefunden hatte.

Die hingegen erinnerte sich daran, dass ein paar Häuser weiter der alte Medizinalrat krank lag, der einen ihrer

Buben kürzlich in schwerer Krankheit behandelt hatte, ohne dafür etwas zu fordern. Nun ist die Gelegenheit, so dachte sie, dass ich mich bei dem freundlichen alten Herrn bedanke. Sprach's, nahm das halbe Brot unter den Arm und ging damit zur Wohnung des Medizinalrates.

„Wir haben es sogleich wiedererkannt", schloss die Haushälterin, „an der Marke, die auf dem Boden des Brotes klebte und ein buntes Bildchen zeigte. Als der Medizinalrat sein eigenes Brot wieder in Händen hielt, da war er maßlos erschüttert und hat gesagt: „Solange noch Liebe unter uns ist, die ihr letztes Stück Brot teilt, solange habe ich keine Furcht um uns alle!"

Das Brot hat er nicht gegessen. Vielmehr sagte er zu mir: „Wir wollen es gut aufheben, und wenn wir einmal kleinmütig werden wollen, dann müssen wir es anschauen. Dieses Brot hat viele Menschen satt gemacht, ohne dass ein einziger davon gegessen hätte. Es ist wie ein heiliges Brot, das zum sichtbaren Willen Gottes wurde und zum Beweis dafür, dass sein Wort auf guten Boden gefallen ist!" Damals legte es der Medizinalrat in die Vitrine, und ich weiß, dass er es oft angeschaut hat."

Impulse zum Nachdenken und für das Gespräch

- Eigene Erfahrungen zusammentragen, wie Menschen in Not einander geholfen haben und unerwartet Hilfe bekamen.
- Zusammen über den Schlüsselsatz nachdenken: In welcher Weise hat das Brot viele satt gemacht?
- Über *Brot für die Welt* berichten.
- Verzichten und doch nicht zu kurz kommen.

Schlüsselsatz

Dieses Brot hat viele satt gemacht, ohne dass ein einziger davon gegessen hätte.

Biblische Anschlusstexte

Matthäus 4,4 (Nicht vom Brot allein); Markus 6,30–44 (Sie wurden alle satt); Markus 12,41–44 (Sie gab alles, was sie hatte); Hebräer 13,16 (Mit andern zu teilen, vergesst nicht).

65 Das Osterbrot

Tiny Fierz-Herzberg

Inhalt: Ein Mann erzählt von seiner armen Kindheit in Paris, von einem Unglück und seinen Folgen und wie eine feinfühlige, weise Frau ihm die Chance bietet, ein Unrecht wieder gutzumachen.

Stichwörter: Armut – Brot – Chance – Mutter – Ostern – Wiedergutmachen

Ein sehr alter Mann erzählte mir einmal vor Jahren in Paris diese Geschichte:

Wir waren arm. So arm, wie man es sich heute kaum noch vorstellen kann. Unsere Mutter arbeitete in einer Spinnerei im Viertel Ménilmontant, wo wir auch wohnten. Das war ein großes, düsteres Haus aus roten Backsteinen. Von diesem Hause träume ich auch heute manchmal noch. Und nie ist es ein guter Traum. Aber irgendwo in einem der langen, dunklen, schlauchartigen Gänge mit dem Geruch und matt erhellt von trüben verschmutzten Öllampen, steht manchmal meine Mutter und lächelt mir zu.

Der Vater hatte uns früh verlassen und war nie zurückgekommen. Ich hatte noch zwei Brüder und zwei Schwestern. Tagsüber waren wir allein. So gut es ging, hielten wir die beiden dürftigen Stuben, die auf einen kleinen grauen

Hof hinausgingen, in Ordnung. Nicht allein, weil sie es uns gebot, sondern insbesondere deswegen, weil wir uns auf ihren dankbaren Blick am Abend freuten, wenn sie müd zur Tür hereintrat. Denn wir liebten sie.

Unsere Mutter war trotz ihrer bäuerlichen Abkunft klein und zart. Sie war eine herbe, verschlossene Frau und die wenigen Liebkosungen, an die wir Kinder uns später erinnern konnten, waren verbunden mit Erinnerungen an Krankheiten. Dann hatte sie uns tief in ihr Herz sehen lassen. Nie mehr im Leben später hat mich etwas so glücklich und zufrieden machen können, als wenn die Hände meiner Mutter behutsam über mein Gesicht gefahren waren und liebevoll die Bettdecke glatt gestrichen hatten.

Wir Jungen machten Botengänge und hüteten die Kinder der Nachbarn, um ein paar Sous dazuzuverdienen. Alles gaben wir in Mutters Hände, aber es reichte nie. Wir aßen Roggenmehlsuppe und saures dunkles Brot. Jahraus, jahrein. Und an Sonntagen manchmal Kohl oder Lauch in Wurstbrühe, die wir in einer großen Kanne beim Schlachter Chevalon holten.

Chevalon war nicht, wie Metzger allgemein sind. Er hatte eine schiefe Schulter und trug eine Brille wie ein Professor. Er war ein heftiger Mann und prügelte die Lehrjungen braun und blau. Aber uns hat er für die Brühe nie einen Sou abgenommen. Wenn wir das Geld hinlegen wollten, das unsere Mutter uns mitgegeben hatte, drehte er sich um, als seien wir nicht mehr da. Vielleicht habe ich deshalb seinen Namen nicht vergessen.

Wir wünschten, später reich und berühmt zu werden, damit wir unsere Mutter in Samt und Seide kleiden könnten, wie die Prinzessinnen in dem einzigen Bilderbuch, das wir besaßen. Als wir dann anfingen, an festen Arbeitsplätzen zu verdienen, starb sie.

An jenem Gründonnerstag war ich, der Zweitälteste, zwölf Jahre alt. Unsere Mutter, die aus der Normandie stammte und sich in Paris nie zu Hause gefühlt hatte, obgleich wir Kinder alle hier geboren waren, hing mit Liebe und Ehrfurcht an den alten Bräuchen ihrer Heimat. So buk sie auch an jedem Karsamstag, gegen den späten Nachmittag hin, das Osterbrot.

Einstmals, in ihrer Kindheit, war es mit reicheren Zutaten gebacken worden. Nun bereitete sie es aus einem Kilo weißen Mehls, einem Viertelpfund Butter, einer Hand voll Zucker und einigen Rosinen. Das Köstlichste darin aber, etwas, was wir außerhalb des Jahres nie genossen, waren die drei Eier, die dazugehörten.

In einer kleinen, entlegenen Pfarre von Paris amtierte damals ein Priester, der aus dem gleichen normannischen Dorf stammte wie sie und den sie schon in ihrer Kinderzeit gekannt hatte. Zu ihm trug sie an jedem Ostermorgen vor der Frühmesse unser Osterbrot. Und der Priester segnete es nach dem Brauch ihrer Heimat.

Seit Tagen lagen die drei für das Osterbrot bestimmten Eier in einer blauen Schüssel im Spind. Für uns, die wir tagsüber ehrfürchtig davor standen, waren sie das Symbol des Wunderbaren, des Hochfestlichen und Weihevollen. Behutsam und mit Herzklopfen nahmen wir sie immer wieder in die Hände und strichen über die glatte, kühle Fläche, um uns die Nähe des Osterfestes noch erregender zu vergegenwärtigen.

Aber plötzlich lagen die Eier zerbrochen am Boden. Alle drei. Gelähmt vor Entsetzen starrten wir zur Erde.

Jaques fing an zu weinen. Er hatte immer am wenigsten Mut von uns.

Zum Glück war unsere Schwester Marguerite Milch holen gegangen und hatte Louise mitgenommen. Es war mittags gegen drei. Um sieben kam die Mutter zurück. Da mussten wieder drei Eier in der blauen Schale liegen.

In großer Angst und Aufregung beriet ich mich mit Roger und Jaques. Jaques, dem wir eine Ohrfeige versetzt hatten, hatte mit Weinen aufgehört. Es war nicht Angst vor Strafe, die uns bedrückte, ich weiß es, sondern nur die Angst, unserer Mutter Kummer bereiten zu müssen.

Am Morgen hatte sie uns nur das Geld für Roggenschrot, Brot und Milch dagelassen. Den Franc unter dem Gipsengel auf der Kommode zu nehmen, der immer als Notgroschen dort lag, wagten wir uns nicht in den Sinn kommen zu lassen.

Als wir die Mädchen die Stiegen heraufkommen hörten, beschlossen Roger und ich, einen Diebstahl zu begehen. Eine Sünde, deren sich keiner von uns je schuldig gemacht hatte. Wir schworen uns unter hämmerndem Herzklopfen, für immer und gegen jedermann darüber zu schweigen. Auch gegen die Mädchen. Jaques sollte nicht mittun. Er musste die Mädchen davon abhalten, ins Spind zu schauen.

Plessants Laden lag am Ende unserer Gasse. Herr Plessant war ein hagerer Mann mit kleinen harten Augen. Aber Frau Plessant borgte uns manchmal bis zum Wochenende.

Während an diesem Tage Herr Plessant die Roggengrütze abwog, griffen wir rasch in den wie immer seitlich von der Theke stehenden Eierkorb. Roger ließ behutsam und geschickt wie ein gewiegter Dieb zwei Eier in seine Joppentasche gleiten. Ich aber hielt mein Ei noch in der Hand, als ich im Hintergrund auf einmal Frau Plessant erkannte. Alle Dinge in Plessants Laden begannen vor meinen Augen zu schwanken. Mechanisch ließ ich das Ei in meine weite, ausgebeulte Joppentasche gleiten.

Nun hatte auch Roger Frau Plessant erkannt. In diesem furchtbaren Augenblick legte Herr Plessant die Tüte mit Grütze vor uns hin. Als Roger sein Kupfergeld auf die Theke legte, zitterte seine Hand. Aber Frau Plessant sagte kein Wort. Hatte sie nichts bemerkt? Wie in einem wüsten Traum versponnen, aus dem wir nicht herausfanden, traten wir auf die Straße. Aber da rief uns von hinten jemand an. Wie von einer Kugel getroffen, blieben wir stehen. Dann drehten wir uns langsam um. Frau Plessant stand in der Seitentür und winkte uns heran. In ihrem Gesicht war weder Zorn noch Freundlichkeit.

„Ihr könnt euch was verdienen", sagte sie, „wenn ihr das Holz aus dem Schuppen nach oben schafft."

Da nickten wir. Ich hielt noch immer meine Hand in der Joppentasche. Meine Hand krampfte sich um das gestohlene Ei. Da aber sagte sie noch etwas, was uns das Blut aus dem Herzen trieb: „Gebt mir eure Joppen her. Die Arbeit wird euch schon einheizen."

Da zogen wir, indem wir unsere Augen vor Frau Plessant verbargen, die Joppen aus und gaben sie ihr. Wir wären gern gestorben.

Über zwei Stunden arbeiteten wir hart, denn es waren fünfzehn Körbe auf den Boden zu tragen. Das Holz war feucht und schwer. Der Schweiß rann uns übers Gesicht. Angst und Scham erstickten uns fast, wenn wir an die harte Rechtlichkeit unserer Mutter dachten. Aber wir sprachen nichts miteinander. Und wir vermieden es, uns anzusehen.

Endlich war es soweit. Am Ende der Treppe stand Frau Plessant.

„Wascht euch draußen an der Pumpe", sagte sie. Als wir zurückkamen, hielt sie uns unsere Joppen hin.

„Die drei Eier da drin", sie wies auf unsere Taschen, „gehören jetzt euch. Für die Arbeit. Ihr habt sie reichlich verdient. Und vergesst es nie: Das ist die bessere Art zu kaufen."

Langsam kam ein kleines Licht in ihre Augen, wenn es auch kein Lächeln war.

„Zerbrecht sie nicht", sagte sie noch.

Wie im Traum zogen wir unsere geflickten Joppen an. „Wir danken Ihnen, Madame Plessant", sagten wir.

Als wir schon einige Schritte entfernt waren, rief uns Frau Plessant noch einmal zurück. Unser Herz verkrampfte sich von neuem. Sie hielt ein kleines Paket in der Hand.

„Gebt das eurer Mutter", sagte sie. Dann machte sie die Tür vor uns zu.

Als wir das Paket öffneten, sahen wir, dass es ein Stückchen Rauchfleisch enthielt, ein Pfund weißen Zucker und ein Viertelpfund Kaffee. Mutter liebte Kaffee, echten, aus Bohnen, über alles. Sie hat ihn nur so selten getrunken.

Zu Hause hatte Jaques getreulich das wenige getan, was ihm aufgetragen worden war. Er reichte uns die Schlüssel des verschlossenen Spinds. Sein Gesicht war fahl vor Erregung, als wir ihm den Verlauf unserer Diebesfahrt berichteten. Marguerite und Louise bemerkten nichts. Sie saßen in einer Ecke und spielten, wie sie es oft taten, mit einer gefangenen Küchenschabe.

Wir taten die drei Eier vorsichtig in die blaue Schale und legten Frau Plessants Paket daneben. Wir waren voll von Glück, aber die Angst ließ uns nicht. Obwohl von irgendwoher in unsern Herzen die Hoffnung aufgekommen war, Frau Plessant könne über das Vorgefallene schweigen.

Als unsere Mutter am Abend das Paket entdeckte, sah sie uns verwirrt an.

„Frau Plessant schickt es dir", sagte Roger. Weder er noch ich wagten sie anzusehen. Unserer Mutter aber liefen die Tränen übers Gesicht. So selten hatte ihr jemand ein Geschenk gemacht.

Dann fuhr sie sich mit der Hand beschämt über die Augen.

„Übermorgen backen wir das Osterbrot", sagte sie leise und wandte sich ab.

„Wenn wir groß sind, Mutter, wirst du jeden Tag Osterbrot essen", sagte ich, und mein Herz war schwer von Liebe.

Impulse zum Nachdenken und für das Gespräch

- Erinnerungen an arme Zeiten in der Kindheit. An Unehrlichkeiten, die das Gewissen belasteten.
- Zerbrochene Eier – zerbrochene Selbstachtung – zerbrochenes Vertrauen – zerbrochene Hoffnungen: Was Zerbrochenes heilen kann. Erfahrungen austauschen.
- Einander Chancen schenken, ohne zu demütigen.

Schlüsselsätze

Die Eier waren das Symbol des Wunderbaren, des Hochfestlichen und Weihevollen.
Oder:
Vergesst es nie: Das ist die bessere Art zu kaufen.

Biblische Anschlusstexte

Sprüche 30,7–9 (Wenn ich zu arm würde, könnte ich stehlen); Epheser 4,28 (... der stehle nicht mehr, sondern arbeite); 1. Petrus 4,8 (Die Liebe deckt der Sünden Menge).

Tulpen des Zorns **66**

Tina Schulze Gerlach

Inhalt: Eine alte Frau ärgert sich über die neuen Hausbesitzer. Es kränkt sie, dass die alles anders machen, den Garten einebnen und alles rausreißen. Sie findet ein Gegenmittel.

Stichwörter: Ärger – Blumen – Garten – Nachbarn – Zorn

Die alte Frau Munz erwacht von einem Geräusch, an das sie sich noch nicht gewöhnt hat. Jedes Mal schrickt sie aus ihrem dünnen traumdurchspukten Morgenschlaf, wenn der neue Hauswirt die Garagentür mit Gedonner hochschiebt und einschnappen lässt. Jedes Mal hat sie zu tun, ihr erschrockenes Herz mit tiefen Atemzügen zu beruhigen, während unten der Motor anspringt und das dunkle Gebrumm des Wagens am Fenster vorbeigleitet und des Hauswirts Frau mit schnellen harten Schritten den Plattenweg hinaufläuft, um das Tor zu öffnen.

Im Zimmer ist es hell, die alte Frau Munz pflegt es nicht zu verdunkeln, die Gardine weht leicht im Luftzug, sie kann nicht bei geschlossenem Fenster schlafen, sie hat es nie gern getan.

Da ist dann noch das „Tschüss“ zu hören, das die neue Hauswirtin dem Auto nachruft, dann das Kratzen und Klappen beim Schließen des Tors und das Herunterschnurren und wieder Zuplauzen der Garagentür, und nun die Stimme: „Ach guten Tag, da sind Sie ja!"

So ist wohl wieder der alte Mann gekommen, der die Wiese pflegen soll. Unter dem Fenster bleiben sie stehen.

„Sehen Sie nur", ruft die grelle Stimme, „schon ist der ganze Rasen wieder voller Gänseblumen. Stechen Sie die alle raus, mähen nützt hier nichts. Wenn Sie die mähen, haben sie sich am nächsten Tag verdoppelt. Bitte, stechen Sie alle raus, da haben Sie fürs Erste zu tun. In einen englischen Rasen gehört so was nicht, das ist Unkraut."

Der alte Mann murmelt etwas und schlurft davon. Mit Mühe hat die Hauswirtin ihn aufgetrieben und mit Versprechungen zur Arbeit in ihrem Grundstück verpflichtet. Zu ihren Bekannten sagt sie: *mein* Gärtner, wenn sie von ihm spricht.

Du liebe Zeit, sie soll sich nicht so haben, denkt die alte Frau. Als der Garten noch ihr gehörte, hat sie ihn das ganze Jahr über selbst versorgt.

Und jetzt besinnt sie sich wieder auf ihren Zorn, der sie nicht schlafen ließ in der Nacht. Seit einem Jahr geht ihr das so, dass sie in Abständen dieser Zorn überkommt, seit sie ihr Grundstück verkaufen musste und nun als Mieter ihres eigenen Häuschens unterm Dach in zwei Mansardenstuben wohnt, in einem Alter, in dem es einem zu viel wird, wegen immer neuer Schäden zu Handwerkern zu laufen.

Das jüngere Ehepaar hat den Besitz übernommen und unverzüglich begonnen, Haus und Garten umzustülpen, alte Bäume auszureißen, Unebenheiten zu planieren. Bitte sehr, sie haben bezahlt, sie können ja nicht warten, bis die alte Frau tot ist, um den Garten so zu gestalten, wie er ihnen vorschwebt.

Das erste Neue war eine breite Toreinfahrt aus Beton und der Garagenbau, dazu ein bunt gestrichener Zaun aus Metallgebilden, dem die vertrauten grünen Holzlatten weichen mussten.

Die alte Frau Munz sieht ein, dass junge Leute anders leben wollen und dass jedermann seine eigene Vorstellung davon haben darf. Viele Male am Tag spricht sie sich selbst Vernunft zu.

Aber es tut weh, plötzlich in einer ganz fremden Welt zu hausen, ohne viel weiter umgezogen zu sein als eine Treppe höher hinauf. Es tut weh, alle geliebten Dinge um sich schwinden zu sehen. Den krummen Pflaumenbaum zum Beispiel, der sich in jedem Frühjahr in einen dicken Strauß duftender Blüten verwandelte und eine summende Wolke Bienen um sich versammelte, im Sommer Schatten und Vogelsang spendete, und der doch im Herbst nie eine einzige Pflaume trug, weswegen sie ihn mit leisem Erbarmen besonders ins Herz schloss.

Aber am meisten vermisste sie die Blumen. Die neue Hauswirtin hat sich einen Park vorgestellt, einen Park mit Kies und Plattenwegen und englischem Rasen, du liebe Zeit, die fünfzig Quadratmeter wird sie einen Park nennen!

Eines Tages sagt sie doch wahrhaftig zum Nachbarn übern Zaun, Blumen wolle sie nicht, wer solle die denn pflegen, immer das Verblühte abschneiden und jedes Jahr dann das Unkraut, dafür habe sie weder Sinn noch Zeit.

So war das ganze Gelände metertief umgewendet worden, und die alte Frau Munz hatte sich, als die Hauswirtin einmal weggegangen war, verbittert zu dem Abfallhaufen gekniet und die herausgeworfenen Tulpenzwiebeln

Stück für Stück leise schimpfend in einen Schuhkarton gesammelt. Zitternd vor Zorn trug sie damals das Pappkästchen hinauf in ihre Mansarde, von einem dunklen Rachegefühl gepackt, das noch keine Gestalt annahm.

Als jetzt die beiden sich raschelnd auf dem Kies entfernten – früher war hier kein Kies, sondern sanfter weicher Sand, der alle Schritte schluckte –, erhebt sie sich aus ihrem Bett und tritt ans Fenster. Warme Septembersonne draußen; gleich früh hatte sie sich sonst auf die Bank unter dem schiefen Pflaumenbaum gesetzt, von schimmernden Altweibersommerfäden umschwebt. Und nun, keine Bank mehr zum Sitzen für sie, nichts als ein paar unnahbare Edelfichten.

Der alte Mann kriecht gebückt über den Rasen und stellt von Zeit zu Zeit einen Eimer klirrend ein Stück weiter, und überall, wo er ein Gänseblümchenbüschel mit seiner schmalen Schaufel aus der Erde sticht, entsteht ein kleines braunes Loch im Grün, von oben anzusehen wie die Flecken einer Krankheit.

Die alte Frau Munz hatte sich endlich abgefunden und mit den Gänseblümchen getröstet, die immerhin wie hundert kleine weiß bewimperte Augen in freundlichem Komplott zu ihr heraufzwinkerten. Und nun soll auch das vorbei sein.

Gegen Mittag hört die alte Frau, wie die Hauswirtin den Gärtner fortschickt: Er solle die Wiese morgen fertig machen, sie müsse jetzt dringend weg, sie habe einen Anruf erhalten, sein Geld bekomme er das nächste Mal, er solle nun schon Feierabend machen.

Dann hat die alte Frau plötzlich eine Idee. Sie wartet, bis die junge Hauswirtin und der Gärtner gegangen sind und begibt sich in den dunklen Vorraum. Sie holt den kleinen Hocker und klettert hinauf und kann mit äußerster Anstrengung oben auf dem hohen braunen Schrank den Schuhkarton erreichen, den sie vorm Jahr mit der gleichen Mühe dort hinaufgeschoben hat. Dann zieht sie die graue Strickjacke über und holt aus der Kochnische ein altes breites Küchenmesser, verschließt ihre Wohnungstür sorgsam hinter sich und steigt treppab.

Die Herbstsonne umfängt sie warm, als sie aus dem Haus tritt. Frau Munz verschwindet hinter dem Haus. Wo am Platz des alten Pflaumenbaums eine Betonterrasse mit steinernen Stufen entstand, stellt sie ihren Karton nieder und nimmt behutsam den Deckel ab.

„Ob ihr wohl noch ausschlagt?", sagt sie zu den braunen Tulpenzwiebeln, von denen alle Erde abgefallen ist. Dann rasselt sie ein wenig mit den trockenen Kugeln, nimmt ihren Karton unter den Arm und tritt vorsichtig auf den Rasen.

Und überall dort, wo der Gärtner die Gänseblümchen entfernte, gräbt sie mit dem Küchenmesser das Loch tiefer und versenkt eine Zwiebel hinein. Nach so viel Jahren Erfahrung weiß sie noch alles: Frühjahrszwiebeln pflanzt man September bis Oktober, je früher, um so besser können sie noch wurzeln. So – und nun die nächste, so – um so schöner werdet ihr blühen!

Auch wenn sie euch ausreißen, sie werden euch nicht alle finden, alle nicht. Ich werde euch in sämtliche Ecken stecken, nicht nur hier auf dem Rasen. Sie sollen sich verfolgt fühlen von Blüten, sie sollen sich wundern, was der Garten ihnen für Antwort gibt, der spukt, der Garten, so lange ich lebe, sollen sie sich wundern.

Sie huscht gebückt in flüsternder Beschwörung von Platz zu Platz. Der Karton ist groß, einmal waren Schuhe der Größe 43 darin. Schon ist in all die braunen Erdflecken ein neuer Keim gelegt, der sich heimlich strecken wird den Winter über.

Sie weiß, dass sie dreimal so tief in die Erde gesetzt werden, wie sie groß sind. Drüben am Weg müssen es die größten sein, erfahrene ausgereifte Knollen, die mit dem Kies fertig werden und sich behaupten.

Die alte Frau schwitzt und wirft ihre Strickjacke von sich. Noch ist der Karton erst halb geleert, aber schon der ganze Garten mit Tulpen gespickt. Unter den Fichten werden sie hervorquellen und ihre spitzgrünen Kapuzen zwischen die Nadeln der unteren Äste drängen, ehe sie ihre roten Knospen öffnen und entdeckt werden können. Aus den äußersten Ritzen zwischen den Steinplatten werden sie sich hervorschieben, vom Rasenmäher nicht erreichbar, dicht an den Zäunen werden sie in Gruppen beisammenstehn und im Aprilwind ihre Köpfe schütteln.

Die alte Frau reckt den Rücken gerade. Sie klopft die Hände ab und zieht ihre graue Strickjacke wieder an. Das breite Messer legt sie in die Schachtel, die immer noch halb voll Zwiebeln ist. Jetzt fehlt ihr die geliebte Bank unter dem Pflaumenbaum, jetzt möchte sie ein bisschen sitzen und ihr Werk bedenken.

Sie verlässt also den Garten und geht die paar Schritte über die Straße zur Rentnerbank in den dürren Anlagen. Sie setzt den Karton mit den verbliebenen Kugeln ab, sie will sich niederlasen. Aber da sieht sie die kümmerlichen Sträucher rings um die Bank, den grauen Kindersandkasten mit noch grauerem Sand, die sechs neu gepflanzten Ahornbäumchen mit ihrem dürftigen Fleck Erde …

Frau Munz besinnt sich einen Augenblick, dann bückt sie sich, gräbt Löcher und versenkt Zwiebeln. Zuletzt eine ganze Hand voll in eine einzige Grube, sodass man sich vorstellen kann, wenn der Frühling erst da ist und eine helle Sonne es an den Tag bringt: Irgendeiner hat in einem bestimmten Grundstück seinen Unsinn getrieben, einen aufsehenerregenden Spuk, dass nämlich auf dem sorgsam gehüteten Stück Rasen unbekannte Tulpen aufschießen und sich plötzlich feuerrot öffnen und im scharfen Aprilwind hüpfen. Dass dieser Jemand seines Überflusses nicht Herr werden konnte, sondern auf seinem Weg all seine Fußstapfen noch mit Tulpenrot füllte, dass um die Rentnerbank und den Kindersand und den Weg entlang zwischen Nesseln und kalktrockenen Hundehäufchen brandrote Tulpen leuchten.

So kommt es, dass an diesem Tag die alte Frau Munz, als sie am Gartentor der Hauswirtin begegnet, ihr unerwartet freundlich einen guten Tag wünscht und munter in ihre Mansarde hinaufsteigt, unterm Arm einen leeren Schuhkarton Größe 43, in dem ein altes breites Küchenmesser hin und her rutscht.

An ihrem Fenster tut sie wieder einen tiefen Atemzug, jetzt aber als Ausdruck der Befriedigung und mit dem fast vergnügten Gefühl, diese kommende Nacht gut schlafen zu können, so tief und beruhigt wie die Tulpenzwiebeln in der atmenden Erde.

Impulse zum Nachdenken und für das Gespräch

- Zorn, der nicht schlafen lässt. Zorn, dass andere es anders machen. Zorn über Verlorenes.
- Englischen Rasen und bunte Wiese vergleichen mit der Gemeinschaft in unserem Haus oder unserem Kreis.
- Wenn die Jungen alles anders machen. Wenn Vertrautes fremd wird.
- Über die Schönheit dessen, was unregelmäßig und gewachsen ist und über die Eintönigkeit des Gleichmäßigen und Eingeebneten.

- Ein Zwiegespräch spielen: Zwischen der alten Frau und der neuen Hauswirtsfrau. Jede begründet, warum sie den Garten *so* haben will.
- Wer bestimmt, was Unkraut ist – im Garten, unter den Menschen?
- Was geht in einem Menschen vor, der Lebendiges ausreißen will?
- Ausreißen und pflanzen.

Schlüsselsatz

Es tut weh, alle geliebten Dinge um sich schwinden zu sehen.

Begleittexte

- „Die Sucht nach Perfektion bedeutet letztlich, keinen Garten zu haben. Der zwanghafte Wunsch, perfekt zu sein, lässt die Vegetation vertrocknen. Scham hindert uns daran, den Garten zu pflegen. Wenn Männer und Frauen, die tief in ihrer Scham befangen sind, ihren Garten pflegen wollen, reißen sie Unkraut und Blumen zusammen heraus, denn viele ihrer eigenen Gefühle scheinen unzulänglich oder schmutzig. Was lieben wir so sehr, dass wir es vor Fremden beschützen wollen? Das ist eine gute Frage für einen Gartenbauer."

  Aus: Robert Bly, Eisenhans, Seite 190f.

- Blumen sind Handarbeit Gottes.
  Georges Bernanos

Biblische Anschlusstexte

1. Mose 1,29 (Ich habe euch gegeben alle Pflanzen); Matthäus 6,28–30 (Die Lilien auf dem Feld); Matthäus 13,24–30 (Unkraut unter dem Weizen); Römer 12,17–21 (Ist's möglich, habt Frieden); Epheser 4,26 (Zürnet ihr, so sündigt nicht).

Meine Zeit in Gottes Händen

Über die Zeit 67

Peter Spangenberg

Inhalt: Drei Tiere unterhalten sich über Vor- und Nachteile ihrer kurzen oder langen Lebenszeit. Das vierte Tier, die Spinne, macht ihnen klar, dass sie ihr Leben nach der Uhr bemessen und nicht nach der Tiefe.

Stichwörter: Lebensinhalt – Lebenszeit

Ein Esel, eine Eintagsfliege und eine Schildkröte unterhielten sich leidenschaftlich über das Leben.

„Ja, wenn ich mehr Zeit hätte", sagte die Eintagsfliege, „dann wäre alles einfacher! Könnt ihr euch vorstellen, was es bedeutet, alles in 24 Stunden unterzukriegen? Geboren werden, aufwachsen, erleben, erleiden, glücklich sein, alt werden und sterben? Alles in 24 Stunden?!"

„Ich gäbe was drum", sagte der Esel, „wenn ich nur 24 Stunden zu leben hätte. In kurzer Zeit alles auskosten, was es gibt. Ich stelle mir das herrlich vor: kurz, aber richtig."

„Ich verstehe euch nicht", warf die Schildkröte ein. „Ich bin jetzt 300 Jahre alt. Die Zeit würde nicht reichen, wollte ich euch erzählen, was ich erlebt habe. Es ist einfach zu viel. Schon vor 200 Jahren habe ich mir gewünscht, ans Ende meiner Zeit gekommen zu sein."

„Ich beneide dich", sagte sie zum Esel. Und zur Eintagsfliege: „Mit dir habe ich Mitleid."

„Wenn ich das so höre", sagte der Esel, „ich gäbe was drum, wenn ich 300 Jahre alt werden könnte. Viel Zeit haben, um das Leben richtig auskosten zu können. Ich stelle mir das herrlich vor: lange, aber intensiv."

Da schwiegen die drei sehr traurig, weil jeder das Leben nach der Uhr gemessen hatte und sich nun danach sehnte, das eigene Leben zu verlängern, zu verkürzen oder beides zu versuchen. Da gingen sie zu dritt zur Spinne, die wegen ihrer Weisheit berühmt war, um sie um Rat zu fragen.

„Schildkröte", sagte die Spinne, „hör auf zu klagen: denn wer hat schon so viel Erfahrung wie du?"

Zur Eintagsfliege sagte sie: „Fliege, hör auf zu klagen: wer hat schon so viel Freude wie du?"

Da meldete sich der Esel und fragte, was sie ihm denn riete: „Dir rate ich nichts", erwiderte die Spinne, „denn du wolltest beides! Du bist und bleibst ein Esel."

Als die anderen Tiere das hörten, warfen sie ihre Uhren weg und maßen das Leben fortan nach seiner Tiefe und seinem Sinn.

Impulse zum Nachdenken und für das Gespräch

- Die Lebenssicht jedes Tieres anschauen und mit eigenem Lebensgefühl, Klagen, Wünschen in Beziehung setzen.
- Der heutige Tag: Wofür hatte ich heute Zeit, wofür keine Zeit? Wie sehe ich das im Nachhinein?
- Die Spannung zwischen *Ich wünsche mir ein langes Leben* und *Bloß nicht zu alt werden!* Leben verkürzen wollen, Leben verlängern wollen.
- Vom Sinn der Erfahrungen im Leben.
- Nach welchen Maßstäben messe ich, ob das Leben Tiefe und Sinn hat?

Schlüsselsätze

Sie warfen die Uhren weg und maßen das Leben fortan nach seiner Tiefe und seinem Sinn.
Oder:
Hör auf zu klagen.

Biblische Anschlusstexte

Psalm 31,16a (Meine Zeit in deinen Händen); Matthäus 6,27.33.34 (Wer kann seinem Leben eine Spanne zusetzen?); Lukas 2,29.30 (Herr, nun lässest du deinen Diener); Römer 14,7–9 (Wir leben oder sterben: Wir sind des Herrn).

Der Tod und der Gänsehirt 68

Janosch

Inhalt: Der Tod begegnet einem Gänsehirten und kündigt ihm seinen Tod an. Er wundert sich über dessen Gelassenheit. Als der Tod nach langer Zeit zurückkehrt, folgen ihm viele und beklagen sich, im Leben zu kurz gekommen zu sein. Der Gänsehirt aber geht ruhig mit, er ist vorbereitet.

Stichwörter: Gelassenheit – loslassen – Sterben – Tod und Leben

Einmal kam der Tod über den Fluss, wo die Welt beginnt. Dort lebte ein armer Hirt, der eine Herde weißer Gänse hütete.

„Du weißt, wer ich bin, Kamerad?“, fragte der Tod.

„Ich weiß, du bist der Tod. Ich habe dich auf der anderen Seite hinter dem Fluss oft gesehen.“

„Du weißt, dass ich hier bin, um dich zu holen und dich mitzunehmen auf die andere Seite des Flusses.“

„Ich weiß. Aber das wird noch lange nicht sein."

„Oder wird nicht lange sein. Sag, fürchtest du dich nicht?"

„Nein", sagte der Hirt. „Ich habe immer über den Fluss geschaut, seit ich hier bin, ich weiß, wie es dort ist."

„Gibt es nichts, was du mitnehmen möchtest?"

„Nichts, denn ich habe nichts."

„Nichts, worauf du hier noch wartest?"

„Nichts, denn ich warte auf nichts."

„Dann werde ich jetzt weitergehen und dich auf dem Rückweg holen. Brauchst du noch etwas, wünschst du dir noch was?"

„Brauche nichts, hab alles", sagte der Hirt. „Ich habe eine Hose und ein Hemd und ein Paar Winterschuhe und eine Mütze. Ich kann Flöte spielen, das macht mich lustig. Meine Gänse verstehen nicht viel von Musik."

Als dann der Tod nach langer Zeit wiederkam, gingen viele hinter ihm her, die er mitgebracht hatte, um sie über den Fluss zu führen.

Da war ein Reicher dabei, ein Geizhals, der zeit seines Lebens wertvolles und wertloses Zeug an sich gerafft hatte: Klamotten, auch Gold und Aktien und fünf Häuser mit etlichen Etagen. Der Mann jammerte und zeterte: „Noch fünf Jahre, nur noch fünf Jahre hätte ich gebraucht und ich hätte noch fünf Häuser mehr gehabt. So ein Unglück, so ein Unglück verfluchtes!" Das war schlimm für ihn.

Ein Rennfahrer war unter ihnen, der zeit seines Lebens trainiert hatte, um den großen Preis zu gewinnen. Fünf Minuten hätte er noch gebraucht bis zum Sieg. Da erwischte ihn der Tod. Ein Berühmter war dabei, dem ein

Orden gefehlt hatte, nur ein einziger Orden, für den er Jahre aufgewendet hatte, da holte ihn der Bruder Tod. Das war schlimm für ihn. Schlimm für sie alle.

Als sie an den Fluss kamen, wo die Welt aufhört, saß dort der Hirt. Und als der Tod ihm die Hand auf die Schulter legte, stand er auf, ging mit ihm über den Fluss, als wäre nichts, und die andere Seite hinter dem Fluss war ihm auch nicht fremd. Er hatte Zeit genug gehabt hinüberzuschauen. Er kannte sich hier aus. Und die Töne waren noch da, die er immer auf der Flöte gespielt hatte; er war sehr fröhlich. Das war schön für ihn.

Was mit den Gänsen geschah? Ein neuer Hirt kam.

Impulse zum Nachdenken und für das Gespräch

- Was heißt: *Ich habe immer über den Fluss geschaut?*
- Sich auf den eigenen Tod vorbereiten – wie ist das möglich? Wie bereite ich mich äußerlich-organisatorisch, wie innerlich-geistlich vor?
- Wohl vorbereitet sterben (*„Bewahre uns vor schnellem Tod"*) einerseits – und der Wunsch, schnell und schmerzlos zu sterben andrerseits.
- Holt mich der Tod oder holt mich Gott, wenn ich sterbe?
- Was hilft beim Loslassen? Was erschwert es?
- Was ist wichtig, wenn ich alt bin? *„Altern heißt auch: Es ist nicht mehr so wichtig"* (Christa Wolf). Was ist nicht mehr wichtig beim Altsein, für die letzte Stunde? Und was ist sehr wichtig?
- Der letzte Satz lautet: *Ein neuer Hirt kam.* Das heißt: Ich bin nicht unersetzbar. Ist das bitter oder tröstlich?

Schlüsselsatz

Er hatte Zeit genug gehabt hinüberzuschauen.

Biblische Anschlusstexte

Psalm 90 (Lehre uns bedenken); Lukas 12,16–21 (Reicher Kornbauer); 1. Timotheus 6,7 (Wir haben nichts in die Welt gebracht); 2. Korinther 5,1 (Wenn diese Hütte abgebrochen wird).

Anmerkungen

Die Erzählung mit dem *Zug* des Geizhalses, des Rennfahrers, des Berühmten erinnert an das Motiv des Totentanzes, den Reigen derer, die der Tod mit seiner Flöte abholt. Hier hat die Flöte ein anderer. Vgl. EG 363,4–6.
In der islamischen Mystik symbolisiert die *Flöte* den Ruf der von Gott getrennten Seele, die wieder zu ihrem Ursprung zurück will.

69 Kannitverstan

Johann Peter Hebel

Inhalt: Ein Deutscher in Amsterdam wird durch ein sprachliches Missverständnis vor Neid und Unzufriedenheit bewahrt.

Stichwörter: Gemeinsamkeit aller Menschen – Irrtum – Neid – Reichtum – Sterben – Vergänglichkeit – Zufriedenheit

Bemerkung: Gemütvolle, humorvolle, altvertraute Geschichte, die früher in jedem Lesebuch stand. Ältere Menschen freuen sich, ihr wieder zu begegnen.

Der Mensch hat wohl täglich Gelegenheit, in Emmendingen und Gundelfingen so gut als in Amsterdam Betrachtungen über den Unbestand aller irdischen Dinge anzustellen, wenn er will, und zufrieden zu werden mit seinem Schicksal, wenn auch nicht viel gebratene Tauben für ihn in der Luft herumfliegen.

Aber auf dem seltsamsten Umweg kam ein deutscher Handwerksbursche in Amsterdam durch den Irrtum zur Wahrheit und zu ihrer Erkenntnis. Denn als er in diese große und reiche Handelsstadt, voll prächtiger Häuser, wogender Schiffe und geschäftiger Menschen gekommen war, fiel ihm sogleich ein großes und schönes Haus in die Augen, wie er auf seiner ganzen Wanderschaft von Tuttlingen bis nach Amsterdam noch keines erlebt hatte.

Lange betrachtete er mit Verwunderung dies kostbare Gebäude, die sechs Kamine auf dem Dach, die schönen Gesimse und die hohen Fenster, größer als an des Vaters Haus daheim die Tür. Endlich konnte er es nicht lassen, einen Vorübergehenden anzureden.

„Guter Freund", redete er ihn an, „könnt Ihr mir nicht sagen, wie der Herr heißt, dem dieses wunderschöne Haus gehört mit den Fenstern voll Tulipanen, Sternenblumen und Levkoien?"

Der Mann aber, der vermutlich etwas Wichtigeres zu tun hatte und zum Unglück gerade so viel von der deutschen Sprache verstand als der Fragende von der holländischen, nämlich nichts, sagte kurz und schnauzig: „Kannitverstan" und schnurrte vorüber.

Dies war nun ein holländisches Wort oder drei, wenn man's recht betrachtet, und heißt auf Deutsch so viel als: Ich kann Euch nicht verstehn. Aber der gute Fremdling glaubte, es sei der Name des Mannes, nach dem er gefragt hatte. Das muss ein grundreicher Mann sein, der Herr Kannitverstan, dachte er, und ging weiter.

Gass aus, Gass ein, kam er endlich an den Meerbusen, der da heißt: Het Ey, oder auf deutsch: das Ypsilon. Da stand nun Schiff an Schiff und Mastbaum an Mastbaum. Er wusste anfänglich nicht, wie er es mit seinen zwei einzigen Augen durchfechten werde, alle diese Merkwürdigkeiten genug zu sehen und zu betrachten, bis endlich ein großes Schiff seine Aufmerksamkeit an sich zog, das vor kurzem aus Ostindien angelangt war und jetzt eben ausgeladen wurde. Schon standen ganze Reihen von Kisten und Ballen auf- und nebeneinander am Lande. Noch immer wurden mehrere herausgewälzt, und Fässer voll Zucker und Kaffee, voll Reis und Pfeffer darunter.

Als er aber lange zugesehen hatte, fragte er endlich einen, der eben eine Kiste auf der Achsel heraustrug, wie der glückliche Mann heiße, dem das Meer alle diese Waren an das Land bringe.

„Kannitverstan" war die Antwort. Da dachte er: Haha, schaut's da heraus? Kein Wunder, wem das Meer solche Reichtümer an das Land schwemmt, der hat gut solche Häuser in die Welt stellen und solcherlei Tulipanen vor die Fenster in vergoldete Scherben.

Jetzt ging er wieder zurück und stellte eine recht traurige Betrachtung bei sich selbst an, was er für ein armer Teufel sei unter so viel reichen Leuten in der Welt.

Aber als er eben dachte: Wenn ich's doch nur auch einmal so gut bekäme, wie dieser Herr Kannitverstan es hat, da kam er um eine Ecke und erblickte einen großen Leichenzug. Vier schwarz vermummte Pferde zogen einen ebenfalls schwarz überzogenen Leichenwagen langsam und traurig, als ob sie wüssten, dass sie einen Toten in seine Ruhe führten. Ein langer Zug von Freunden und Bekannten des Verstorbenen folgte nach, Paar und Paar, verhüllt in schwarze Mäntel und stumm. In der Ferne läutete ein einsames Glöcklein.

Jetzt ergriff unseren Fremdling ein wehmütiges Gefühl, das an keinem guten Menschen vorübergeht, wenn er eine Leiche sieht, und er blieb mit dem Hut in den Händen andächtig stehen, bis alles vorüber war. Doch machte er sich an den Letzten vom Zug, der eben in der Stille ausrechnete, was er an seiner Baumwolle gewinnen könnte, wenn der Zentner um zehn Gulden aufschlüge, ergriff ihn sachte am Mantel und bat ihn treuherzig um Exküse.

„Das muss wohl auch ein guter Freund von Euch gewesen sein", sagte er, „dem das Glöcklein läutete, dass Ihr so betrübt und nachdenklich mitgeht."

„Kannitverstan!" war die Antwort.

Da fielen unserem guten Tuttlinger ein paar große Tränen aus den Augen, und es ward ihm auf einmal schwer und wieder leicht ums Herz.

„Armer Kannitverstan", rief er aus, „was hast du nun von allem deinem Reichtum? Was ich einst von meiner Armut auch bekomme: ein Totenkleid und ein Leintuch und von all deinen schönen Blumen vielleicht einen Rosmarin auf die kalte Brust oder eine Raute."

Mit diesen Gedanken begleitete er die Leiche, als wenn er dazu gehörte, bis ans Grab, sah den vermeinten Herrn Kannitverstan hinabsenken in seine Ruhestätte und ward von der holländischen Leichenpredigt, von der er kein Wort verstand, mehr gerührt als von mancher deutschen, auf die er nicht Acht gab.

Endlich ging er leichten Herzens mit den anderen wieder fort, verzehrte in einer Herberge, wo man Deutsch verstand, mit gutem Appetit ein Stück Limburger Käse. Und wenn es ihm wieder einmal schwer fallen wollte, dass so viele Leute in der Welt so reich seien und er so arm, so dachte er nur an den Herrn Kannitverstan in Amsterdam, an sein großes Haus, an sein reiches Schiff und an sein enges Grab.

Impulse zum Nachdenken und für das Gespräch

- Schwierigkeiten des Verstehens im fremden Land. Wie geht es z. B. einem Afrikaner in Deutschland, wenn er nichts versteht?
- Produktive Missverständnisse.
- Sterben: Gemeinsamkeit, Gewissheit, Verlust, Geheimnis.

Schlüsselsatz

Der Mensch hat wohl täglich Gelegenheit, Betrachtungen über den Unbestand aller irdischen Dinge anzustellen und zufrieden zu werden mit seinem Schicksal.

Biblische Anschlusstexte

Psalm 90,12 (Herr, lehre uns bedenken); Sprüche 22,2 (Arm und reich); Lukas 12,16–21 (Reicher Kornbauer); 1. Timotheus 6,6–8 (Lasset uns genügen).

Anmerkung

Exküse = Entschuldigung (excusez!)

70 Am Sterbebett der Mutter

Johannes Gillhoff

Inhalt: Ein nach Nordamerika ausgewanderter Mann schreibt seinem Lehrer in der alten mecklenburgischen Heimat über das Sterben seiner Mutter.

Stichwörter: Abschied – Heimat – Hoffnung – Mutter – Sterbebegleitung – Sterben

Bemerkung: Gespräch nicht notwendig, eher Gefahr des Zerredens, weil die Geschichte in sich so eindrücklich ist. Wenn doch, dann weniger über Themen und Motive der Geschichte, sondern aufgreifen, was die Geschichte anrührt und auslöst.

Lieber Freund und Lehrer! Ich bin sehr traurig in meinem Herzen. Ich habe letzten Mittwoch, den zwölften April, meine Mutter begraben. Ich soll dich von ihr grüßen mit ihrem letzten Gruß, und sie lässt sich auch noch bedanken für alles Gute, was du ihr getan hast.

Mutter ist ihres Lebens alt geworden 72 Jahr, 6 Monate und 5 Tage. Davon ist sie beinah sechs Jahr hier bei mir gewesen. Als ich ihr die Freikarte rüberschickte, da ist sie ganz gern gefahren, weil wir uns über dreißig Jahr nicht gesehen hatten und weil sie alt wurde und nicht mehr so recht arbeiten konnte. Aber es ist ihr hier so ergangen wie den meisten, die alt rüberkommen. Sie ist das Heimweh nicht mehr losgeworden. Alte Bäume verpflanzen sich schlecht. Sie fangen an zu kränkeln und gehen so nach und nach ein.

Mutter ist hier auch nie ganz zu Hause gewesen. Wir haben alles getan, was wir ihr an den Augen ablesen konnten. Wir haben sie auf den Händen getragen. Sie hat kein ungutes Wort zu hören gekriegt. Aber das Land war ihr fremd. Unsre Kinder waren groß und brauchten nicht mehr auf dem Arm getragen zu werden. Auch gab es hier keine Gössel zu hüten und keine Küken, was sonst ja ganz gut ist für die Alten. Und den ganzen Tag Strümpfe stricken und stopfen, das ging doch auch nicht. Die Hände in den Schoß legen und still sitzen, das konnte sie nicht, denn sie hatte es nicht gelernt, und im Schaukelstuhl hat sie nie gelegen. Sie sprach: „Ich will mit dem Sitzen und Liegen auf meine alten Tage nicht mehr umlernen. Zum Sitzen bei Tag ist der Stuhl da und zum Schlafen bei Nacht das Bett, und mit so'n Mitteldings, was nicht mal fest steht auf seinen Beinen, damit will ich nichts zu schaffen haben." Aber nun ist sie tot, und am letzten Mittwoch haben wir sie begraben.

Sie ist nicht lange krank gewesen. Wir hatten dies Frühjahr scharfen Wind, und da kriegte sie es auf der Brust. Ich holte den Doktor heimlich, denn das wollte sie auch nicht. Er sprach ihr gut zu. Aber draußen sagte er zu mir, dass sie wohl nicht wieder werden würde. Die Tropfen, die er ihr verschrieb, die hat sie willig eingenommen. Aber dabei ist ihr Essen immer weniger geworden und sie wurde immer schwächer. Ihre Finger waren zuletzt ganz dünn und nichts als Haut und Knochen.

In der letzten Zeit hab ich oft und lange an ihrem Bett gesessen und ihre Hand gehalten und wir haben viele gute Wörter miteinander gesprochen. In den Wochen bin ich eigentlich, solange ich hier bin, zum ersten Mal so ganz zur Besinnung gekommen. Da bei meiner alten Mutter am Bett, da ist all der Arbeitskram und die Arbeitssorge von mir abgefallen wie ein fremder Rock, und ich bin bloß noch meiner Mutter ihr großer Jung gewesen.

Sie hat zu mir gesagt: Du bist zu scharf im Arbeiten. Du musst nicht so hart schaffen. Du musst dir Zeit lassen, dass du mal zur Besinnung kommst. Besinnung tut dem Menschen nötig, denn er ist nicht bloß zum Arbeiten da. Du hast deine meisten Sensen verbraucht und dein meistes Korn gedroschen. Deine letzte Ernte kommt früh genug; da brauchst du gar nicht so doll zu laufen.

So hat meine Mutter zu mir gesprochen, denn ihr Leben war Arbeit und Mühseligkeit. Darum habe ich es mir aufmerksam in mein Herz genommen und mein Leben überdacht. Und siehe, sie hatte Recht. Eine Mutter hat immer Recht, wenn sie zu ihren Kindern spricht. Denn sie sucht ihrer Kinder Bestes und findet es auch.

Meist aber haben wir von zu Hause gesprochen. Auch hat sie mir viel erzählt aus ihrer Kinderzeit, wo ich nichts von wusste. Denn es ist mit dem Menschen also: Wenn sie alt werden und die Beine wollen nicht mehr vorwärts, dann fangen die Gedanken an zu wandern und sie wandern rückwärts. Einmal hat sie auch zu mir gesagt: Wenn ich an die alte Zeit zurückdenke und dann wieder an heute, das ist mir, als ob ich bloß aus einer Stube in die andere gehe. Bloß in der Tür ist das Dunkel. Aber da kommt man denn auch wohl durch.

Siehe, das sagte die alte Frau da in ihrem Bett. Da hörte ich in Ehrfurcht zu und streichelte ihr die Hand und sprach: „Mudding, was du eben gesagt hast, das könnte ganz gut im Psalm stehen, bloß mit ein bisschen andern Wörtern."

Unterdes war es schummerig geworden, aber Wieschen hatte draußen noch zu tun. Da sagte sie ganz leise, so, als wenn sie sich schämte: „Jürnjakob", sagte sie, „du kannst mir mal einen Kuss geben. Mich hat so lange keiner mehr geküsst. Ich hab eigentlich bloß dreimal im Leben einen Kuss gekriegt. Einmal, als ich mit Jürnjochen Hochzeit machte. Das andre Mal, als du geboren wurdest. Das dritte Mal, als Jürnjochen starb. Nun will ich mich fertig machen und ihm nachgehen. So kannst du mir noch einen mit auf den Weg geben."

Ich aber sprach: „Mudding, das geht mir gerade so wie dir. Und ich sehe, dass ich dein Sohn bin. Da haben wir beide was nachzuholen."

So hab ich mich ganz sacht über sie gebückt und sie richtig geküsst. Und sie hat mich über die Backe gestreichelt, als wenn ich noch ihr kleiner Junge war. Dann legte sie sich zurück und war ganz zufrieden. Als ich dann aber draußen beim Vieh stand, da war ich in meinem Herzen richtig erstaunt und sprach zu mir: Jürnjakob Swehn, da liegt nun eine alte Frau und will sterben, und das ist deine Mutter, und du hast sie im Leben nicht kennen gelernt. Siehe, so lernst du sie im Sterben kennen.

Als aber der Tag zu Ende war, da kam ein anderer und das war der letzte. Das war ein Sonnabend. Ihr Essen und Trinken, das war nicht mehr, als wenn ein kleiner Vogel essen und trinken tut. Als die Arbeit fertig war und es schon schummerte, da saß ich wieder an ihrem Bett und hielt ihre Hand und der Puls ging sehr schnell. Lange Zeit saßen wir da im Schummern. Es war ganz feierlich wie in der Kirche, wenn vorn auf dem Altar die beiden Lichter brennen, weil Abendmahl ist. Ja, daran dachte ich, als ich in ihre Augen sah. Es waren sonst ganz gewöhnliche blaue Augen; aber an dem Tage ging ein Schein von ihnen aus, den sah ich sonst nicht in dieser Welt. Aber nun sah ich ihn mit meiner Seele.

Wieschen machte Licht und gab ihr mit freundlichen Wörtern was zu trinken, denn die Lippen waren trocken. „So, Jürnjakob", sagte sie dann, „nun lies mir was aus der Bibel vor."

So las ich ihr die Geschichte von Lazarus vor, und als ich zu Ende war, sagte sie: „Da ist ein Psalm, den will ich noch gerne hören. Ich weiß nicht mehr, woans er anfangen tut, aber da ist was von Säen und Ernten drin."

„Ich weiß schon, Mudding, welchen du meinst", sagte ich und schlug den 126. auf und las: „Wenn der Herr die Gefangenen Zions erlösen wird, dann werden wir sein wie die Träumenden. Hörst du Mudding? Wie die Träumenden!"

„Ich höre, mein Sohn."

Und ich las weiter bis zum Schluss: „Sie gehen hin und weinen und tragen edlen Samen und kommen mit Freuden – mit Freuden, Mudding! – und bringen ihre Garben."

„Ich hab man keine Garben, wenn ich ankomme."

„Ja, Mudding, wenn's danach geht, dann kommen wir alle nackt an und haben nichts in der Hand."

Sie schwieg eine Weile. Dann sagte sie: „Nimm das Gesangbuch und lies: Christus, der ist mein Leben." So las ich den Gesang und sie hatte die Hände gefaltet und leise mitgesprochen, und als ich zu Ende war, da sagte sie: „Das hat unser Lehrer auch mit den Schülern gesungen, als Jürnjochen gestorben war. Und nun lies noch: Wenn ich einmal soll scheiden."

So las ich die beiden Verse.

Dann gab Wieschen ihr wieder zu trinken und sie nickte ihr zu und drückte ihr die Hand und einen Cake hat sie auch noch gegessen und als ich sie nötigte, noch einen halben.

Als sie den auf hatte, freute ich mich: „O, Mudding, wat is dat schön, dat du en beten eten hest. Du sast man seihn, wenn dat nu ierst warm ward, denn ward dat ok wedder beter mit di."

Da strich sie leise mit der Hand über die Bettdecke, sah mich an und sprach: „Beter warden? Dor is nich an tau denken. Du mösst blot noch beden, dat dat nich mehr so lang duert." – Lieber Freund, als die das so sagte, da ging mir das mitten durch meine Seele, denn ich hatte mich eben noch zu ihrem Essen gefreut.

Dann strich sie wieder leise über die Decke und ihre Seele war sehr müde. Ich aber überdachte ihr Leben, als es zu Ende ging und fand nichts als Mühe und Not. Dann faltete sie die Hände wieder und sah mich still und fest an und ihre Augen waren groß und tief. Da war schon etwas drin, was sonst nicht drin war. Das kann ich nicht mit Wörtern beschreiben. Da konnte man hineinsehen wie in einen tiefen See.

Ich legte meine Hand ganz sacht auf ihre Hände und wir warteten. Aber nicht mehr lange. Dann sagte sie noch mal was. Sie sagte: „Ick wull, dat ick in'n Himmel wer; mi ward de Tied all lang."

Lieber Freund, das behalte ich mein Leben lang bis an meinen Tod. Das könnte, so wie es ist, ganz gut im Gesangbuch stehen.

Dann aber faltete sie die Hände wieder unter meiner Hand. So betete sie ganz leise unser altes Kindergebet: „Hilf, Gott, allzeit, mach mich bereit zur ew'gen Freud und Seligkeit. Amen."

Als sie das Amen gesagt hatte, da drehte sie den Kopf so'n bisschen nach links rum, als wenn da wer kommen tat. Und da ist auch einer gekommen; den habe ich nicht mit meinen Augen gesehen und nicht mit meinen Ohren gehört. Der hat sie bei der Hand genommen und da ist ihre Seele ganz leise mitgegangen, richtig so, als wenn man aus einer Stube in die andre geht. So ist sie nach Hause gegangen, als wenn ein müdes Kind abends nach Hause geht. Und nun ist sie nicht mehr in einem fremden Lande.

Meine Mutter war eine Tagelöhnerfrau. Aber wenn ich an ihr Sterben denke, dann ist immer etwas Feines und Stilles und Schönes in meinem Herzen, das vorher nicht da war. Aufschreiben kann ich das nicht, und sagen lässt sich das auch nicht. Aber draußen auf dem Felde muss ich manchmal mitten im Pflügen stillhalten und in mich hineinhorchen. Dann kann ich das richtig in mir hören, was meine alte Mutter zuletzt gesagt hat. Ganz deutlich höre ich, wie sie es so ganz leise und müde sagt. Ja, so ist es: Ich höre meiner Mutter Stimme in mir selbst. Und dann ist mir richtig wie am Feiertag.

Impulse zum Nachdenken und für das Gespräch

- Was hat mich an dieser Erzählung besonders berührt?
- Was ersehne ich mir für meine Sterbestunde und wovor ist mir bange?
- Austausch über den Ausdruck *heimgehen* für das Sterben. Andere Ausdrücke und was sie jeweils besagen.

Schlüsselsatz

... als wenn man aus einer Stube in die andere geht.

Biblische Anschlusstexte

Psalm 90 (Herr, Du bist unsere Zuflucht); Psalm 126 (Sie bringen ihre Garben); Lukas 2,29–30 (Nun lässest du deinen Diener in Frieden fahren).
Die Lieder, die in der Erzählung vorkommen: EG 516, GL 662 Christus, der ist mein Leben; EG 85,9, GL 179,6 Wenn ich einmal soll scheiden.

Anmerkungen

- Gössel = kleine Gänse; Wieschen = die Frau des Briefschreibers
- Die plattdeutschen Sätze heißen:
  S. 347: „O Mutter, was ist das schön, dass du ein bisschen gegessen hast. Du sollst mal sehen, wenn das nun erst warm wird, dann wird es auch wieder besser mit dir." – „Besser werden? Da ist nicht dran zu denken. Du musst nur noch beten, dass es nicht mehr so lange dauert."
  S. 348: „Ich wollt, dass ich im Himmel wär; mir wird die Zeit zu lang."

71 Jetzt bin ich alt

Inhalt: Zwei Texte alter Menschen: Eine alte Frau und ein alter Mann beschreiben ungeschönt ihr jetziges Lebensgefühl: Einmal war ich jung, jetzt bin ich alt, das Ende kommt.

Stichwörter: Altsein – Jungsein – Vergänglichkeit – Versäumte Liebe – Zeit haben

Bemerkung: Denkbar als Beginn einer Gesprächsrunde, in der offen und realistisch über das Altsein gesprochen werden kann. Jeder der beiden Texte ist für sich verwendbar. In anspruchsvolleren Gruppen kann ein Vergleich beider Texte reizvoll sein.

Eine alte Frau erzählt

Unbekannt

Alles geht langsamer jetzt. Daran muss man sich gewöhnen. Alles macht mehr Mühe: das Gehen, das Denken, das Kochen, das Essen, sogar das Schlafen. Der Tod kommt näher. Manchmal bin ich sehr müde und denke: Das ist gut.

Aber manchmal schaue ich die Straßen an, die Häuser, die Menschen und dann denke ich, dass ich das alles bald nicht mehr sehe. Es wird sein und ich werde nicht mehr sein. Es gibt Augenblicke, in denen ich das nicht begreifen kann und große Angst habe. Da hilft nichts.

Ich habe jetzt viel Zeit. Ich kann Dinge tun, zu denen ich früher keine Zeit hatte, weil ich arbeiten musste, für andere sorgen musste, weil so viel zu tun war. Jetzt habe ich Zeit, langsam ein Buch zu lesen, langsam einen Brief zu schreiben, langsam meine Wohnung aufzuräumen. Ich muss mich daran gewöhnen, dass es schön ist, viel Zeit zu haben.

Ich weiß nicht mehr genau, was vor einer Stunde passiert ist oder gestern. Aber ich weiß genau, wie es damals war, als ich ein kleines Mädchen war. Ich spielte und ich sagte – und meine Mutter sagte – und mein Vater sagte – ich weiß das noch genau. Ich würde es gern erzählen, aber keiner will es wissen. Meine Kinder kommen und sagen: „Geht's dir gut?", und ich sage: „Es geht mir gut", und dann sind sie zufrieden und gehen wieder, weil sie so viel zu tun haben.

Ich habe eigentlich nichts zu tun. Ich habe Zeit. Ich weiß zu wenig, um ihnen raten zu können. Aber ich weiß etwas Wichtiges: Einmal werden sie alt sein, so wie jetzt ich. Sie können sich das nicht vorstellen, aber ich weiß es. Sie können sich auch nicht vorstellen, dass ich einmal so jung war wie sie. Aber ich weiß es.

Selbstbildnis

Manfred Hausmann

Als ich jung war, wirkte vieles bestimmend auf mich ein, aber eins nicht, der Tod. Mein Leben werde (so meinte ich, so fühlte ich, so benahm ich mich) ins Unabsehbare fortgehen. Natürlich wusste ich, dass ich einmal sterben müsse. Aber das hatte keine Wirklichkeit. Zunächst war etwas anderes an der Reihe, das Leben. Ich war zu jedem Wagnis bereit, weil ich darauf vertraute, dass ich leben würde.

Das war die Zeit der Jugend.

Jetzt bin ich alt. Und die Angst vor dem Tode hat sich immer noch nicht eingestellt. Aber das Bedenken des Endes spielt nun eine große Rolle in meiner Lebensführung: Das und das werde ich bestimmt nicht mehr erleben. Und ich wäre doch so gern noch dabei. Schade! Zu dieser Arbeit werde ich nicht mehr kommen. Schade! Jenes Unternehmen werde ich körperlich nicht mehr leisten können. Schade! Ich habe noch zu so vielem Lust. Die Schönheit der Welt will mir schöner, das Dunkel freilich auch dunkler vorkommen als je.

Ich bin nicht lebenssatt. Durchaus nicht.

Eine neue hat sich zu den alten Ängsten zugesellt, die Angst, den Menschen, mit denen ich umgehe, zu wenig Liebe erzeigt zu haben. Liebe ist etwas sehr Schweres. Versäumte Liebe lässt sich nicht nachholen. Vielleicht gibt das Wissen um die Unnachholbarkeit der versäumten Liebe einen Vorgeschmack der Hölle.

Impulse zum Nachdenken und für das Gespräch

Zu „Eine alte Frau erzählt"

- Kann ich dieser ungeschminkten Schilderung zustimmen?
- Wie erlebe ich *mein* Altwerden und Altsein?
- Wen interessiert es, wie es mir geht?
- Wozu habe ich jetzt Zeit?
- Was macht mir Freude, was gibt mir Hoffnung?
- *Ich habe Zeit, ich habe eigentlich nichts zu tun,* sagt die Frau. *Wir haben keine Zeit, wir haben zu viel zu tun,* sagen die Jungen. – Zu beidem die Aussagen im Text suchen, beides miteinander vergleichen. Die Chancen und die Lasten in beidem besprechen.

Zu „Ein alter Mann erzählt"

- „Zunächst war was anderes an der Reihe – das Leben." Was ist jetzt an der Reihe?
- „Ich wäre doch so gerne noch dabei." Wo wäre ich gerne noch dabei? Wünsche zusammentragen.
- Die Angst vor dem Tod und die Angst, Menschen zu wenig Liebe erzeigt zu haben.

- Versäumte Liebe lässt sich nicht nachholen. Was ist bei dieser Erkenntnis „der Himmel", was „die Hölle", was ist „die Erde"?

Wenn beide Texte gemeinsam verwendet werden:

- Wie ist der Blickwinkel in der ersten Geschichte und wie der Hausmanns? In beiden Texten kommt vor: Wissen – Angst – nicht mehr – noch: Was versteht darunter jeweils der Verfasser der ersten Geschichte und was Hausmann?

Schlüsselsätze

Ich habe eigentlich nichts zu tun.
Oder:
Sie können sich das nicht vorstellen.
Oder:
Versäumte Liebe lässt sich nicht nachholen.

Biblische Anschlusstexte

1. Mose 25,8 (Alt und lebenssatt); Psalm 90 (Psalm von der Vergänglichkeit); Prediger 3,1ff. (Alles hat seine Zeit); Sirach 6,35 (Lerne von den Alten); Sirach 8,7 (Verachte einen Menschen nicht, weil er alt ist); Johannes 21,15–19 (Jesus lässt die unvollkommene Liebe des Petrus gelten); Römer 5,3–5 (Bewährung bringt Hoffnung); 1. Johannes 4,10 (Darin besteht die Liebe, nicht dass wir, sondern dass er uns geliebt hat); 1. Johannes 3,19–20 (Wenn unser Herz uns verdammt).

72 Unverhofftes Wiedersehen

Johann Peter Hebel

Inhalt: Kurz vor der Hochzeit verunglückt der Bräutigam, ein Bergmann. Nach fünfzig Jahren findet man ihn unverwest im Berg. Die alt gewordene Braut erkennt ihn wieder.

Stichwörter: Auferstehung – Erinnerung – Jugend und Alter – Liebe und Tod – Ostern – Treue durchhalten

Bemerkung: Geschichte von hoher Qualität, die in vielen Vorlesebüchern steht, aber nicht veraltet, sondern immer neu und lebendig wird. Der Philosoph Ernst Bloch nannte sie eine der schönsten Geschichten der Welt.

In Falun in Schweden küsste vor guten fünfzig Jahren und mehr ein junger Bergmann seine hübsche, junge Braut und sagte zu ihr: „Auf Sankt Luciä wird unsere Liebe von des Priesters Hand gesegnet. Dann sind wir Mann und Weib und bauen uns ein eigenes Nestlein!"

„Und Friede und Liebe sollen darin wohnen", sagte die schöne Braut mit holdem Lächeln, „denn du bist mein Einziges und Alles und ohne dich möchte ich lieber im Grab sein als an einem andern Ort."

Als sie aber vor Sankt Luciä der Pfarrer zum zweiten Male in der Kirche ausgerufen hatte: „So nun jemand Hindernis wüsste anzuzeigen, warum diese Personen nicht möchten ehelich zusammenkommen", da meldete sich der Tod. Denn als der Jüngling den andern Morgen in seiner schwarzen Bergmannskleidung an ihrem Haus vorbeiging, der Bergmann hat sein Totenkleid immer an, da klopfte er zwar noch einmal an ihr Fenster und sagte ihr guten Morgen, aber keinen guten Abend mehr. Er kam nimmer aus dem Bergwerk zurück, und sie saumte vergeblich selbigen Morgen ein schwarzes Halstuch mit rotem Rand für ihn zum Hochzeitstag, sondern als er nimmer kam, legte sie es weg und weinte um ihn und vergaß ihn nie.

Unterdessen wurde die Stadt Lissabon in Portugal durch ein Erdbeben zerstört und der Siebenjährige Krieg ging vorüber und Kaiser Franz der Erste starb und der Jesuitenorden wurde aufgehoben und Polen geteilt und die Kaiserin Maria Theresia starb und der Struensee wurde hingerichtet, Amerika wurde frei und die vereinigte französische und spanische Macht konnte Gibraltar nicht erobern. Die Türken schlossen den General Stein in der Veteraner Höhle in Ungarn ein und der Kaiser Joseph starb auch. Der König Gustaf von Schweden eroberte Russisch-Finnland und die Französische Revolution und der lange Krieg fing an und der Kaiser Leopold der Zweite ging auch ins Grab. Napoleon eroberte Preußen, und die Engländer bombardierten Kopenhagen und die Ackerleute säten und schnitten. Der Müller mahlte und die Schmiede hämmerten und die Bergleute gruben nach den Metalladern in ihrer unterirdischen Werkstatt.

Als aber die Bergleute in Falun im Jahre 1809 etwas vor oder nach Johannis zwischen zwei Schachten eine Öffnung durchgraben wollten, gute dreihundert Ellen tief unter dem Boden, gruben sie aus dem Schutt und Vitriolwasser den Leichnam eines Jünglings heraus, der ganz mit Eisenvitriol durchdrungen, sonst aber unverwest und unverändert war, also dass man seine Gesichtszüge und sein Alter noch völlig erkennen konnte, als wenn er erst vor einer Stunde gestorben oder ein wenig eingeschlafen wäre an der Arbeit.

Als man ihn aber zu Tag ausgefördert hatte – Vater und Mutter, Gefreundte und Bekannte waren schon lange tot – wollte kein Mensch den schlafenden Jüngling kennen oder etwas von seinem Unglück wissen, bis die ehemalige Verlobte des Bergmanns kam, der eines Tages auf die Schicht gegangen war und nimmer zurückkehrte.

Grau und zusammengeschrumpft kam sie an einer Krücke an den Platz und erkannte ihren Bräutigam; und mehr mit freudigem Entzücken als mit Schmerz sank sie auf die geliebte Leiche nieder, und erst als sie sich von einer langen heftigen Bewegung des Gemüts erholt hatte, sagte sie: „Es ist mein Verlobter, um den ich fünfzig Jahre lang getrauert hatte und den mich Gott noch einmal sehen lässt vor meinem Ende. Acht Tage vor der Hochzeit ist er auf die Grube gegangen und nimmer gekommen."

Da wurden die Gemüter aller Umstehenden von Wehmut und Tränen ergriffen, als sie die ehemalige Braut jetzt in der Gestalt des hingewelkten kraftlosen Alters sahen und den Bräutigam noch in seiner jugendlichen Schöne, und wie in ihrer Brust nach fünfzig Jahren die Flamme der jugendlichen Liebe noch einmal erwachte; er aber öffnete den Mund nimmer zum Lächeln oder die Augen zum Wiedererkennen. Und wie sie ihn endlich von den Bergleuten in ihr Stüblein tragen ließ, als die Einzige, die ihm angehöre und ein Recht an ihn habe, bis sein Grab gerüstet sei auf dem Kirchhof.

Den andern Tag, als das Grab gerüstet war auf dem Kirchhof und ihn die Bergleute holten, legte sie ihm das schwarzseidene Halstuch mit roten Streifen um und begleitete ihn in ihrem Sonntagsgewand, als wenn es ihr Hochzeitstag und nicht der Tag seiner Beerdigung wäre. Als man ihn auf dem Kirchhof ins Grab legte, sagte sie:

„Schlafe nun wohl, noch einen Tag oder zehn im kühlen Hochzeitsbett, und lass dir die Zeit nicht lang werden. Ich habe nur noch wenig zu tun und komme bald, und bald wird's wieder Tag. Was die Erde einmal wiedergegeben hat, wird sie zum zweiten Male auch nicht behalten", sagte sie, als sie fortging und noch einmal umschaute.

Impulse zum Nachdenken und für das Gespräch

- Unverhofftes im Leben.
- Liebe über den Tod hinaus?
- Das Hintergründige in der Geschichte betrachten, z. B.: Beerdigungstag als Hochzeitstag; die Bahre ist das Hochzeitsbett; das *schwarze* Halstuch mit dem *roten* Rand usw.
- Die Erde gibt wieder her ... Wie kann man die Geschichte als Gleichnis für Auferstehung verstehen?
- Wie ist das mit dem Wiedersehen nach dem Tod?
- *Sie vergaß ihn nie ... :* Wie kann die Geschichte als Gleichnis für die Liebe Gottes, die durchträgt, verstanden werden?

Schlüsselsatz

Ich komme bald und bald wird's wieder Tag. Was die Erde einmal wiedergegeben hat, wird sie zum zweiten Mal auch nicht behalten.

Biblische Anschlusstexte

Hoheslied 8,6 (Liebe ist stark wie der Tod); Johannes 16,20–23 (Jesus will uns wiedersehen); 1. Korinther 15,42–44 (Es wird gesät verweslich); 1. Korinther 15,54–58 (Tod, wo ist dein Stachel?); 1. Petrus 1,3 (Wiedergeboren zu einer lebendigen Hoffnung).

Anmerkungen

- St. Luciä = 13. Dezember
- „V.I.T.R.I.O.L. mehrdeutige Symbol-Formel der Alchimisten, häufig für Prozess der Transmutation (Verwandlung) gebraucht. Die Buchstaben wurden meist gedeutet als Anfangsbuchstaben der Formel *V*isita *I*nfe-

riora *T*errae *R*ectificando *I*nvenies *O*ccultum *L*apidem (Suche die unteren Bereiche der Erde auf, vervollkommne sie und du wirst den verborgenen Stein – d. h. den „Stein der Weisen" – finden.)
Als esoterische Initiationsformel muss V.I.T.R.I.O.L wohl verstanden werden im Zusammenhang mit dem Hinabstieg in die eigene Seele und der Suche nach dem tiefsten Wesenskern."

Aus Herder-Lexikon Symbole, Herder Freiburg 1978

Stichwortverzeichnis

Übersichtsverzeichnis

Nr.		Vorlesezeit	Gespräch wichtig	einfach	anspruchsvoll	humorvoll	Adv./Weihn./Epiph.	Passion/Ostern	Erntedank	Ende d. Kirchenjahres	Seite
1	Die unwürdige Greisin – *Bertolt Brecht*	13	●		●						15
2	Der Seidenfaden – *Unbekannt*	2		●							23
3	Die Weiber von Weinsberg – *Überliefert*	2		●		●					25
4	Der Soldat und die Großmutter – *Christian Graf von Krockow*	6		●		●					27
5	Die Wand – *Hans Georg Noack*	12	●		●					●	31
6	Das Seidentuch – *Hermann Zwecker*	9		●							38
7	Der brennende Stein – *Eduardo Galeano*	9	●		●						44
8	Eine Gerichtsverhandlung in New York – *Heinz Liepmann*	6		●							50
9	Der Pförtner – *Elly Heuss-Knapp*	9		●				●			54
10	Im Getto gibt es keine Blumen – *Icchokas Meras*	17	●		●			●			59
11	Wie schön leuchtet der Morgenstern – *Carlo Schmid*	4		●			●				70
12	Herbergssuche aktuell – *Hedwig Brenn-Kaiser*	8		●			●				73
13	Seltsamer Spazierritt – *Johann Peter Hebel*	2		●		●					78
14	Wie ich die drei Weisen aus dem Abendland traf – *Ernst Lange*	21		●			●				80
15	Rostow am Don – *Elfriede Pausewang*	6		●						●	92

Nr.		Vorlesezeit	Gespräch wichtig	einfach	anspruchsvoll	humorvoll	Adv./Weihn./Epiph.	Passion/Ostern	Erntedank	Ende d. Kirchenjahres	Seite
16	Frühstück wie nie zuvor – *Marie Anne Berlé*	8		●							96
17	Kong am Strande – *Arnold Zweig*	14			●						100
18	Ich ging ihm nach – *Helmut Pätz*	4		●							109
19	Hammer und Axt – *Paul Watzlawick/Chinesische Anekdote*	2	●	●							112
20	Das Fenster-Theater – *Ilse Aichinger*	6	●		●						114
21	Gerdauen ist schöner – *August Winnig*	8		●							118
22	Er entdeckt eine Perle – *Manfred Hausmann*	8		●		●					124
23	Die Lebensmüde – *Tina Schulze Gerlach*	5	●	●		●				●	128
24	Eine schöne Beziehung – *Henning Venske*	4	●	●		●					132
25	Ein Kind übernimmt Verantwortung – *Erich Kästner*	10	●	●			●				135
26	Nicht zu verbergen – *Heinz Knobloch*	4	●	●							141
27	Anna liebt Jens, Katharina liebte Georg – *Irmela Brender*	8		●							144
28	Elisa – *Marianne Lierhaus*	14		●							149
29	Ein kleiner weißer Elefant – *Sonja Wolff*	4		●							157
30	Drei Straßen weiter – *Ursula Wölfel*	6	●	●							160

Nr.		Vorlesezeit	Gespräch wichtig	einfach	anspruchsvoll	humorvoll	Adv./Weihn./Epiph.	Passion/Ostern	Erntedank	Ende d. Kirchenjahres	Seite
31	Kain und Abel – *Bin Gorion*	3	●	●						●	165
32	Der Nagelschmied – *Jochen Audax*	6	●	●				●			167
33	Das andere Gesicht – *Waltraut Nicolas*	15	●		●						172
34	Das Brot – *Wolfgang Borchert*	6	●		●						181
35	Unser Eduard – *Paul Schallück*	11	●		●						185
36	Die Kette – *Tina Schulze Gerlach*	16		●			●				192
37	Hier und jetzt – *Viktor Auburtin/Überliefert*	2	●	●							201
38	Zwei Säcke Reis – *Johnson Gnanabaranam*	3	●	●							204
39	Der Städtebauer – *Bertolt Brecht*	2	●		●					●	206
40	Beppo, der Straßenkehrer – *Michael Ende*	3		●							208
41	Nachts schlafen die Ratten doch – *Wolfgang Borchert*	8	●		●					●	211
42	Raum zum Leben – *Peter von Campenhausen*	4	●	●							216
43	Steine behauen, Schiffe bauen – *Überliefert/Antoine de Saint-Exupéry*	2	●	●							219
44	Der Mensch mit dem Karren – *Marianne Schmidt*	6	●	●						●	221

Nr.		Vorlesezeit	Gespräch wichtig	einfach	anspruchsvoll	humorvoll	Adv./Weihn./Epiph.	Passion/Ostern	Erntedank	Ende d. Kirchenjahres	Seite
45	Vater ist da – *Sonja Wolff*	5		●			●				226
46	Die Repräsentiertasse – *Carlo Manzoni*	9		●		●					229
47	Lieber Hoppelpoppel – wo bist du? – *Hans Fallada*	10	●	●							234
48	Kein Teddy – *Klaus Dieter L.*	8	●	●			●				241
49	Drei Wünsche – *Johann Peter Hebel*	6		●		●					246
50	Das Geschenk – *Joe Lederer*	4	●	●			●				252
51	Die geschälte Apfelsine – *S. Caroll*	3		●			●				255
52	Das Paket des lieben Gottes – *Bertolt Brecht*	8			●		●				257
53	Elisas schönstes Osterei – *Tilde Michels*	12		●				●			263
54	Das Versprechen von damals – *Edith Preuß-Morsay*	8		●							271
55	Der betende Gaukler – *Französische Legende*	3	●	●							277
56	Der K.d.R. – Kongress der Regenwürmer – *Manfred Kyber*	8	●		●	●		●			279
57	Die Nacht im Dom – *Dino Buzzati*	7	●		●		●				285
58	Schaufel und Besen – *Luise Rinser*	6		●			●				289
59	Lieber Gott der Reichen – *Gudrun Pausewang*	10	●	●							294

Nr.		Vorlesezeit	Gespräch wichtig	einfach	anspruchsvoll	humorvoll	Adv./Weihn./Epiph.	Passion/Ostern	Erntedank	Ende d. Kirchenjahres	Seite
60	Das schwarze Kleid – *Anneliese Probst*	14		●							300
61	Wir verkaufen nur den Samen – *Unbekannt*	1	●	●					●		308
62	Das Rindenmehl – *Elisabeth Achtnich*	3		●					●		309
63	Brot in deiner Hand – *H. A. Mertens*	5	●	●							312
64	Das vertrocknete Brot – *Günther Schulze-Wegener*	4		●					●		315
65	Das Osterbrot – *Tiny Fierz-Herzberg*	12		●				●			318
66	Tulpen des Zorns – *Tina Schulze Gerlach*	12		●		●					325
67	Über die Zeit – *Peter Spangenberg*	2	●	●						●	333
68	Der Tod und der Gänsehirt – *Janosch*	3	●		●					●	335
69	Kannitverstan – *Johann Peter Hebel*	6		●		●					338
70	Am Sterbebett der Mutter – *Johannes Gillhoff*	12		●						●	342
71	Jetzt bin ich alt – *Unbekannt/Manfred Hausmann*	4	●		●					●	350
72	Unverhofftes Wiedersehen – *Johann Peter Hebel*	6			●			●		●	354

Autoren- und Quellenverzeichnis

Nachstehenden Autoren und Verlagen danken wir für freundlich erteilte Abdruckerlaubnis:

Achtnich, Elisabeth: Das Rindenmehl S. 309, © Verlag Ernst Kaufmann, Lahr
Aichinger, Ilse: Das Fenster-Theater S. 114 aus: „Der Gefesselte", © S. Fischer Verlag GmbH, Frankfurt am Main, 1954
Audax, Jochen: Der Nagelschmied S. 167
Berlé, Marie Anne: Frühstück wie nie zuvor S. 96, aus: „Hilfe für das Alter", hrsg. vom Diakonischen Werk der Evang. Kirche in Deutschland, Stuttgart
Borchert, Wolfgang: Das Brot S. 181; Nachts schlafen die Ratten doch S. 211, aus: Wolfgang Borchert, Das Gesamtwerk, © 1949 by Rowohlt Verlag Hamburg
Brecht, Bertolt: Das Paket des lieben Gottes S. 257; Der Städtebauer S. 206; Die unwürdige Greisin S. 15, aus: Gesammelte Werke, © Suhrkamp Verlag Frankfurt am Main, 1967
Brender, Irmela: Anna liebt Jens, Katharina liebte Georg S. 144, © bei der Autorin
Brenn-Kaiser, Hedwig: Herbergssuche aktuell S. 73
Buzzati, Dino: Die Nacht im Dom S. 285, © Ingrid Pariger, Bergamo
Campenhausen, Peter von: Raum zum Leben S. 216, © Rechte beim Autor
Caroll, S.: Die geschälte Apfelsine S. 255
Der betende Gaukler S. 277 (franz. Legende)
Der Seidenfaden S. 23 (Verfasser unbekannt)
Die Weiber von Weinsberg S. 25, nacherzählt von Bin Gorion
Eine alte Frau erzählt S. 350 (Verfasser unbekannt)
Ende, Michael: Beppo, der Straßenkehrer S. 208, aus: „Momo", © Thienemanns Verlag, Stuttgart, 1973
Fallada, Hans: Lieber Hoppelpoppel S. 234, aus: „H.F. Ausgewählte Werke in Einzelausgaben, Band IX Märchen und Geschichten", © Aufbau-Verlag Berlin und Weimar, 1985
Fierz-Herzberg, Tiny: Das Osterbrot S. 318, aus: „Stationen im Jahreskreis", © Agentur des Rauhen Hauses Hamburg, 1973
Galeano, Eduardo: Der brennende Stein S. 44, aus: „Die Geschichte vom brennenden Stein", © Peter Hammer Verlag Wuppertal, 1980
Gillhoff, Johannes: Am Sterbebett der Mutter S. 342
Gnanabaranam, Johnson: Zwei Säcke Reis S. 204
Hausmann, Manfred: Selbstbildnis (Auszug) S. 351, aus: „Wege und Umwege, Betrachtungen", © S. Fischer Verlag GmbH, Frankfurt am Main, 1985; Er entdeckt eine Perle S. 124, aus: ders. „Martin, Isabel, Andreas", © 1973 C. Bertelsmann Verlag München, in der Verlagsgruppe Bertelsmann GmbH
Hebel, Johann Peter: Drei Wünsche S. 246; Kannitverstan S. 338; Seltsamer Spazierritt S. 78; Unverhofftes Wiedersehen S. 354
Heuss-Knapp, Elly: Der Pförtner S. 54
Janosch: Der Tod und der Gänsehirt S. 355, aus: „Janosch erzählt Grimm's Märchen", 1972, Beltz Verlag, Weinheim und Basel, Programm Beltz & Gelberg, Weinheim
Kästner, Erich: Ein Kind hat Kummer S. 135, aus: Erich Kästner, „Als ich ein kleiner Junge war", © Atrium Verlag, Zürich und Thomas Kästner
Kain und Abel S. 16, nacherzählt von Bin Gorion
Knobloch, Heinz: Nicht zu verbergen S. 141, © Rechte beim Autor
Kraus, Bernhard: Bitte S. 276, aus: „Sag nicht ich bin zu alt", © Verlag Herder, Freiburg, 2. Auflage 1991
Krockow, Christian Graf von: Der Soldat und die Großmutter S. 27, aus: „Die Stunde der Frauen", Deutsche Verlags-Anstalt, Stuttgart, 1988

Kyber, Manfred: Der Kongress der Regenwürmer S. 279, aus: „Gesammelte Tiergeschichten", 1972 by Rowohlt Verlag GmbH, Reinbek
L., Klaus-Dieter: Kein Teddy S. 241, entnommen aus: Birgitta Wolf, „Ohne Stern", 1981
Lange, Ernst: Wie ich die drei Weisen aus dem Abendland traf S. 80, © beim Autor
Lederer, Joe: Das Geschenk S. 252, aus: „Von der Freundlichkeit der Menschen", © by F. A. Herbig Verlagsbuchhandlung GmbH, München
Liepmann, Heinz: Eine Gerichtsverhandlung in N.Y. S. 50, aus: „Zum Religionsunterricht", © Auer Verlag, Donauwörth
Lierhaus, Marianne: Elisa S. 149, entnommen aus: „So also schmeckt das Leben", Institut für Bildung und Kultur, Remscheid
Manzoni, Carlo: Die Repräsentiertasse S. 229, aus: „Da stimmt was nicht", © by Langen Müller in der F. A. Herbig Verlagsbuchhandlung GmbH, München
Meras, Icchokas: Im Getto gibt es keine Blumen S. 59, aus „Remis für Sekunden" © Aufbau-Verlag, Berlin
Mertens H. A.: Brot in deiner Hand S. 312, © beim Autor
Michels, Tilde: Elisas schönstes Osterei S. 263, © bei der Autorin
Nicolas, Waltraud: Das andere Gesicht S. 172, aus: „Hier wird Gott dunkel", © Deutsche Verlags-Anstalt, Stuttgart
Noack, Hans Georg: Die Wand S. 31, © beim Autor
Pätz, Helmut: Ich ging ihm nach S. 109
Pausewang, Elfriede: Rostow am Don S. 92, © bei Gudrun Pausewang
Pausewang, Gudrun: Lieber Gott der Reichen S. 294, © bei der Autorin
Preuß-Morsay, Edith: Das Versprechen von damals S. 271, © Gayda-Press, Günzburg
Probst, Anneliese: Das schwarze Kleid S. 300, aus: „Rund um den Taubenturm", © bei der Autorin
Rinser, Luise: Schaufel und Besen S. 289, aus: „Weihnachts-Tryptichon. Erzählungen von Luise Rinser", Arche Verlag, Zürich
Saint-Exupéry, Antoine de: Schiffe bauen S. 219
Schallück, Paul: Unser Eduard S. 185, Erdmann Verlag Tübingen, 1971 © beim Autor
Schmid, Carlo: Wie schön leuchtet der Morgenstern S. 70, aus: „Erinnerungen", Scherz Verlag, Bern
Schmidt, Marianne: Der Mensch mit dem Karren S. 221
Schulze Gerlach, Tina: Die Kette S. 192; Die Lebensmüde S. 128; Tulpen des Zorns S. 325
Schulze-Wegener, Günther: Das vertrocknete Brot S. 315, © beim Autor
Spangenberg, Peter: Über die Zeit S. 333, aus: „Na gut, – – – sagte der Bär. Fabelhafte Weisheiten", © Agentur des Rauhen Hauses Hamburg, 1996
Steine behauen S. 219, überliefert
Venske, Henning: Eine schöne Beziehung S. 132
Watzlawick, Paul: Die Geschichte mit dem Hammer S. 112, aus: „Anleitung zum Glücklichsein", © Piper Verlag GmbH, München, 1983
Wiemer, R. O.: Was ich mir wünsche S. 250, aus: „Ernstfall", © J.F. Steinkopf Verlag, Kiel
Winnig, August: Gerdauen ist schöner S. 118, aus: „Morgenstunde", Friedrich Wittig Verlag, Kiel
Wir verkaufen nur den Samen S. 308 (Verfasser unbekannt)
Wölfel, Ursula: Drei Straßen weiter S. 160, aus: „Die grauen und die grünen Felder", 1995 Anrich Verlag, Weinheim
Wolff, Sonja: Ein kleiner weißer Elefant S. 157; Vater ist da S. 226, © Kaufmann, Lahr
Zwecker, Hermann: Das Seidentuch S. 38, © beim Autor
Zweig, Arnold: Kong am Strande S. 100, © Aufbau-Verlag GmbH Berlin, 1993

Leider war es uns trotz sorgfältiger Recherchen nicht möglich, alle Rechtsinhaber ausfindig zu machen. Für Hinweise sind Verlag und Herausgeber dankbar.